HET CHRISTENDOM EN DE CONQUISTA

HET CHRISTENDOM EN DE CONQUISTA
1492-1992

UITGEGEVEN DOOR

V. NECKEBROUCK
F. GISTELINCK EN C. CORNILLE

LEUVEN
UNIVERSITY PRESS

UITGEVERIJ PEETERS
LEUVEN

1992

ANNUA NUNTIA LOVANIENSIA
XXXV

CIP KONINKLIJKE BIBLIOTHEEK ALBERT I, BRUSSEL

ISBN 90 6186 505 0 (Leuven University Press)
D/1992/1869/19
ISBN 90-6831-427-0 (Uitgeverij Peeters)
D/1992/0602/62

Uitgeverij Peeters, Bondgenotenlaan 153, B-3000 Leuven (Belgium)

INHOUD

INLEIDING

COLLOQUIUM 27-28 JANUARI 1992

Dat men zich in de zestiende eeuw wel degelijk bewust was van het belang van het verrassend resultaat van Columbus' reizen, blijkt ondermeer uit volgende uitspraak van López de Gómara, een Spaans kroniekschrijver uit die tijd: "De ontdekking van de Nieuwe Wereld is de voornaamste gebeurtenis op aarde sinds de komst van de Messias". Men moet inderdaad over een ongemeen sterke verbeelding beschikken om zich te kunnen voorstellen hoe onze wereld er vandaag zou uitzien, had de beroemde zeevaarder uit Genua op de ochtend van die memorabele twaalfde oktober 1492 het anker niet geworpen op de kusten van een onbekend continent. Men moet daarbij niet alleen denken aan door Amerika gedetermineerde feiten en gebeurtenissen die tijdens het laatste halve millennium de loop van de geschiedenis van de wereld diepgaand hebben beïnvloed, maar ook aan het impact dat de ontdekking van de Nieuwe Wereld heeft gehad op de vorming van het bewustzijn van de moderne Europese mens, evenals, uiteraard, aan de gevolgen van die mentale revolutie op korte en lange termijn. Terwijl het geschiedkundig belang van het gebeuren, nu precies vijf eeuwen geleden, dus wellicht door niemand wordt betwist, is de eenstemmigheid ver te zoeken wanneer het erom gaat de betekenis en de gevolgen van de ontdekking te evalueren voor de oorspronkelijke bevolking van het continent en voor de miljoenen Afrikanen die er, tegen hun wil, als slaven werden geïmporteerd. Terwijl sommigen bij gelegenheid van de vijfhonderdste verjaardag van de landing van de Pinta, de Niña en de Santa Maria op Amerikaanse bodem grootse vieringen opzetten, organiseren anderen rouwplechtigheden, boetetochten en protestmarsen. Terwijl enerzijds stemmen opgaan om te suggereren dat Columbus tot de eer der altaren zou moeten verheven worden, hoort men anderzijds beweren dat er in heel de wereldgeschiedenis maar één personage is waarmee de Spaans-Italiaanse ontdekkingsreiziger terecht kan worden vergeleken: Adolf Hitler.

De ontdekking van Amerika viel samen met het begin van de evangelisatie van de Nieuwe Wereld, zodat ook voor de christelijke kerken 1992 haast vanzelfsprekend een aanleiding werd om terug te kijken, te herdenken, te inventariseren en te evalueren. Maar ook onder hun leden is de eensgezindheid zoek en aarzelt men tussen vieren en rouwen. De Theologische Faculteit van de Leuvense Alma Mater heeft noch voor het een noch voor het ander gekozen. Zij gaf er de voorkeur aan de gelegenheid aan te grijpen om tijdens een tweedaags colloquium een aantal mensen aan het woord te laten die in de eerste plaats bekend staan om hun specifieke ervaring en deskundigheid ter zake. Of die op de bijeenkomst zouden verschijnen in feestgewaad, in rouwkledij, of in een neutraal pak, werd aan het oordeel van ieder van hen overgelaten. Verder werd besloten dat men zich niet eenzijdig blind kon staren op het verleden. 1992 vormt ongetwijfeld een uitstekende gelegenheid om achteruit te kijken, om wat voorbij is kritisch te bevragen. Maar voor een theologische Faculteit mag, in een aangelegenheid als deze, een gewettigde en nuttige retrospectie in geen geval een alibi vormen om de uitdagingen van het heden uit het oog te verliezen, noch om niet voorzichtig te peilen naar wat de toekomst voor de Latijnsamerikaanse kerk en maatschappij in petto heeft. Tenslotte werd resoluut geopteerd voor een interdisciplinaire aanpak. Om met vrucht een gewetensonderzoek aangaande het verleden te verrichten, de hedendaagse situatie in al haar complexiteit te begrijpen en de kansen en gevaren voor de toekomst correct in te schatten, kan de theologie de inbreng van andere disciplines niet ontberen.

Het colloquium, georganiseerd in samenwerking met het College voor Latijns-Amerika en met de steun van het Nationaal Fonds voor Wetenschappelijk Onderzoek en van Broederlijk Delen, vond plaats op 27 en 28 januari 1992 in de gebouwen van het Maria-Theresia-College. Zeven sprekers brachten acht referaten naar voren. Hun teksten werden in dit boek gebundeld. Daarnaast werd een viertal andere auteurs aangezocht om een geschreven bijdrage te leveren. Hun produktie vult het op het colloquium geboden materiaal op gelukkige wijze aan. Sprekers en schrijvers zijn afkomstig uit drie continenten, Amerika, Afrika en Europa. Qua deskundigheid vertegenwoordigen zij de theologie, de missiologie, de geschiedenis, de culturele antropologie, de economie en de literatuurwetenschap.

De Europeanen op het Amerikaans continent is, zoals elk historisch gebeuren, een dubbelzinnig gebeuren geweest, geladen met licht- en schaduwzijden. J.O. Beozzo probeert de balans op te maken van goed en kwaad, vooral vanuit het standpunt van hen die vijfhonderd jaar lang het zwijgen werd opgelegd: de Indianen, de Zwarten, de vrouwen. Het oor te luisteren leggen bij deze *olvidados* veronderstelt niet alleen de wil om iets te leren, anders gekleurde informatie onder ogen te zien, maar ook de bereidheid om onbegane pastorale paden te betreden en om onze persoonlijke houding in vraag te stellen. Iedere lokale kerkelijke gemeenschap zal haar eigen manier moeten ontdekken om recht te trekken wat in het verleden is scheefgegroeid en om naar concrete uitwegen te zoeken voor de toekomst. Enkele doelstellingen echter lijken Beozzo door allen gemeenschappelijk te moeten worden nagestreefd. Hij noemt in dat verband de definitieve kwijtschelding van de buitenlandse schuld, de teruggave van hun gronden aan de Indianen, de aanvaarding en eerbiediging van al de Indiaanse en Afro-amerikaanse culturen, de erkenning van de waardigheid van de vrouw. De geschiedenis van de Afrikaanse bevolking van de Amerika's is volgens A. Kasanda een onafgebroken calvarietocht, een tragedie zonder voorgaande. De oorspronkelijke Afrikaanse religieuze praktijken hebben echter hun overplanting naar de Nieuwe Wereld overleefd. Zij zijn er al die tijd blijven functioneren als een bron van morele en geestelijke weerstand en als een kracht tot bevrijding. Zij inspireren tot op vandaag in aanzienlijke mate het economisch, sociaal en politiek handelen van hun aanhangers. Zij tonen zich bovendien dynamisch en verspreiden zich van streek tot streek en van land tot land. Zowel de lijdensweg van de Afro-amerikanen als de persistentie van hun religieus patrimonium vormen voor de Latijnsamerikaanse kerk en samenleving een uitdaging die om een antwoord vraagt op politiek, sociaal, ethisch en theologisch vlak. Weinig of geen lichtpunten zijn te bekennen in het relaas dat J. De Vos geeft van de bekering van de Maya Indianen tot het christendom. Zijn verhaal komt in grote trekken overeen met datgene dat de jongste jaren dienaangaande door de westerse media wordt gepopulariseerd, maar dan toegepast op een bepaalde tak van de Maya in een bepaalde regio, de Lakandonen van Sac-Buhlán in Chiapas, Mexico. Het sarcasme waaraan de schrijver nu en dan de vrije loop laat bereidt de lezer voor op het afzweren van een vroeger missionair engagement en het omhelzen van een cultuur-relativistische geloofsbelijdenis, waarmee De Vos zijn gedocumenteerd betoog afsluit. C. Laga beschrijft de nauwe en haast vanzelfsprekende samenwerking tussen de jezuïeten en een Vlaams suikerbedrijf op het einde van de zestiende en in het begin van de zeventiende eeuw in Brazilië. De interessante en leerrijke documenten die hij wist op te diepen illustreren een verhaal van meer dan een halve eeuw hartelijke collaboratie tussen missie en "bedrijfsleven".

J. van Kessel voert ons binnen in de wereld van de Indiaan van de Zuidelijke Andes. Hij toont aan hoe diens wereldbeeld en zelfdefinitie uitmonden in een agrotechniek die naast een technische ook een religieuze dimensie omvat en waarvan de produktierituelen een integrerend deel uitmaken. De Indiaanse tweedimensionale techniek staat in scherp contrast met de westerse agrotechniek die ééndimensioneel is. Het produktieritueel geeft uitdrukking aan de ethische houding die de Indiaan tegenover zijn arbeid aanneemt. Het oriënteert die arbeid technisch, maar verleent er tevens een morele zin en een religieuze betekenis aan. Wat niet gezegd kan worden van alle opvattingen die de westerse cultuur in de loop der eeuwen over arbeid heeft ontwikkeld. In een tweede lezing, gewijd aan het bloedoffer *huilancha* bij de Aymara, stelt Van Kessel dat dit ritueel al lang integrerend deel uitmaakt van een eigen Aymara versie van het christendom. De vraag blijft echter gesteld hoe dergelijk ritueel, en de autochtone godsdienst in het algemeen, theologisch en kerkelijk gelegitimeerd kan worden. Een van de pogingen om die vraag te beantwoorden die door Van Kessel worden vermeld is het werk van Paulo Suess. Het artikel van F. Damen is precies gewijd aan een onderzoek van de bijdrage van deze Braziliaanse missioloog van Duitse afkomst tot de oplossing van het cultureel probleem zoals het zich stelt in de Latijnsamerikaanse kerk. De teksten van L. Rodríguez en C. Depaepe laten ons toe te kijken naar het christendom, de conquista en haar gevolgen doorheen de bril van twee eminente vertegenwoordigers van de moderne Latijnsamerikaanse literatuur. L. Rodríguez ontpopt zich als een uitstekende gids op een ontdekkingstocht naar de religieuze aspecten van het monumentale literaire labyrint, het haast ondoordringbaar letterkundig woud dat *Terra Nostra* van Carlos Fuentes voor vele westerse lezers is gebleven. Via Fuentes verschaft zij ons zicht op een belangrijk aspect van de geestelijke dimensie van de crisis van het Europees bewustzijn die zou leiden tot een moderniteit waarin de irruptie van het Amerikaanse feit een vaak onderschatte rol heeft gespeeld. C. Depaepe beschrijft de specifieke kenmerken van het actualisatieproces dat plaats grijpt in de *Salmos* van Ernesto Cardenal, en dit zowel ten overstaan van hun bijbels voorbeeld als van een andere analoge contemporaine psalmadaptatie, die van de Fransman François Chalet. Men zou kunnen zeggen dat dit werk aantoont dat, vijf eeuwen na het trauma beschreven door Fuentes, Amerika opnieuw de rust en de zekerheid van de Europese christenheid verstoort. Bij Cardenal immers wordt de her-lezing van de psalmen tot een wezenlijke her-schrijving waarin een niet gering deel van het levende Godsvolk, letterlijk het woord/Woord neemt, zoals Depaepe het stelt, een gebeuren dat zowel kerk-vormend als kerk-hervormend werkt.

Met L. Baeck betreden wij het domein van economie en politiek. In zijn bijdrage wordt de evolutie van de theorievorming omtrent ontwikkeling geschetst in nauwe samenhang met de bredere historische en geopolitieke achtergrond. Om uit de huidige impasse te geraken pleit Baeck niet voor een volledige kwijtschelding van de buitenlandse schuld, zoals Beozzo, maar voor een soepele schuldherschikking die de materiële steun moet verlenen aan de democratisering op het continent. In de nationalistische oprispingen van sommige ontgoochelde basisgroepen ziet de auteur geen heil. In verband met de beoordeling van de toekomstmogelijkheden van de kerkelijke basisgemeenschappen in Latijns-Amerika staan twee prognoses regelrecht tegenover elkaar. Sommigen beweren dat de doorbraak van de armen in volksorganisaties en kerkelijke basisgemeenschappen een onstuitbaar proces is. Anderen zijn van oordeel dat de kerkelijke basisgemeenschappen terecht zijn gekomen in een structurele crisis waaruit zij zich niet schijnen te kunnen bevrijden. J. Van Nieuwenhove bekijkt de argumenten van beide hypothesen en probeert, tegen de achtergrond van de gevoerde discussie, de betekenis van de kerkelijke basisgemeenschappen voor de toekomst van de kerk in Latijns-Amerika te duiden. Ook J. Comblin heeft het in zijn bijdrage over de kerkelijke basisgemeenschappen, maar dan als onderdeel van het brede fresco dat hij ophangt van de huidige situatie en problemen van de katholieke kerk in Latijns-Amerika. Volgens Comblin bestaat de grote uitdaging aan die kerk in de integratie van het continent in de neoliberale wereldorde. Noch de traditionele vleugel van de kerk, noch haar progressieve voorhoede blijken in staat een geldig en zinvol antwoord te formuleren op de immense problemen die voortvloeien uit die integratie. De heropleving van het religieus gevoel die op het continent merkbaar is, komt dan ook in de eerste plaats niet ten goede aan de katholieke kerk. Voorlopig zijn het vooral de zogenaamde "sekten" die de vruchten ervan plukken. Wel zijn er ook binnen het katholicisme vernieuwingsbewegingen aan het werk, maar die zijn sterk gebonden aan de middenklasse, hetgeen volgens de auteur de toekomst van de optie voor de armen en van de kerkelijke basisgemeenschappen hoogst onzeker maakt.

Hoe waardevol zij elk op zich ook mogen wezen, een dozijn papers kunnen uiteraard onmogelijk een exhaustief en genuanceerd beeld geven van een economisch, historisch, raciaal, cultureel en religieus zo gedifferentieerde werkelijkheid als Latijns-Amerika, beschouwd in haar synchronische en diachronische dimensies. Ieder van deze interessante bijdragen roept trouwens meer vragen op dan zij antwoorden geeft. Een kritische bespreking ervan mag men op deze plaats niet verwachten. Die taak blijft voorbehouden aan recensenten. Wij willen hier enkel, om te besluiten, in een paar lijnen de hoofdindruk schetsen die, zo lijkt het ons, de lezer zal bijblijven na het doorlopen van deze bladzijden. De verovering en bezetting van de Nieuwe Wereld brachten voor Amerika een schok teweeg en voor Afrika een aderlating. Maar ook voor Europa bleef de ontdekking niet zonder gevolgen. Niets van dat alles kan beschouwd worden als definitief tot het verleden behorend. De politieke status en de socio-economische toestand van de oorspronkelijke bewoners van het continent en van de afstammelingen van de als slaven ingevoerde Afrikanen dragen tot op de dag van vandaag de sporen van een situatie geschapen door conquista en kolonisatie. Hun culturele en religieuze marginalisering duurt eveneens voort. Het vijf eeuwen oude werk van een Las Casas is in dat opzicht van een onthutsende actualiteit. Voor wat Europa betreft, de huidige moeilijkheden en debatten waartoe de confrontatie met migranten van andere culturen er aanleiding geven, tonen aan dat het probleem van de ontmoeting met de raciaal en cultureel "Andere", dat vijfhonderd jaar geleden als een trauma op de Oude Wereld afkwam en dat sindsdien, vooreerst uiteraard in Iberische middens, maar later doorheen heel de westerse cultuur, althans op speculatief vlak, periodiek aan de orde werd gesteld, in de praktijk nog steeds geen harmonische oplossing heeft gekregen. In de tweede helft van deze eeuw ontstond in Latijns-Amerika een nieuw type theologie die een poging inhield om op het continent het tij te doen keren. De bevrijdingstheologie integreerde bepaalde dependentietheorieën en bezorgde zichzelf een verlengstuk in sommige volksmiddens bij middel van christelijke basisgemeenschappen. Haar specifieke interpretatie van de problematiek in voornamelijk socio-economische en politieke termen, evenals haar daarmee verbonden macro-kosmische gerichtheid, verraden echter westerse inspiratie en verklaren waarschijnlijk waarom zij de grote Latijnsamerikaanse massa vooralsnog niet blijvend en diepgaand heeft kunnen beroeren. Het is best mogelijk dat de socio-economische en planetaire dimensies van de analyse van de bevrijdingstheologie belangrijke aspecten van de Latijnsamerikaanse situatie in het licht stellen. De volksmassa toont zich echter vooral gevoelig voor enkele zeer concrete elementen van de weerslag van het internationaal bestel zoals die voelbaar worden in de micro-kosmos van het dagelijks leven, waar zij het sociaal weefsel ontbinden, het psychologisch evenwicht verstoren en elk gevoel van menselijke waardigheid vernietigen. Door onmiddellijk en daadwerkelijk op deze concrete aspecten in te haken op een manier die aansluit bij de diepe religiositeit van de traditionele bevolkingslagen, lijken de "sekten" de weg te hebben gevonden naar het hart van de Latijnsamerikaanse armen. In die zin zou het meest hoopgevend signaal voor de onmiddellijke toekomst wel eens de groeiende aandacht kunnen zijn voor de culturele factor die in verschillende van de hier geboden papers tot uiting komt. J. Comblin is van oordeel dat de katholieke kerk in Latijns-Amerika op dergelijke evolutie niet is voorbereid, terwijl het betoog van J. De Vos impliceert dat een authentieke ontmoeting met en een waarachtig begrip van de niet-westerse culturen tot het rijk van de utopie behoren. Dergelijke diagnoses mogen niet zomaar opzij worden geschoven, onder voorwendsel dat zij zouden zondigen door gebrek aan optimisme. Ook zij die menen er een overdreven scepticisme in te onderkennen, doen er goed aan ze voor ogen te houden als een permanente waarschuwing dat de taak die wacht in ieder geval geen sinecure zal zijn en dat succes niet bij voorbaat kan worden verzekerd.

Ik dank van harte Frans Gistelinck en Catherine Cornille, die hebben meegewerkt aan de organisatie van het Colloquium over het Christendom en de Conquista. Beiden verleenden ook hun medewerking aan de redactie van dit boek, onder meer door de vertaling van enkele artikelen.

Nijvelsebaan 144
B-3060 Korbeek-Dijle

Valeer NECKEBROUCK

VIJFHONDERD JAAR EVANGELISATIE IN LATIJNS-AMERIKA

LICHT- EN SCHADUWZIJDEN

In de geschiedenis der mensheid speelt de herinnering, datgene wat onze vaderen ons verteld hebben (Ps 44,2), een fundamentele rol. Zij helpt ons moeilijke momenten te boven te komen, te blijven hopen in uren van onzekerheid en nieuwe wegen te ontdekken wanneer de horizon zich lijkt te sluiten. Als de herinnering profetisch en vrij is, draagt zij de toekomst in zich en toont zij aan de gemeenschappen van vandaag vruchtbare voorbeelden uit het verleden. De herinnering helpt ons ook begane vergissingen te vermijden en zo mogelijk te herstellen.

In heel Latijns-Amerika en de Caraïbische Eilanden nadert de dag waarop de aankomst van de Europeanen op ons continent, vijfhonderd jaar geleden, herdacht wordt. Het volstaat niet te zeggen dat het een dubbelzinnig gebeuren is en zoals elk historisch gebeuren geladen met licht- en schaduwzijden. Wij moeten ons oor ook te luisteren leggen bij hen die vijfhonderd jaar lang het zwijgen is opgelegd en wier kreten gehoord worden door de God van het Leven. Zij zullen ons zeggen welk licht hun wegen verlicht heeft en welke schaduwzijden hun geschiedenis in rouw hebben gedompeld.

Laten wij ons verleden overschouwen, onze sandalen uittrekken, want het land dat wij betreden is heilig, besprenkeld met zoveel zweet, tranen en onschuldig bloed. Laten wij de woorden, die Jahwe tot Mozes sprak in het brandend braambos, tot onze woorden maken: "Ik heb wel degelijk de ellende van mijn volk gezien, dat in Egypte is, en hun gejammer over hun onderdrukkers gehoord, ja, Ik ken hun smarten. Daarom ben Ik neergedaald om hen uit de macht der Egyptenaren te redden en uit dit land te voeren naar een vruchtbaar en wijd land, een land waar melk en honing vloeit ..." (Ex 3,7-8).

De God van onze vaderen

De eerste ontreddering van de Indiaanse volkeren was het gevolg van de totale verwerping van hun verleden en hun spirituele basis. Eerst gebeurde dit uit onwetendheid, maar later werd hun religieus cultuurgoed

* Uit het Portugees vertaald door Frans Gistelinck.

bewust en systematisch verworpen en als duivels beschouwd. Onwetendheid treffen we bij Columbus aan, die in zijn dagboek op 12 oktober 1492 neerschreef: "... het leek me dat ze geen godsdienst hadden"[1].

Pero Vaz de Caminho, kroniekschrijver van de vloot van Cabral die in 1500 Brazilië bereikte, gebruikt bijna dezelfde woorden als Columbus in een brief gericht aan de Koning: "Het lijken me zo'n onschuldige mensen te zijn dat, indien wij hun taal zouden verstaan en zij de onze, zij onmiddellijk christenen zouden worden, aangezien zij geen enkele religie lijken te hebben of te begrijpen"[2].

Jean de Lery, als hervormd zendeling door Calvijn gestuurd naar de Franse hugenoten die zich in de periode 1555-1558 in de baai van Guanabara te Rio de Janeiro gevestigd hadden, schreef eveneens: "Alhoewel de visie van Cicero algemeen aanvaard wordt, dat er geen volk bestaat, hoe primitief, barbaars en wild het ook is, dat geen notie heeft van het bestaan van God, voel ik toch wel enige hinder om hem gelijk te geven, wanneer ik onze tupinambás gadesla. Want naast het feit dat zij geen enkel besef hebben van de ware God, aanbidden zij geen enkele aardse of hemelse godheid, zoals de heidenen uit de Oudheid ..."[3].

Op deze tegelijk naïeve en vooringenomen visie, die door katholieken en protestanten gedeeld wordt, antwoorden de Indiaanse wijzen vastberaden en trots. Japi-Açú, chef van de Tupinambás, die de kuststreek van de Maranhão in het Noorden van Brazilië bewonen, spreekt als volgt wanneer hij er de Fransen ontvangt: "... die vervloekte Portugezen die ons zoveel kwaad hebben aangedaan, hebben niets anders gedaan dan ons bestraft omdat wij hun God niet aanbidden. Ellendelingen! Hoe konden wij hun God aanbidden als zij hem ons niet leerden kennen en aanbidden? Wij weten zo goed als zij dat er een God bestaat die alles geschapen heeft, die goed is en ons een onsterfelijke ziel gegeven heeft"[4].

In Peru vertolkt Garcilazo de la Vega, zoon van een Inca-prinses en een Spaanse kapitein, het diepe geloof van zijn voorouders in een God, schepper van hemel en aarde en van alles wat bestaat. Met klem eist hij op dat "... de Inca's de ware God, de Heer, op het spoor waren. Naast het feit dat zij de zon als de zichtbare God vereren en haar offers brengen en feesten aan haar wijden, waren de Inca-koningen en hun priesters, die filosofen waren, de ware en opperste God en Heer, de schepper van hemel en aarde, op het spoor ..."[5].

Ons antwoord nu op deze oude Indiaanse stellingname kan niets anders zijn dan de houding van Paulus, die Gods wegen erkende in de geschiedenis van het volk van Athene, doorheen hun dichters en filosofen

1. C. COLOMBO, *Diários da descoberta da América*, 3de ed., Porto Alegre, 1986, p. 45.

2. S. CASTRO, *A carta de Pero Vaz de Caminha – O descobrimento do Brasil*, Porto Alegre, 1985, p. 94.

3. J. DE LERY, *Viagem à terra do Brasil*, São Paulo, 1980, p. 205.

4. C. D'ABBEVILLE, *História da missão dos Padres Capuchinhos na Ilha do Maranhão e terras circumvizinhas*, São Paulo, 1975, p. 60.

5. Inca GARCILAZO DE LA VEGA, *Comentarios reales de los Incas*, Lima, 1973, dl. 1, p. 72.

en hun religieuze praktijk: "Mannen van Athene, ik zie voor mijn ogen, dat gij in elk opzicht buitengewoon ontzag voor godheden hebt; want toen ik door uw stad liep en de voorwerpen uwer verering aanschouwde, heb ik ook een altaar gevonden met het opschrift: Aan een onbekende god. Wat gij dan, zonder het te kennen, vereert, dat verkondig ik u. De God, die de wereld gemaakt heeft en al wat daarin is ..." (Hand 17,22-24).

De tegenovergestelde houding heeft de Indiaanse wereld diep geschokt en in grote verwarring gebracht. Christen worden betekende afstand doen van al zijn culturele wortels, van alles wat de voorvaderen geleerd hadden, zichzelf verliezen en geen reden meer hebben om voort te leven. Dit blijkt duidelijk uit de dialoog van de eerste twaalf franciscanen met de Indiaanse wijzen in Mexico, die hen zeggen: "Stel uw hart gerust en wees niet bang, heren. Wij zullen voor u immers een tip van de sluier oplichten, die de ark van onze God verbergt. U heeft gezegd dat wij de Heer niet kennen die dicht bij ons is en midden onder ons, diegene aan wie hemelen en aarde toebehoren. U heeft gezegd dat onze goden geen ware goden zijn. Het woord dat U tot ons spreekt is nieuw. Dit woord brengt ons in verwarring. Door dit woord voelen wij ons ongemakkelijk. Want onze voorouders, die bestaan hebben en op aarde geleefd hebben, spraken niet op die manier. Zij hebben ons levensregels gegeven, zij zagen de goden als ware goden, zij bewezen hen eredienst en loofden hen. Zij hebben ons alle vormen van eredienst en alle manieren van loven geleerd". Het tragisch besluit van de wijzen is: "Waarheen moeten we nog gaan? Wij zijn eenvoudige mensen, vergankelijk en sterfelijk; laat ons dus sterven, laat ons vergaan, want onze goden zijn al dood"[6].

Wat is nu ons pastoraal antwoord op deze theologische interpellatie van de Indiaanse volkeren?

Op vele plaatsen van het continent, van Riobamba van Mgr. Leonidas Proaño in Ecuador tot São Felix do Araguaia van D. Pedro Casaldáliga in Brazilië, van Chiapas van Mgr. Samuel Ruiz tot Tarahumara van Mgr. Llaguno in Mexico en op honderden andere plaatsen waar Indianen wonen, zoekt men op een eenvoudige maar volhardende manier naar een evangelisch en bevrijdend antwoord op deze vraag. Zonder een moedig en radicaal antwoord kan het evangelie geen blijde boodschap worden in het leven van deze mensen.

In een recente pastorale verklaring bij het einde van de Centraal-amerikaanse ontmoeting tussen kerken en Indiaanse gemeenschappen (Mexico D.F., 1-7 september 1989) bevestigden de bisschoppen, na geluisterd te hebben naar de Indiaanse delegaties: "Wij aanvaarden uw probleemstellingen: het recht om te leven als Indianen; de keuze voor het Indiaanse volk, zelf subject van zijn geschiedenis, met zijn eigen structuren: leven, geschiedenis, zelfbepaling, wereldvisie en godsdienst ...

6. M. LEÓN-PORTILLA, *A conquista da América Latina vista pelos índios*, Petrópolis, 1984, p. 20-21.

Ook wij willen dat deze keuze gegarandeerd wordt door het recht op grond, het recht op een organische structuur, het recht op eigen religieuze vieringen, het recht op een tweetalige en biculturele Indiaanse opvoeding, die de eerbied voor de eigen identiteit garandeert, het zelfbewustzijn, de eigen organisatie en de rechten om vrij te leven verstevigt en dit historisch proces dynamiseert".

Op het direct theologische en pastorale vlak doen de bisschoppen voorstellen die grote gevolgen zullen hebben als we ze moedig ten uitvoer brengen: "Een noodzakelijke voorwaarde om op deze weg voort te gaan is de ware liefde voor onze Indiaanse gemeenschappen, zovele verschillende beelden van Christus de Heer, zovele vertakkingen van de stam van de ene heilsgeschiedenis. Deze liefde tot Christus leidt er ons toe de culturen te erkennen en te valoriseren. Het komt er inderdaad niet alleen op aan de verscheidenheid van culturele uitdrukkingsvormen te bewonderen, wij moeten ook de manier ontdekken waarop God zich voortdurend manifesteert aan hen die al duizenden jaren naar Hem op zoek zijn, en aldus de heilsgeschiedenis van deze volkeren realiseert"[7].

God houdt van alle bloemen

Een andere ervaring van ontreddering voor de Indianen was de ontdekking dat men niet alleen hun religieuze beleving negeerde, maar ook heel hun cultuur wilde vernietigen door hen een taal, levensvormen en gewoonten op te leggen in naam van de politieke macht, maar ook heel dikwijls in naam van religieuze eisen.

Enkele kolonisten brachten deze band tussen politieke overheersing en culturele en religieuze overheersing openlijk onder woorden.

Gaspar Barleus, geschiedschrijver van de Hollandse bezetting van het Noordoosten van Brazilië in de zeventiende eeuw, toont heel duidelijk de rol en de plaats van de godsdienst aan in het project van de koloniale overheersing: "Om de macht te vestigen beroepen wij ons zonder twijfel ook op religieuze overtuigingen. Ieder beschouwt zijn religieuze overtuiging als een geschikt instrument niet alleen om het heil aan de mensen te brengen, maar ook om te heersen"[8].

In de richtlijnen voor de Indiaanse volkeren van Maranhão en Grão-Pará, uitgevaardigd in 1757 op het moment dat de jezuïeten ook uit die streken verbannen werden, legt Marques de Pombal, eerste-minister van koning José I van Portugal, de culturele taalpolitiek van de Portugese kroon uit. Hij ziet die taalpolitiek als een essentieel element in het proces van politieke overheersing: "Bij alle naties die nieuwe streken

7. DEMIS-CELAM, *Primer encuentro episcopal de pastoral indigena – México, Centroamérica, Panama*, Mexico, 1989, nr. 7-14.

8. G. BARLEUS, *História dos feitos recentemente praticados, durante oito anos no Brasil*, São Paulo, 1974, p. 71.

veroverden, was het altijd gebruikelijk om onmiddellijk hun taal aan de onderworpen volkeren op te leggen. Het stond immers buiten discussie dat dit één van de meest efficiënte middelen was om de primitieve volkeren te bevrijden van barbaarse gebruiken. De ervaring had ook geleerd dat, wanneer men de taal van de koning-veroveraar oplegde, tegelijkertijd ook de eerbied voor, de verering van en de gehoorzaamheid aan diezelfde koning ingeworteld werden"[9].

Tot op heden blijft er in de heersende mentaliteit van Latijns-Amerika, zelfs in volkse milieus, een diep misprijzen geworteld voor de Indiaanse cultuur en taal. Ten tijde van de verovering waren er naar schatting tweeduizend tweehonderd talen, nu zijn er nog een zeshonderdtal. Voor een volk betekent de herovering van zijn eigen taal ook de herovering van zijn eigen waardigheid en identiteit. Toen de Aymara's in Bolivia hun eigen methodistische Aymara kerk konden uitbouwen, met eigen pastores en bisschoppen, met eigen liturgie in de eigen taal, betekende dit voor hen een renaissance zonder voorgaande. Zo wordt voor het eerst een christendom met Indiaans gelaat geboren. Het komt op vele plaatsen tot stand, als kleine olievlekken die zich op de vooravond van de vijfhonderdjarige herdenking samenvoegen en samenwerken als een groot net van solidariteit onder de Indiaanse volkeren.

Dom Pedro Casaldáliga schreef het voorwoord voor de spraakkunst van het Tapirapé-volk in zijn bisdom, een volk dat tot uitsterven veroordeeld was en in de jaren vijftig tot amper veertig mensen herleid was, maar vandaag opnieuw tot leven komt in tientallen kinderen, in cultuur en hoopvolle verwachting: "De spraakkunst van een volk opmaken, kan betekenen dat men alleen het verleden van dit volk codificeert. Het kan echter ook betekenen dat men op een systematische wijze hun toekomst mogelijk maakt. De geschreven taal is immers als de infrastructuur van de ziel die zich verwoordt. De auteurs van deze spraakkunst wedden op de toekomst van het Tapirapé-volk. Zij staan ten dienste van dit volk, dat dertig jaar geleden aan het uitsterven was en vandaag opnieuw tot leven komt in kinderen, in etnisch bewustzijn, in de strijd om zijn eigen gronden te garanderen en zichzelf te kunnen zijn. De Tapirapé-Indianen, de eerste auteurs en heren van hun eigen gesproken en geschreven taal, zullen zich in deze spraakkunst als in een familiealbum terugvinden; met deze spraakkunst zullen zij zichzelf bevestigen als Tapirapé, als mensen die Tapirapé spreken. Hun gronden hebben ze gered. Dat ze nu ook hun eigen taal ten volle redden. Mogen ze leven, groeien en bloeien als het Volk Tapirapé"[10].

Dit is de enige manier om te herstellen wat gebeurd is in de vijf voorbije eeuwen, waarin het evangelie verward werd met de westerse

9. *Directório que se deve observar nas povoações dos Índios do Pará e Maranhão*, Lisboa na officina de Manoel Rodrigues, 1758, n. 6, in J.O. BEOZZO, *Leis e Regimentos de Missão*, São Paulo, 1983, p. 129vv.

10. P. CASALDÁLIGA, in ALMEIDA e.a., *A lingua Tapirapé*, Rio de Janeiro, 1983, p. 1-2.

cultuur en bijgevolg de inculturatie van de christelijke boodschap in de vele culturen en talen van het continent onmogelijk was. Dit exclusief Westeuropees model, een doodsverklaring aan allen die de zogeheten "ontmoeting der culturen" ondergaan hebben, werd op radicale manier veroordeeld in enkele Maya-gedichten: "De zon castreren, dat zijn de vreemdelingen hier komen doen"[11]. In een gedicht van Chilam Balam de Chumayel kan men lezen: "Ze hebben ons gekerstend. Maar als dieren leveren ze ons over van de ene heer aan de andere. God wordt beledigd door deze uitzuigers"[12]. In deze ervaring gaat het om de manier waarop het christendom werd verkondigd en om de wijze waarop de Indianen het hebben waargenomen. Zo staat het neergeschreven in één van de profetieën van Chilam: "Het was alleen in die helse tijd, door die helse priesters, dat de droefheid bij ons is binnengekomen, dat het christendom bij ons is binnengekomen. Vele christenen zijn hier immers aangekomen met de ware God. Maar dat was het begin van onze ellende, het begin van de afhankelijkheid, het begin van de aalmoes, de reden waarom er verborgen tweedracht ontstond, het begin van de gevechten met vuurwapens, het begin van de verwarring, het begin van de ondergang van alles, het begin van de slavernij omwille van de schulden, het begin van de schulden die als straf op onze rug werden geladen, het begin van de voortdurende ruzies, het begin van het lijden. Van toen af begon het werk van Spanjaarden en paters, een systeem van heren, schoolmeesters en belastingontvangers. Omdat zij kleine kinderen waren, werden de jongens van de vele gehuchten gemarteld! Ongelukkigen, arme kinderen! Zij protesteerden niet tegen diegene, die hen naar goeddunken tot slaven maakte, de Antichrist op aarde, de tijger van de volkeren, de wilde kat van de volkeren, de uitzuiger van de arme Indiaan. Maar de dag komt dat de tranen van hun ogen tot bij God zullen komen en dan zal de gerechtigheid van God als een zwaard over de wereld nederdalen"[13].

Hetzelfde gedicht veroordeelt het globaal etnocentrisme van kolonisatie en evangelisatie, die hand in hand gingen: "De vreemdelingen hebben ons geleerd vrees te hebben; ze zijn gekomen om de bloemen te doen verwelken. Opdat hun bloem zou bloeien, hebben zij onze bloem geschonden en verslonden"[14].

In deze hoop van de armen dat God hun tranen zal drogen, dat Hij zal komen om de gerechtigheid in deze wereld te herstellen, wortelt uiteindelijk de Indiaanse resistentie. Zij zijn zich zeer levendig bewust dat God deze misdaden niet wil en nog minder legitimeert. Zij weten ook dat Gods glorie geen enkele bloem zal laten verwelken, dat allen zullen overleven. Samen zullen zij, de ene wuivend naar de andere, een

11. M. LEÓN-PORTILLA, *A conquista da América Latina*, p. 60.
12. *Ibid.*, p. 60.
13. *Ibid.*, p. 65-66.
14. *Ibid.*, p. 60.

polifonie van kleuren en geuren vormen, waarin de kleine violet en de veldbloem zo belangrijk zijn als de rozen en de jasmijnen.

Een God van tederheid en vrede, niet van oorlog en geweld

Deze vraag staat centraal in de evangelisatieproblematiek van Latijns-Amerika. Columbus voelde die problematiek al aan in de eerste regel die hij over Amerika schreef. Moest het geloof opgelegd worden met wapens en geweld, zoals moren en christenen zeven eeuwen geleden in Europa hadden gedaan? "Geloof of sterf", zou dit het enig mogelijke alternatief blijven tussen personen en groepen van verschillende religies en culturen? Of zou het geloof de weg van de apostelen terugvinden, de weg van de verkondiging in zwakheid, alleen met de kracht van het voorbeeld, van de liefde en van de overtuiging?

De kroniekschrijver verhaalt het aldus in zijn boek over de eerste reis en de ontdekking van de Indianen en hij zegt er uitdrukkelijk bij dat wat volgt de letterlijke woorden zijn van de admiraal: "Zij betoonden ons grote vriendschap en ik voelde aan dat zij zich meer door liefde dan door geweld aan ons zouden overgeven en zich tot ons geloof bekeren. Daarom gaf ik aan enkelen van hen een gekleurde muts ..."[15].

In de mentaliteit van die tijd was het een vaststaande zekerheid, waarover niet de minste twijfel bestond, dat de Indianen zich tot het christelijk geloof moesten bekeren. Twijfel rees er in verband met de wijze waarop, en Columbus neemt de mogelijkheid onder ogen van een bekering meer door liefde dan door geweld. Maar al snel stapt hij van deze mogelijkheid af en nog dezelfde dag deelt hij zijn plan mee om zes Indianen mee te nemen naar Spanje: "Om te behagen aan de Heer, zal ik van hieruit bij mijn vertrek zes Indianen meebrengen voor Uwe Majesteit, om hen te leren spreken"[16].

Twee dagen later neemt Columbus met geweld zeven Indianen gevangen: "Dit volkje weet niet veel af van wapens, zoals Uwe Majesteit zal zien aan de zeven die ik liet gevangen nemen om ze naar U te sturen, om onze taal te leren en ze dan terug te brengen, tenzij Uwe Majesteit verkiest ze in Castela te houden of ze gevangen te houden op hun eigen eiland. Vijftig man volstaan immers om ze allemaal te onderwerpen en ze te doen uitvoeren wat men wil"[17].

Twee jaar later, in een brief gericht aan de koningen van Spanje, was Columbus alle scrupules verloren. Enkel het geweld, de slavernij, het handeldrijven in mensen, en niet meer de liefde, zijn de aangewezen weg zowel om te koloniseren als om te evangeliseren. Na gemeld te hebben dat hij als geschenk kannibalen uit deze streken stuurde, mannen,

15. C. COLOMBO, *Diários*, p. 44.
16. *Ibid.*, p. 45.
17. *Ibid.*, p. 47-48.

vrouwen en kinderen, die de koning als slaven kon geven aan personen die hen de taal zouden leren, sneed hij het thema van het doopsel aan: "Als ze de taal verstaan, zullen ze veel vlugger het doopsel ontvangen, met groot voordeel voor hun zielen"[18].

Bij zijn tweede reis ontwerpt Columbus een kolonisatieplan en stelt voor dat er ieder jaar, op kosten van de vervoerders, een goed aantal schepen naar die eilanden varen met vee, levensmiddelen en werktuigen, om het land te bebouwen en bewoonbaar te maken. "De koopwaar kon betaald worden met slaven, weliswaar wilde kannibalen, maar bereid om te werken en met een goed verstand ... en Uwe Majesteit kan nog zijn rechten laten gelden op de slaven die overgebracht worden"[19].

Na nauwelijks vijftien maanden, in januari 1494, worden de zachtaardige en vriendelijke Indianen al beschouwd als wilde kannibalen. De slavernij en de slavenhandel, het uitwisselen voor koopwaar en het verkopen in Europa, wordt als de meest efficiënte manier gezien om het koloniaal bedrijf te financieren, om de schatkist van de koningen van Spanje te vullen en om de Indianen voor te bereiden op het doopsel en het christelijk leven.

Wat kan lijken op de handelwijze van een avonturier die op zoek is naar middelen voor de uitbouw van zijn bedrijf, zal een filosofische en theologische basis krijgen van de theoretici van het kolonialisme, dat steeds gezien wordt als een zaak van handel en religie. "Het geloof en het rijk verbreiden", zich opdringen "met het kruis en het zwaard" zijn verschillende manieren om uit te drukken hoe de koninkrijken van Spanje en Portugal zich ingeplant hebben.

Ginés de Sepulveda, een voorname theoreticus van het opkomend Europees kolonialisme, rechtvaardigt het gebruik van geweld en oorlog tegen de inheemse volkeren in Amerika, omwille van zowel culturele als politieke, ethische en religieuze redenen. De Spanjaarden mogen terecht oorlog voeren omdat hun cultuur die van de barbaren die Amerika bewonen overtreft, want deze laatsten volgen de natuurwet niet. Daarom is het ethisch verantwoord "... de heidenen af te houden van misdaden en onmenselijke wellusten ... en hen goede en menselijke levensgewoonten op te leggen"[20].

De christenen hebben ook de plicht om oorlog te voeren tegen de Indianen en hen te overmeesteren omdat zij de praktijk van mensenoffers beoefenen. "Als de ongelukkigen onderworpen zijn, zullen ze zich moeten onthouden van dergelijke criminele gebruiken. Door de behandeling en de terechte, vrome en noodzakelijke opmerkingen van de christenen, zullen ze tot zuiverheid van geest en goede gewoonten gebracht worden

18. *Ibid.*, p. 122.
19. *Ibid.*, p. 123.
20. J.G. DE SEPULVEDA, *Tratado sobre las justas causas de la guerra contra los indios*, Mexico, 1979, p. 32.

en zullen ze graag, met groot voordeel, de ware godsdienst in ontvangst nemen, die hen naar het eeuwig heil zal leiden"[21].

Tenslotte rechtvaardigt de prediking ook de oorlog. "Zoals we verplicht zijn om aan dwalende mensen de weg te tonen, zo verplicht de natuurwet en de menselijke liefde ons de heidenen te brengen tot de kennis van de ware godsdienst ... zodat niet alleen de waarheid de duisternis van de dwaling verdrijft, maar ook de macht van de vrees de banden van de slechte gewoonten breekt"[22].

Zij die de ongehoorde folteringen van de Indianen moesten aanzien, de uitmoording door oorlogen, de grote sterfte als resultaat van verhuizingen en slavenwerk, de uitroeiing door epidemieën en ziekten die de veroveraars hadden meegebracht, konden niet anders dan verontwaardigd en opstandig zijn, en trachten de evangelische prediking los te maken van wat hen koloniale misbruiken leken. Zij konden moeilijk vermoeden dat het gebruik van oorlog en geweld geen misbruik was, maar integraal deel uitmaakte van de koloniale overheersing en, in deze context, een noodzakelijke voorbereidende etappe was voor de latere evangelisatie, die gezien werd als structureel element van het koloniaal project.

In Brazilië, bijvoorbeeld, gaan de jezuïeten, die in het begin zo sterk opkwamen tegen de slavernij en zelfs de absolutie weigerden aan wie in zijn huis of werkplaats slaven slecht behandelde, uiteindelijk de catechese afhankelijk maken van een voorafgaande onderwerping met de wapens. Onderwerping en vrees maken deel uit van de missionaire pedagogie, zoals Nobrega het klaar uitdrukt, wanneer hij zegt dat al het werk tevergeefs is "... tenzij dit volk onderworpen wordt en uit vrees het geloof aanneemt"[23].

Het lijkt dat er binnen de logica van het systeem geen andere uitweg is dan de evangelisatie te binden aan het koloniaal project, met daarbij inbegrepen, zij het met enige aarzeling, de slavernij van de inheemse bevolking en, later, zonder grote scrupules, van de Afrikanen. Ter illustratie dienen de aanbevelingen van Manoel de Nobrega, provinciaal van de jezuïeten in Brazilië, in een brief aan de koning, een voorstel van algemene politiek voor de kolonie: "Als men dit volk onderwerpt, zullen vele manieren om de slaven slecht te behandelen en vele scrupules verdwijnen. Deze mensen zullen immers wettige slaven zijn, gevangen genomen in een rechtvaardige oorlog. Ze zullen diensten leveren. Het land zal bevolkt worden. Onze-Lieve-Vrouw zal vele zielen winnen; Uwe Hoogheid zal, ook al is er goud noch zilver, een hoge opbrengst uit dit land halen, want er zal veel vee gekweekt en veel suikerriet verwerkt worden"[24]. Er waren mensen die zich profetisch tegen deze handelwijze opstelden, maar zij

21. *Ibid.*, p. 32.
22. *Ibid.*, p. 33-34.
23. M. NOBREGA, S.J., *Diálogo da Conversão do Gentio*, in S. LEITE, *Cartas dos Primeiros Jesuitas do Brasil*, São Paulo, 1954, dl. II (1553-1558), p. 328.
24. *Ibid.*, p. 116.

hebben hun oppositie betaald met vervolgingen, verbanningen en met de dood.

Las Casas zegde dat de enige wijze om te evangeliseren "de apostolische manier" was, met tederheid en liefde. Onder druk van de kolonisten werd hij verbannen uit zijn bisdom Chiapas in Mexico. In zijn boek *De unico vocationis modo omnium gentium ad veram religionem* schreef hij: "Al wie anderen wil onderrichten of hen van één of andere leer, voornamelijk de evangelische, wil overtuigen, moet vóór alles het gemoed van zijn toehoorders voor zich winnen zodat ze welwillend tegenover hem staan en hem liefdevol bejegenen. Dit bereikt men door een tedere stem, door een blij uiterlijk en andere dergelijke middelen. Als de prediker van Gods Woord echter kastijdt en zijn leerlingen angst aanjaagt met vreselijke lichamelijke straffen, geselslagen, gevangenis en andere zware straffen, ter uitboeting van de zonden die ze na het doopsel bedrijven, dan is het duidelijk dat de ongelovigen hem zullen haten en bijgevolg niet naar hem zullen willen luisteren noch aandacht schenken aan wat hij zegt. Ze zullen evenmin geneigd zijn te geloven in datgene wat hen in verband met het geloof gezegd werd en wat zij reeds aangenomen hadden. Want wat iemand niet echt kiest, kan hij ook niet verlangen, noch ervan houden; integendeel, hij zal datgene waarvan hij niet houdt verachten. Daarom is niets goed als het niet uit vrije wil gebeurt. Daarom heeft de Heer gezegd onderweg geen stok mee te nemen, waarmee men enig geweld zou kunnen plegen"[25].

In Nicaragua klaagde de bisschop Antonio Valdivieso de wandaden, grondroof en slavenhandel van de gouverneur Contrera en zijn familie aan. Hij werd, op bevel van de gouverneur, vermoord op 26 februari 1550. Vier eeuwen later, op 24 maart 1980, onderging Mgr. Arnulfo Romero in El Salvador hetzelfde lot. Mgr. Romero en duizenden christenen zijn vandaag de erfgenamen van deze profeten uit de zestiende eeuw, die weigerden het evangelie te binden aan het geweld van de machtigen tegen de zwakken en getuigen waren van een God van vrede en tederheid.

God verdedigt de zwakke, de wees en de weduwe

Wanneer we ons afvragen hoe de evangelische boodschap nog tot het hart van de Indiaan is kunnen doordringen temidden van deze harde koloniale realiteit, dan moeten we antwoorden dat er toch enkele spleten waren waardoor licht en een waarachtiger beeld van de God van Jezus Christus konden doorsijpelen.

Voor het evangelisch getuigenis in Latijns-Amerika was vanaf het begin de idee van rechtvaardigheid essentieel, juist omwille van de voortdurende

25. B. DE LAS CASAS, *Del unico modo de atraer a todos los pueblos a la verdadera religión*, 2de ed., Mexico, 1975, p. 468-469.

structurele negatie ervan. Het sermoen dat Frei Antônio de Montesinos preekte op de tweede zondag van de Advent op het eiland Hispaniola (het huidige Santo Domingo), illustreert zeer goed hoe de onrechtvaardigheid als systeem haar weg had gebaand en zich ingeworteld had in de koloniale structuur. In zijn commentaar op de tekst van Jesaja over "de stem die roept in de woestijn" past Frei Antônio de tekst toe op zijn toehoorders, onder wie Admiraal Diégo de Colon, zoon van Columbus, de voornaamste vertegenwoordigers van de Spaanse koning en de overige gezagdragers van het eiland: "Deze stem verkondigt dat u allen in staat van doodzonde leeft en zult sterven wegens de wreedheden en de tirannie die u gebruikt tegen deze onschuldige mensen. Zeg me, met welk recht legt u zo'n bloedige en wrede slavernij op aan deze Indianen? Op welk gezag hebt u zo'n afschuwelijke oorlogen gevoerd tegen deze volkeren, die gemoedelijk en vredig op hun gronden leefden? Waarom hebt u ontelbaren met een nooit gehoorde wreedheid vermoord? Waarom houdt u hen zo onderdrukt, zonder hen eten te geven, zonder hun ziekten te verzorgen, zodat ze sterven door de overdreven zware arbeid die u hen oplegt, of beter gezegd, door u gedood worden om elke dag goud te verwerven?"[26]

Las Casas vermeldt in zijn kroniek dat het sermoen de toehoorders met verstomming sloeg, maar, zoals later bleek, niemand bekeerde zich. Integendeel, na het sermoen hielden zij verontwaardigd een vergadering in de woning van de admiraal en gingen na het middagmaal naar het klooster van de dominicanen om te eisen dat Frei Antônio zijn woorden zou intrekken, omdat hij "iets totaal nieuws gepredikt had dat nadelig was voor de dienst aan de koning en schadelijk voor heel dit land"[27].

De overste van het klooster, Pedro de Córdoba, nam alle verantwoordelijkheid op zich: "... wat Frei Antônio gepredikt had, had de steun en de goedkeuring van hen allen. Ze hadden alles samen goed afgewogen en er samen wijs beraad over gehouden en hadden besloten dat dit als een evangelische waarheid noodzakelijk verkondigd moest worden voor het heil van alle Spanjaarden en Indianen, die alle dagen omkwamen zonder dat men voor hen meer zorgen overhad dan voor de dieren"[28].

Toen de gezagdragers dreigden hen van het eiland te verbannen, antwoordde Pedro de Córdoba dat het hen weinig moeite zou kosten. Zij hadden immers weinig mee te nemen, alleen de kleren die ze aan hadden en enkele dekens uit dezelfde ruwe stof waarmee ze zich 's nachts dekten op hun strooien bed, misbenodigdheden en enkele boeken; alles kon gemakkelijk in twee kisten[29].

Daarin lag zeker de kracht en de moed van Pedro de Córdoba en zijn medebroeders, de eerste dominicaanse gemeenschap in Amerika: in het

26. B. DE LAS CASAS, *Historia de las Indias*, Mexico, 1981, dl. II, p. 441.
27. *Ibid.*, p. 442-443.
28. *Ibid.*, p. 443.
29. *Ibid.*, p. 443-444.

evangelisch luisteren naar de stem en de tranen van de Indianen; in het analyseren en beoordelen van de realiteit; in een armoedig leven in een hut, waar heel dikwijls alleen een pot soep op tafel kwam; in de cohesie binnen de groep en in de wil om het evangelie consequent te preken, in dienst van de rechtvaardigheid.

Een eeuw later zouden de dominicanen in Guatemala, met een groot klooster in de hoofdstad, met uitgestrekte boerderijen en zilvermijnen, met honderden Indianen in hun dienst, het sermoen van Frei Antônio zeker niet meer kunnen herhalen en opkomen tegen het systeem waarvan zij zelf nu deel uitmaakten, als medeplichtigen en begunstigden[30].

Het vernederd gelaat van God in de geschiedenis van de vrouw

Het lot van de Indiaanse en later de Afrikaanse vrouwen – blanke vrouwen waren er weinig en zij waren het privilege van de hoge functionarissen – was bijzonder tragisch en dramatisch in heel het proces van de verovering en de latere kolonisatie. Naast alles wat de mannen van hun stam of volk te lijden hadden, waren zij ook nog slachtoffers van seksueel geweld. Zij werden verplicht kinderen te baren, niet uit liefde voor hun volk en ras, maar in schaamte en bitterheid om het ras en het volk van de invallers te doen groeien. Vanaf het eerste ogenblik van de invallen begon hun vernedering. Als slaven werden zij ten geschenke gegeven aan de veroveraars, zoals Malinche en de andere vrouwen, die Cortés en zijn kapiteins in ontvangst mochten nemen op de kust van Mexico. Of, met geweld losgerukt van hun ouders, echtgenoten en kinderen, vormden zij een weerloze stoet tegenover de woede van de veroveraars, zoals een anonieme schrijver van Tlatelolco het vertelde, na de verwoesting van Tenochtitlan in 1528: "... Nadat ze gevangen genomen zijn komt de bevolking op straat om de stoet te zien. Slecht gekleed stappen de kleine vrouwen op met de billen bijna totaal ontbloot. De christenen onderzoeken hen langs alle kanten, openen hun kleren en raken hen aan langs alle kanten, aan hun oren, hun borsten en hun haren"[31].

Bij de verovering van Peru gebeurt hetzelfde en de Indiaan Guamán Poma de Ayala noteert: "Na het land veroverd en geplunderd te hebben, begonnen ze vrouwen en jonge meisjes weg te halen en hen te verkrachten. Hen die weigerden, maakten ze af als honden of kastijdden ze zonder

30. T. GAGE, *Nueva relación que contiene los viajes de Tomás Gage a la Nueva España, sus diversas aventuras y su vuelta por la Provincia de Nicaragua hasta La Habana, con la descripción de la ciudad de México*, Mexico, 1974, p. 27vv. Geciteerd in R. CARDENAL e.a., *Historia General de la Iglesia en América Latina*. T. VI: *América Central*, Salamanca, 1985, p. 87.

31. M. LEÓN-PORTILLA, *A conquista de América Latina*, p. 44.

enige vrees voor de God van gerechtigheid. Er was geen gerechtigheid meer"[32].

Guamán is in zijn kroniek meermaals de wanhoop nabij als hij ziet hoe families uit elkaar gerukt worden, hoe de misbruiken tegen vrouwen hoogtij vieren, hoe er steeds minder Indianen geboren worden en hoe de vervloekte groep van mestiezen steeds groter wordt. Burgemeesters, aangesteld door de vice-koning Francisco de Toledo, zowel als pastoors en belastingontvangers, dekten deze misbruiken: "Terwille van burgemeester, pastoor, belastingontvanger en de overige Spanjaarden die boerderijen, gronden, huizen, velden en weiden, vrouwen en dochters van de Indianen roven, brengen ze alleen nog mestiezen en cholos ter wereld. Er zijn priesters die twintig zonen hebben en daar is geen remedie voor"[33].

Hij beschuldigt de pastoors er ook van dat zij, onder voorwendsel van catechese, jonge meisjes samenbrengen "... om zich te omringen met bijzitten en zo een dozijn kinderen te hebben om het aantal mestiezen te vermeerderen en aldus voldoende werkvolk te hebben op de boerderijen. Ze zeggen dat ze die jongeren temmen en tot christenen maken en zo vermijden dat het aantal Indianen nu en in de toekomst toeneemt"[34].

Ook eerbiedigde men de wet niet, die aan Spanjaarden, mestiezen en negers verbood de dorpen van de Indianen te betreden, en de vrouwen waren natuurlijk degenen die daar het meest onder leden. Zij werden, volgens Guamán, overgeleverd van hand tot hand en werden "grote hoeren". Guamán doet er zijn beklag over bij de koning: "... en ik heb nog een andere halve provincie gezien van Indiaanse vrouwen, die hoeren geworden zijn ... allen beladen met een half dozijn kinderen, mestiezen en mulatten, cholos en cafuzos. Omdat ze zo'n grote hoeren zijn willen ze niet meer trouwen met hun gelijken, de Indianen ... En zo trekken de Indiaanse mannen zich terug en planten zich niet meer voort. Zo worden de Indiaanse dorpen ontvolkt en houden ze op te bestaan"[35].

Het getuigenis van Pedro de Córdoba op de Antillen ligt in dezelfde lijn. In een brief aan de koning klaagt hij het volgende aan: "De vrouwen, aan wie in alle landen wegens van hun zwakheid geen zware handenarbeid wordt opgelegd, moeten hier in dit land nog meer werken dan de mannen, naakt, zonder eten, zonder bed zoals de mannen, sommigen zijn zwanger en anderen hebben juist een kind ter wereld gebracht ... Veel vrouwen, vermoeid van het harde werk, vermijden zwanger te worden of kinderen ter wereld te brengen om aldus nog niet meer last te dragen te hebben; velen die zwanger zijn, plegen abortus of doden hun eigen kind met hun handen onmiddellijk na de geboorte omdat ze niet

32. P.G. POMA DE AYALA, *El Primer Nueva Coronica y Buen Gobierno*, Mexico, 1980, dl. II, p. 363.
33. *Ibid.*, p. 414.
34. *Ibid.*, p. 414.
35. *Ibid.*, dl. III, p. 119.

willen dat hun kinderen onder hetzelfde zware slavenjuk gebukt gaan ..."[36].

Voor de Afrikaanse slavinnen stelde zich hetzelfde dilemma en heel dikwijls was abortus de enige uitweg om hun kinderen niet tot hetzelfde levenslot te veroordelen. In de achttiende eeuw raadt de jezuïet Andreoni in Brazilië de landheren aan hun slavinnen goed te behandelen opdat ze de moed zouden hebben geen abortus te plegen en kinderen ter wereld te brengen en aldus het aantal slaven en slavinnen te doen toenemen[37].

Daarmee wil ik niet ontkennen dat er tussen Spanjaarden of Portugezen en Indiaanse of Afrikaanse vrouwen in Latijns-Amerika geen liefde en genegenheid kon ontluiken, maar het cultureel kader waarin dit geschiedde was totaal verdorven. Aan de ene kant hebben we immers mannen, blanken, Europeanen, christenen – functionarissen, soldaten, kolonisten en missionarissen – als veroveraars en heersers vanuit militair, politiek, economisch, cultureel, linguïstisch en religieus standpunt. Aan de andere kant hebben we vrouwen, Afrikaanse slavinnen of Indiaanse vrouwen uit een verslagen en bezet land, uit een volk dat tot dwangarbeid veroordeeld is, uit een veroordeeld ras, met een cultuur die geminacht wordt, met een huidskleur die gediscrimineerd wordt, met een vervloekte religie en een verboden taal. Deze vrouwen treden de relatie man-vrouw bijna nooit als echtgenote binnen, maar bijna altijd als verkrachte vrouw of als slavin, dus als vrouw en slavin tegelijk. Hun zonen kunnen nooit de zijde van hun moeder kiezen, want die kant wordt genegeerd, is veroordeeld, zonder toekomst.

Dit is de vrouwelijke zijde van de Latijnsamerikaanse cultuur en geschiedenis, de Indiaanse en Afrikaanse, die altijd onderdrukt werd, maar die nu langs alle kanten koppig herrijst tegenover de mannelijke en Europese erfenis. Julia Esquivel, een Guatemalteekse theologe en dichteres, uit haar land verbannen omdat zij opkwam voor de gerechtigheid en de Indiaanse volkeren, beëindigt aldus een dramatische verklaring over de onderdrukking van de Indiaanse vrouwen in het verleden en nu: "In de kosmogonie van de Maya's evenals in vele andere, staat de zon voor de mannelijkheid en de maan voor de vrouwelijkheid. De profetie stelt dat nu juist op het moment dat er gelijkheid van schittering wordt bereikt, deze schittering volmaakt zal zijn, dan zullen de kwetsuren en kneuzingen van het volk genezen worden. Met die gezondheid zal men verkrijgen wat nu onmogelijk is: bevloeiingskanalen en stromen zullen het hooggelegen land irrigeren en dit zal worden tot bouwgrond; naar die momenteel half-onvruchtbare hooglanden werden de indiaanse volken van Latijns-Amerika indertijd verdreven. De gelijkwaardige toegankelijk-

36. *Informe de Fray Pedro de Córdoba al Rei de España – Santo Domingo de la Española – 28 de mayo de 1517*, geciteerd in R. DE ROUX, *Dos mundos enfrentados*, Bogotá, 1990, p. 122.

37. J.A. ANDREONI, *Cultura e opulência do Brasil*, São Paulo, 1967, p. 164.

heid tot echte ontwikkeling zal het vrouwelijk aspect doen schitteren naast het mannelijk aspect en zij zullen elkaar verrijken, zonder dat de één afbreuk doet aan de ander. Dit proces van groei naar volwassenheid markeert de kairos, het moment van de ommekeer naar het hernieuwd opstaan, de verrijzenis van het ware leven in het land dat het thuis is voor allen"[38].

Het vrouwelijk gelaat van God

Hoe kan men in dergelijke omstandigheden van onderdrukking van de vrouw spreken over het vrouwelijk gelaat van God? Hoe kan men verkondigen dat de vrouw zich hervonden heeft en gewaardeerd wordt? Hoe kan een vrouw zich tegelijk vrouw en waardig mens voelen, en houden van een zoon met in zijn gelaat de trekken van een vader die haar bijna altijd misbruikt en in de steek gelaten heeft, een zoon die slaaf zal zijn omdat hij uit een slavin geboren werd? Een zoon die, wanneer hij vrij zal zijn, zich zal losmaken van zijn moeder die hem de borst gegeven heeft en opgevoed, om de voetsporen van zijn afwezige en meestal onbekende vader te volgen? Hoe zich herkennen in de mestieze dochter, die evenzeer gediscrimineerd zal worden omdat ze mesties is en vrouw?

Wanneer Octavio Paz spreekt over de pijnlijke ervaring mesties te zijn in Amerika, zegt hij: "Voor de mesties is de ervaring een wees te zijn totaal en dramatisch. De vraag naar zijn oorsprong staat centraal; het is een vraag van leven en dood. In de verbeelding van de mestiezen heeft Tonantzin/Guadalupe een hels spiegelbeeld, de Chingada: de verkrachte moeder, open voor de buitenwereld en uitgebuit door de veroveraar. Zij staat tegenover de Moedermaagd, die onkwetsbaar is en gesloten in haar schoot een zoon draagt. Tussen de Chingada en Tonantzin/Guadalupe beweegt zich het levensgeheim van de mesties"[39].

In de verering van zoveel Moedermaagden op het continent lijkt men te verbergen hoe men de vrouwelijke dimensie in haar Indiaans, Afrikaans, mesties of eenvoudigweg Latijnsamerikaans gelaat veilig wil stellen, hoe men de diepste onderdrukkingen van de vrouw wil aanklagen en hoopvol het vrouwelijk gelaat van God openbaren.

Wat genegeerd wordt in het koloniaal project, wordt opnieuw bevestigd door de donkerhuidige Moedermaagd van Guadalupe in haar dialoog met de Indiaan Diego.

De Indiaan zegt tot de Moedermaagd dat zij "naar haar huis" moet gaan in de stad Mexico. Ze antwoordt dat ze wil dat men voor haar een "kapel" bouwt in Tepeyac. Siller geeft daar volgende commentaar op:

38. J. ESQUIVEL, *De vrouw overweldigd en verkracht*, in *Concilium* (1990) nr. 6, p. 64-65.
39. O. PAZ, *Orfandad y legitimidad*, in *México en la obra de Octavio Paz – El peregrino en su Patria – 1. Pasados*, Mexico, 1987, p. 185.

"Bij de eerste evangelisatie was inderdaad het eerste wat men bouwde in weinig bebouwde plaatsen, een kapel. Het gaat dus duidelijk om echt iets nederigs. Juan Diego had aan de Moedermaagd gezegd: 'Ik moet U naar uw huis in Mexico brengen'. Maar de Maagd van Guadalupe zegt dat zij *haar* huis, haar kapel in Tepeyac wil. Ze zegt niet dat ze een *ander* huis wil. Wil ze daarmee te verstaan geven dat de tempel in Mexico haar huis niet is? Het is duidelijk dat wat zij op de heuvel wil, iets anders is. In Mexico geschieden 'de goddelijke zaken'. In Tepeyac wordt de waardigheid aan de armen teruggegeven en wordt hun wereld van dood in een wereld van leven veranderd. Het is dus van kapitaal belang dat het centrum van de evangelisatie niet op dezelfde plaats gelegen is, waar de heersers wonen"[40].

Hier wordt een reeks fundamentele tegenstellingen gedefinieerd.

Het centrum van het gebeuren is een vrouw, Maria, en niet een man. Haar gesprekspartner is een Indiaan, Juan Diego. De Spaanse plaats van de missionarissen en de bisschop, de stad beheerst door de veroveraars, staat in tegenstelling met Tepeyac, een Indiaans plaatsje, vrije grond, arm en verlaten. Daar heeft de dialoog plaats tussen de Maagd en Diego. De keuze valt niet op het huis van de Maagd in de tempel van Tlatelolco of van Mexico-Tenochtitlan, maar op een kleine kapel, die op bevel van de Maagd gebouwd moet worden in Tepeyac. De blijde boodschap heeft als eerste bestemmeling de Indiaan Juan Diego en niet de bisschop Zumarraga. De dialoog gebeurt in het Nahuatl, de taal van de overwonnenen, en niet in het Castiliaans, de taal van de overwinnaars. De geminachte en vernederde Juan Diego, "mijn minst beschermde zoon", wordt bejegend als "Waarde Heer Juan".

De Maagd wordt aangeduid met uitdrukkingen die heel de vroegere geestelijke rijkdom van de Nahuatl-wereld in zich opnemen, in plaats van die wereld als duivels te beschouwen en te vernietigen. De draden van de geschiedenis worden weer opgenomen, het verleden weer gewaardeerd. Onze-Lieve-Vrouw wordt voorgesteld als "de altijd heilige Maagd Maria, de Moeder van de God van de Grote Waarheid, Teotl, van Hem door Wie we leven, van de Schepper van de personen, van de Meester van alles wat rondom ons is en nabij, van de Heer van hemel en aarde". Siller merkt daarbij op: "Deze passage is van vitaal belang voor de methodologie van de Guadalupaanse evangelisatie. De Maagd zegt dat zij de Moeder van de oude Nahua-goden is en noemt alleen de namen van die goden die geen afbeeldingen hebben. Die maakten immers deel uit van de meest zuivere theologie, vooral van de theologie die onmiddellijk voorafging aan de periode van de verovering. De auteur van dit deel van de Nican Mopohua beschouwde die namen zeker als namen van God, want hij kon ze op geen andere manier zien. Het zijn dezelfde namen die de wijze Tlamatinime-Mexicanen vernoemen in de 'Dialoog van de

40. C. SILLER, *La evangelización Guadalupana* (Cuadernos de estudios indigenas, 1), Mexico, 1984.

twaalf'. Toen de missionarissen die namen hoorden, hebben ze aan de twaalf wijzen geantwoord: 'Ieder van uw goden noemt gij Gever van het Leven, het Leven, de Bewaarder ervan. Uw afbeeldingen en beelden zijn verschrikkelijk, vuil, zwart en schandelijk. Zo zijn ook uw goden, die gij aanbidt en vereert. Het zijn verderfelijke vijanden, geen goden'. Het gebeuren van Guadalupe treedt nu naar voren als een inhoudelijke en methodologische rechtzetting van de eerste evangelisatie in Mexico ... Daarmee recupereert het Guadalupaans gebeuren voor het christendom een deel van de immense rijkdom van de Nahuatl-theologie. De Indiaanse evangelisatie is geïncarneerd in deze waarden, die, met heel het discours van Nican Mopohua, een inhoud vormt die tot een echt universele volheid komt"[41].

Het belangrijkst is echter dat de Indiaan Diego, bekeerd tot boodschapper "nimitztitlani", de nieuwe verantwoordelijke is voor de evangelisatie en daarbij ook de opdracht krijgt om de mentaliteit en het hart van de bisschop te veranderen, zodat hij de boodschap van de Maagd in ontvangst neemt. "De arme Indiaan, die zich onwetend, bijgelovig en slecht waande, is in dit project de boodschapper van de Maagd. Hij is degene die er voor zorgt dat de bisschop deelneemt aan de Guadalupaanse evangelisatie. Hij gelooft en werkt mee aan de bevrijding van de Indiaan, die hij al aan het realiseren is"[42].

Ook de inhoud van de evangelisatie verandert. Ze toont eerbied en draagt een warm hart toe aan de Indiaanse wereld, de mensen, de tradities en religieuze plaatsen. De Maagd zegt tot Juan Diego: "Ik wil graag en ik verlang ten zeerste dat gij voor mij op deze plaats een kapel bouwt. In die kapel zal ik aan het volk al mijn liefde, mijn medevoelen, mijn hulp en mijn bescherming tonen en geven. Ik ben immers de barmhartige moeder van u en van alle volkeren die op deze aarde leven, die mij liefhebben, die tot mij spreken, mij opzoeken en op mij vertrouwen. Hier zal ik luisteren naar uw klachten en uw ellende, lijden en smarten verzorgen en genezen"[43].

De plaats die de Maagd wil, kan niet meer Mexico zijn, waar men een catechese geeft die totaal in conflict is met de Indiaanse cultuur, maar het wordt Tepeyac, het huis van Tonantzin, de moeder van alle goden en nu woonplaats van Onze-Lieve-Vrouw, die Juan Diego ontvangt. In Mexico is de Indiaan niets waard. Juan Diego wordt afgeschrikt door de verplichting te moeten terugkeren naar het paleis van de bisschop, die geen geloof had gehecht aan hem noch aan zijn woorden: "Aan de manier waarop hij me antwoordde heb ik duidelijk gemerkt dat hij dacht dat ik dat plan om een kapel te bouwen zelf had uitgevonden en dat dit niet uw opdracht was. Daarom smeek ik U met aandrang, mijn Meesteres, mijn Koningin, mijn lief Vrouwke, dat gij die opdracht om uw

41. *Ibid.*, p. 87-89.
42. *Ibid.*, p. 93.
43. *Ibid.*, p. 23-25.

boodschap en uw woord aan de bisschop te brengen zoudt geven aan iemand van de hooggeachte, gekende en gerespecteerde heren, zodat hij er geloof aan hecht. Ik ben maar een eenvoudige boer, een kleine man, het uitschot van het volk, iemand zonder overtuigingskracht, die gewoon is door anderen bevolen te worden. En gij, mijn meest hulpeloze Dochter, mijn lief Vrouwke, mijn Moeder en Koningin, gij stuurt me naar een plaats waar ik nooit kom. Vergeef me, ik zal uw hart pijn doen, u ontgoochelen en u een ergernis zijn, mijn Lieve Vrouw en Meesteres"[44].

De Moedermaagd dringt echter aan op zijn uitverkiezing: "De altijd zeer vereerde Maagd antwoordde hem: Kijk, mijn meest hulpeloze Zoon, weet in je hart dat er niet weinig dienaren en boodschappers zijn aan wie ik de opdracht kan geven om mijn plan en mijn woord over te brengen opdat ze het uitvoeren. Maar het is absoluut noodzakelijk dat jij zelf het bent, dat jij gaat en spreekt, dat juist door jou bemiddeling en hulp mijn verlangen en mijn wil gerealiseerd worden. Daarom vraag ik het je ten zeerste, mijn meest hulpeloze zoon, en draag ik je met al mijn energie op om juist morgen nog eens de bisschop te gaan zien. En laat het hem in mijn naam weten, laat hem goed mijn wil en mijn verlangen horen opdat die uitgevoerd zou worden en de kapel, die ik hem vraag, gebouwd zou worden. En zeg hem dat ik in persoon, de Maagd Maria, de Moeder van God Teotl, je daarheen gezonden heb"[45].

Juan Diego, de geminachte Indiaan, wordt bode van de Maagd, apostel van de Blijde Boodschap, die de Indiaanse waardigheid terug opneemt. Hij realiseert de nieuwe evangelisatie, die de Moedermaagd heeft voorgesteld.

Tenslotte reikt de aanwezigheid van de Moedermaagd tot diep in het beangstigde hart van het Indiaanse volk, dat bedreigd wordt en uitgeroeid door de ziekten die de veroveraars meegebracht hebben, waaronder de verschrikkelijkste de pokken zijn. De oom van Juan Diego ligt op sterven van de pokken en wil dat zijn neef naar Tlatelolca gaat om een priester te halen. De Maagd houdt Diego onderweg tegen opdat hij eerst zijn opdracht bij de bisschop zou vervullen. Maar tezelfdertijd stelt zij hem gerust en deelt hem mee dat zijn oom genezen is. Die oom symboliseert heel het zieke volk. Door hem te genezen brengt zij de blijde boodschap van leven en verrijzenis.

Aan Juan Diego geeft ze een teken dat ontspruit uit het meest poëtische en diepste van de Indiaanse cultuur. In volle winter draagt ze hem op bloemen te plukken op de bevroren hoogvlakte van Tepeyac en die naar de bisschop te brengen als teken van haar verlangen en haar wil. "Denken we er opnieuw aan dat de waarheid op aarde uitgedrukt wordt door de tweeterm 'bloem en zang', *in xochitl in cuicatl*. Het Guadalupaans gebeuren begon met zangen en we hebben gezegd dat dit enkel het begin was van de waarheid, een waarheid die noodzakelijk moest aangevuld

44. *Ibid.*, p. 31.
45. *Ibid.*, p. 32-33.

worden, een waarheid die zich moest realiseren in de ontwikkeling van het Guadalupaans gebeuren. Het centraal drama is al gebeurd. Nu is het ogenblik gekomen van de bloemen, het moment waarop het drama tot ontknoping komt. Het is het ogenblik van de totale integratie ... De Guadalupaanse Maagd spreekt en handelt alsof zij een Indiaanse is, die alleen de Nahuatl-logica begrijpt en beleeft. Als bloem en zang voor de Indianen de waarheid symboliseren en als waarheid functioneren, dan moeten de bloemen van het katoenen schouderdeken zeker als waarheid functioneren voor de bisschop. Volgens de Maagd hangt het van de bloemen af of het gebeuren van Tepeyac voltooid wordt"[46].

Zeker is dat vanaf de zestiende eeuw de verslagen Indiaan zijn waardigheid teruggevonden heeft in Tepeyac. Voor hem heeft zich in de Maagd van Guadalupe/Tonantzin, in haar vrouwelijke trekken, het liefdevolle gelaat van God geopenbaard. De Indiaanse vrouwen konden eveneens, doorheen de Indiaanse trekken van de Maagd van Guadalupe en het terug oproepen van de aloude Moeder van alle goden, Tonantzin, hun eigen waardigheid als vrouw en specifiek als Indiaanse vrouw terugvinden. In hen schitterden weer het mysterie en de schoonheid van het vrouwelijke gelaat van God.

De missionarissen hebben echter sterk gereageerd tegen deze Indiaanse toeëigening van de evangelische waarheid en tegen de inculturatie die haar uitdrukking vond in de aloude bedevaarten die toestroomden naar de tempel van Tonantzin in Tepeyac.

Bernardino de Sahagún, tijdgenoot van het Guadalupaans gebeuren, geeft in zijn monumentale *Historia general de las cosas de Nueva España* een appendix over superstities in de nieuwe wereld, waaronder de devotionele praktijken in Tepeyac. "Op de bergen zijn er drie of vier plaatsen, waar de Indianen plechtige offers brengen en waar zij van zeer ver naartoe komen. Eén van die plaatsen is hier in Mexico, waar een heuvel gelegen is die Tepeacac genoemd wordt. De Spanjaarden noemen die Tepeaquilla en nu wordt de plaats Nuestra Señora de Guadalupe geheten. Op deze plaats staat een tempel toegewijd aan de moeder van alle goden, die ze Tonantzin heten, dat wil zeggen Onze Moeder. Daar dragen ze vele offers op ter ere van deze godin. Ze komen van ver, van meer dan twintig mijlen, van alle kantons van Mexico, met veel offers. Mannen en vrouwen, jongens en meisjes komen naar deze feesten. De volkstoeloop is enorm. Allen zeggen: laten we naar het feest van Tonantzin gaan. En nu is op die plaats de kerk gebouwd van Onze-Lieve-Vrouw van Guadalupe, die ze ook Tonantzin noemen. Hoe deze stichting van Tonantzin tot stand is gekomen weet men niet met zekerheid, maar wat we zeker weten is dat het gaat om een toewijding aan de aloude Tonantzin. En dat moeten we veranderen, want de naam zelf van de Moeder Gods is niet Tonantzin, maar God en Nantzin. Het lijkt een duivelse uitvinding te zijn om idolatrie te verbergen onder de mom van deze naam Tonant-

46. *Ibid.*, p. 121-125.

zin. Vandaag komen ze deze Tonantzin bezoeken van zeer ver, zoals vroeger. Deze devotie is verdacht, want overal zijn er kerken ter ere van Onze-Lieve-Vrouw, maar naar die kerken gaan ze niet; ze komen echter van ver naar deze Tonantzin, zoals vroeger"[47].

Beter dan wie ook ziet Sahagún wat er aan het gebeuren is in Guadalupe, waar het oude Indiaanse geloof herboren wordt. Zijn veroordeling is het vertrekpunt van een heel proces, dat tot op vandaag aan de gang is, een proces, waarin men de mogelijkheid van inculturatie van het christendom in Latijns-Amerika verwerpt.

In zijn studie over de koloniale identificatie van de apostel Thomas met de beschavingsheld die tot godheid Quetzalcoatl gemaakt wordt, en van de moeder van alle goden, Tonantzin, met Onze-Lieve-Vrouw van Guadalupe, duidt Jacques Lafaye het conflict aan tussen Spanjaarden en creolen en mestiezen in Amerika: "Het ongeloof van de officiële historiografen van Spanje was de eerste uitdaging aan de creoolse apologisten. De identiteit van Quetzacoatl en de apostel Thomas negeren, de authenticiteit van de verschijningen van de Maagd Maria in Tepeyac ontkennen, waren manieren om de Indianen (en later de creolen) het statuut van ongelovigen en afgodendienaars toe te kennen"[48].

Als de heilige Thomas Amerika niet heeft gemissioneerd vóór de komst van Columbus, zoals de heilige Jacobus Spanje heeft gemissioneerd, dan zijn de christenen van Spanje oude christenen van een goede wijnrank, terwijl de christenen van Amerika altijd nieuwe christenen zullen blijven, van tweede categorie, klaar om steeds naar hun oude afgodendiensten terug te keren. Als de Maagd niet verschenen is te Tepeyac in Amerika, dan zijn de enig mogelijke hiërofanieën enkel te situeren in Europa en is Guadalupe een uitvinding van de duivel. Als er geen verschijning is geweest, dan wordt in Tepeyac enkel de godin Tonantzin vereerd en zijn alle vereerders afgodendienaars. En zelfs al zou er een verschijning geweest zijn, dan argumenteert men dat de cultus syncretistisch is en dat men er eveneens de Moeder van alle goden van Anahuac vereert. Zo wordt de weg naar een inculturatie van het evangelie in Amerika afgesloten; de enige manier om in Amerika christen te worden is ophouden Indiaan te zijn om cultureel en mentaal Europeaan te worden.

Maar in de volkse praktijk schittert in Guadalupe voor al de armen van het continent het vrouwelijk en Indiaans gelaat van God.

Besluiten we met een bedenking van Nobelprijswinnaar Octavio Paz, die in het Guadalupaans fenomeen het meest verborgene en meest onontwarbare, het meest heldere en tegelijk meest rustverstorende van de Mexicaanse ziel onderkent: "Het is voor niemand een geheim dat het Mexicaans katholicisme gecontreerd is in de cultus van de Maagd van

47. B. SAHAGÚN, *História general de las cosas de Nueva España*, Mexico, 1975, p. 704-705.

48. J. LAFAYE, *Quetzacoatl y Guadalupe – La formación de la conciencia nacional en México*, 2de ed., Mexico, 1985, p. 426.

Guadalupe. Op de eerste plaats gaat het om een Indiaanse maagd. Vervolgens is de plaats van haar verschijning aan de Indiaan Juan Diego een heuvel, een heilige plaats die vroeger toegewijd was aan Tonantzin, 'onze moeder', godin van de vruchtbaarheid bij de Azteken. Zoals men weet valt de verovering samen met het hoogtepunt van de cultus aan twee mannelijke godheden: Quetzalcoatl, de god van de zelfslachtoffering (volgens de mythe schept hij de wereld door zich in Teotihuacan op de brandstapel te gooien) en Huitzilopochtli, de jonge god strijder die slachtoffert. De nederlaag van deze goden – de conquista had deze betekenis voor de Indianen –, het einde van een kosmische cyclus en de instauratie van een nieuw goddelijk koninkrijk, bracht onder de gelovigen een terugkeer naar de oude vrouwelijke godheden tot stand. Dit fenomeen van de terugkeer naar de moederschoot, een fenomeen dat goed bekend is bij de psychologen, is zonder twijfel één van de bepalende oorzaken van de snel groeiende populariteit van de cultus van de Maagd. De Indiaanse godheden waren echter godinnen van de vruchtbaarheid, verbonden met de kosmische ritmen, met de processen van plantengroei en met de landbouwriten. De katholieke Maagd is ook Moeder (Guadalupe/Tonantzin noemen haar nu nog sommige Indiaanse bedevaarders), maar haar voornaamste eigenschap is niet waken over de vruchtbaarheid van de grond, maar een toevlucht zijn voor de hulpelozen. De toestand is veranderd. Het komt er niet meer op aan de oogst te verzekeren, maar een toevluchtsoord te vinden. De Maagd is de troost van de armen, het schild voor de zwakken, de steun voor de onderdrukten. In één woord, zij is de Moeder van de wezen. Wij allen worden geboren als onterfden en onze echte levenssituatie is er een van wees. Dit is vooral het geval met de Indianen en armen van Mexico. De cultus van de Maagd weerspiegelt niet alleen de algemene toestand van de mensheid, maar ook een concrete, historische situatie, zowel op geestelijk als op materieel vlak. En er is meer: de universele Moeder, de Maagd, is ook de tussenpersoon, de bode tussen de onterfde mens en de onbekende macht, zonder gelaat: de Ander"[49].

Het zwarte gelaat van God

Dit is de meest radicale uitdaging in de geschiedenis van de evangelisatie in Latijns-Amerika en daarom is zij binnen de kerk ook het minst aanvaard, het minst verhelderd en het minst bestudeerd.

Naast een sterk Indiaans Amerika in landen als Mexico, Guatemala, Peru, Bolivia en Ecuador, en een blank Europees Amerika in landen als Argentinië, Uruguay en het zuiden van Chili en Brazilië, vrucht van de migrantenstroom in de tweede helft van de negentiende eeuw, vormde er zich al heel vroeg een Afro-Amerika in verschillende gebieden van

49. O. PAZ, *Los hijos de la Malinche*, in *México en la obra de Octavio Paz*, p. 75-76.

het continent. Dit Afro-Amerika strekt zich uit over het zuiden van de Verenigde Staten, de Antillen en de Caraïbische kust van de Centraal- en Zuidamerikaanse landen. Men vindt het terug aan de kuststreek van de Stille Oceaan in de Choco van Colombia, in Esmeraldas van Ecuador en aan de kust van de suikerrietstreek in Peru. Langs de Atlantische kust vormt het het vlees en het bloed van het koloniale en keizerlijke Brazilië, in zijn plantages van suikerriet, tabak, katoen en koffie en in zijn goud- en diamantmijnen. Tussen het jaar 1504, toen de eerste zwarte slaven in Hispaniola aankwamen, en het midden van de negentiende eeuw, het einde van de slavenhandel, werden naar schatting elf miljoen slaven van Afrika naar Amerika verscheept. De helft ervan kwam terecht op de rijke plantages van de Spaanse, Engelse, Franse en Hollandse Caraïben, 40% in Brazilië en de rest werd verspreid over de andere landen.

In tegenstelling met de slavernij in de Oudheid, een institutie naast vele andere in de maatschappij en de staat, was de Amerikaanse slavernij, die in bepaalde landen, zoals de Barbaden, Martinique, Guadeloupe en Haïti, 90% van de bevolking omvatte, een institutie die in de maatschappij een sleutelpositie innam en haar ook structureerde door haar economie, haar sociale en juridische relaties, het karakter van staat en kerk te bepalen. Alles stond in dienst van de legitimatie, consolidatie en behoud van het slavenregime, tot aan zijn ontbinding. Dit proces van ontbinding begon in 1791 in Haïti met de revolte van de slaven zelf, sleepte in de loop van de negentiende eeuw eindeloos aan en werd uiteindelijk voltrokken door de afschaffing van de slavernij op de Engelse Caraïben in 1835 en op de Franse in 1848, door de Noordamerikaanse burgeroorlog (1860-1865), door de Cubaanse oorlog van 1868 die leidde tot de wetten van 1870 (de wet-Moret) en tot de afschaffing van de slavernij door de wetten van 1880 en 1886, en tenslotte, in Brazilië, door de wet van de 'vrije buik' van 1871 en de laattijdige afschaffing in 1888.

Het behandelen van deze kwesties, die niet alleen geschiedenis zijn maar ook levendig deel uitmaken van het huidig gebeuren van die landen, met hun erfenis van mestiezenproblematiek, discriminatie en verborgen racisme, blijft een steen waaraan men zijn voet stoot.

Medellín, dat kan vergeleken worden met de eerste concilies van de kerk in de mate het aan de oorsprong staat van een kerk met Latijns-amerikaans gelaat, snijdt enorm veel onderwerpen aan, maar rept met geen woord over de Afro-amerikaanse kwestie.

Het werkdocument van Puebla (1978), gekend als het 'groene boekje' door de kleur van de band, spreekt (in het inleidend hoofdstuk over de geschiedenis van de evangelisatie in Latijns-Amerika) niet eens over de negerslavernij, nochtans een realiteit die in vele landen gedurende bijna vier eeuwen een groot deel van het volk trof.

Ook het einddocument van Puebla had het moeilijk om de kwestie op historisch vlak aan te snijden. Aan de vier eeuwen slavernij werd slechts één zin gewijd, die dan nog uit de eindtekst gehaald en in voetnoot geplaatst werd. Zo werd uit het eerste deel van het document,

"Historische visie van de Latijnsamerikaanse realiteit", elke referentie aan de slavernij geweerd. De voetnoot spreekt voor zich: "Het probleem van de Afrikaanse slaven heeft jammer genoeg niet de nodige evangelische en bevrijdende aandacht gekregen van de kerk"[50].

De kwestie is zo merkwaardig omdat deze tekst oorspronkelijk deel uitmaakte van de eindtekst die door de bisschoppen werd goedgekeurd en pas daarna door het Secretariaat van de CELAM naar voetnoot 40 werd verwezen, zonder dat het Secretariaat daarvoor ooit enige verklaring of een criterium van zijn handelwijze heeft gegeven. Merkwaardiger nog is dat dit van de 368 voetnoten uit het officiële document, de enige is die geen verwijzing is naar bibliografische gegevens, maar een stellingname weergeeft die door de vergadering werd goedgekeurd. Dit toont aan hoe het zelfs bij de uitgave van de tekst moeilijk was om de kwestie van de Afrikaanse slavernij te plaatsen in de geschiedenis van de evangelisatie van het continent.

Op andere plaatsen in het document van Puebla erkent men dat die kwestie een uitdaging is waarop men eigenlijk nog niet is ingegaan of waarop men een slecht antwoord heeft gegeven. Bij het opsommen van situaties waarin de evangelisatie het meest noodzakelijk is, stelt het document op de eerste plaats: "permanente situaties: onze Indianen, die meestal gemarginaliseerd aan de rand van de maatschappij leven en, in sommige gevallen, niet of onvoldoende geëvangeliseerd zijn; de zo vaak vergeten Afro-amerikanen" (n. 365).

Puebla opent uiteindelijk toch de deur voor een theologische reflectie op de tragedie van de zwarte slavernij en op de officiële houding van de kerk dienaangaande. Dit gebeurt in één van de schitterende teksten, waarin de armoede van het continent concreet en reëel wordt beschreven: "Deze situatie van veralgemeende uiterste armoede krijgt in het reële leven zeer concrete gestalten, waarin wij de lijdende Christus zouden moeten erkennen, de Heer die ons vragen stelt en interpelleert" (n. 31).

In het oorspronkelijke document van Puebla, dat later door het Secretariaat van de CELAM wat werd herwerkt, verschijnt de lijdende Christus in de geschiedenis van het continent het eerst in de Indianen en de Afro-amerikanen: "Indianen en, dikwijls ook, Afro-amerikanen, die gemarginaliseerd leven in onmenselijke situaties, kunnen als de armsten onder de armen gezien worden" (n. 34).

Zij droegen inderdaad de zware last van slavernij en slavenarbeid bij de opbouw van de koloniale economie, zowel de Spaanse als de Portugese, Franse, Engelse, Hollandse en Deense. In dit proces verdwenen eigenaardig genoeg alle theologische en politieke tegenstellingen die katholieken en protestanten in Europa verdeelden. Het slavensysteem, dat gebruikt werd door een vurig katholiek, baas van een suikerrietbedrijf in het Portugese Brazilië, of door een Spaanse heer op Cuba, verschilde

50. CELAM, *Conclusões da Conferência de Puebla – Evangelização no presente e no futuro da América Latina*, São Paulo, 1979, n. 8, nota 40.

in niets van het systeem dat toegepast werd op het bedrijf van een godvruchtige Hollandse calvinist op de Nederlandse Antillen of van een gestrenge anglicaan op Jamaïca, of van een Franse hugenoot op Haïti of een Deense lutheraan op de Maagdeneilanden.

De divergenties die tot godsdienstoorlogen leidden in Europa, kwamen in Amerika tot harmonie in één en hetzelfde slavenregime en in een theologie die de slavernij van de zwarten rechtvaardigde.

Een in vele opzichten gelijke evolutie brengt zowel de protestantse als de katholieke theologen ertoe om een authentieke theologie uit te bouwen, niet van de bevrijding maar van de slavernij, met convergerende dogma's, ethiek en sacramentele praktijk. Ter illustratie vermelden we de kwestie van het doopsel.

In de slavenpraktijk in de Oudheid was het verboden slaven te hebben binnen de eigen sociale, etnische, linguïstische en vooral religieuze groep. Bij de joden verbood de wet dit uitdrukkelijk: "Uw slaaf of slavin, die gij houdt, zullen zijn uit de volken rondom u; uit hen zult gij een slaaf of slavin kopen ... maar over uw broeders, de Israëlieten, zult ge niet, de een over de ander, met hardheid heersen" (Lev 25,44-46). In Deuteronomium was al wie deze wet overtrad, onderworpen aan de doodstraf. "Wanneer iemand betrapt wordt, terwijl hij één van zijn broeders uit de Israëlieten rooft en hem als slaaf behandelt en verkoopt, dan zal die dief sterven" (Deut 24,7).

Onder de Arabieren was het statuut van de slaaf veeleer van voorbijgaande aard. Een slavin die een zoon ter wereld bracht voor haar meester, bekwam de vrijheid. Wie zich tot de islam bekeerde hield eveneens op slaaf te zijn. Religieuze bekering was dus bron van bevrijding.

In het middeleeuwse christendom leefde dezelfde overtuiging: christenen konden moren als slaven hebben en, omgekeerd, moren christenen als slaven. Het was echter ondenkbaar dat christenen christenen als slaven zouden hebben, of moren andere muzelmannen als slaven.

Met de moderne slavernij, die vanaf de vijftiende eeuw door Europese christen naties ingeplant werd en van de zestiende tot de achttiende eeuw in Amerika een enorme uitbreiding kende, stellen we een verschuiving van de gedachten vast en uiteindelijk wordt een theologie van de slavernij, met al haar wreedheid, geboren.

In de zestiende eeuw bestonden er zowel in protestantse als in katholieke milieus scrupules in verband met de slavenpraktijk en zijn relatie met de christelijke gedachte en met de sacramenten. Ook bestond de volkse, diep ingewortelde overtuiging dat het doopsel de mensen uit de slavernij verloste en hen de verloren vrijheid terugschonk.

Na in een studie over de slavernij op de Engelse Antillen gesproken te hebben over de weerstand van de kolonisten tegen de catechese van negerslaven, voegt Richard Hart eraan toe: "Een andere reden waarom de bazen van de plantages tegen de catechese van slaven waren, was de algemene overtuiging dat de burgerlijke wetten de slavernij van christenen verbiedt. Dat deze overtuiging zeer verspreid was, blijkt duidelijk uit het verwijt aan de eerwaarde heer Risworth, pastor van de Puriteinse kolonie op het eiland Providence, in 1635. Zijn sermoenen tegen de slavernij en zijn sympathieën voor Afrikanen die zich in het woud gingen verbergen, vielen niet in goede aarde bij zijn congregatie en men diende klacht in bij de eigenaars van de kolonie. Men veroordeelde hem; zijn opinie, dat de christenen alleen maar zwarten als slaven konden houden zolang deze buiten het christendom stonden, had geen grond onder de voeten"[51].

Een ander voorbeeld vindt men in het dagboek van John Evelin, lid van de Raad voor Vreemde Plantages, die in 1685 schrijft dat het het verlangen van de koning was dat "de zwarten op de plantages gedoopt zouden worden. Daarmee veroordeelt hij de niet godsdienstige houding van de meesters, die verbieden dat hun slaven gedoopt worden en zich daarbij steunen op de verkeerde opvatting dat slaven door het doopsel zelf vrij worden"[52].

Om de heren van de plantages er toe te brengen hun slaven te laten dopen vaardigde de vergadering van de afgevaardigden van de eigenaars van Jamaïca in 1696 volgend decreet uit: "Geen enkel slaaf zal vrij worden, als hij christen wordt"[53].

Interessant is wel dat theologie en pastoraal uiteindelijk niet bepaald worden in een synode of door een kerkelijke gezagsinstantie, maar door de vergadering van de eigenaars, door de verlangens van de koning of door de handelscompagnie, die grondige veranderingen doorvoeren in de christelijke traditionele leer en praktijk. Als het decreet van de vergadering van Jamaïca bepaalt dat geen enkel slaaf vrij wordt als hij christen wordt, stelt het zich frontaal op tegenover de heersende praktijk van de christenheid in die tijd. Het doopsel, sacrament van de bevrijding, wordt sacrament van de slavernij.

Hetzelfde onthutsende gebeuren geschiedde binnen de katholieke kerk en de oplossing was niet anders. Op het eiland Saint-Christophe van de Franse Antillen ontstond er bij het einde van de zeventiende eeuw een hevig conflict tussen de gouverneur Poincy en de kapucijnen in verband met de situatie van de gedoopte slaven. De kapucijnen beweerden "dat de kinderen van zwarte christenen, na hun doopsel, vrij moesten zijn en bevrijd uit de slavernij, omdat het een christen onwaardig was zich te laten dienen door zijn broeder christen als slaaf"[54]. De controverse bleef niet alleen beperkt tot de vraag of het doopsel al of niet recht gaf op de vrijheid, maar strekte zich uit tot het begrijpen zelf van de effecten van het doopsel.

Om doopsel en slavernij met elkaar in overeenstemming te brengen waren essentieel drie stappen nodig.

51. R. HART, *Esclavos que abolieron la esclavitud*, Havana, 1984, p. 95.
52. *Ibid.*, p. 96.
53. *Ibid.*, p. 96.
54. M. SAINT MICHEL DE CARMES, *Voyages aux îles camercanes*, Le Mans, 1652, p. 80, geciteerd door G. DEBIEN, *Les esclaves aux Antilles Françaises aux 17me et 18me siècles*, Basse-Terre, Société d'Histoire de Guadeloupe, p. 280.

De eerste stap was dat men veronderstelde dat die mensen reeds in Afrika slaven waren en dat men hen dus bij hun overbrenging naar Amerika geen onrecht aandeed. In werkelijkheid was de slavenhandel een militair en commercieel bedrijf om slaven te 'maken' om aldus de steeds groeiende vraag naar arbeidskrachten voor Amerika te kunnen beantwoorden.

De tweede stap bestond erin de vooronderstelling van een radicale verandering te aanvaarden. Men stelde dat deze mensen in Afrika slaven en heidenen waren en dat ze, wanneer ze naar Amerika kwamen, slaven bleven, maar christenen werden. En dit betekende voor hen een onvergelijkbaar goed. De sleutel van deze verandering lag in het doopsel, dat bevrijding betekende, maar enkel van de slavernij van de duivel en de zonde.

De derde stap bestond erin een radicale scheiding aan te brengen tussen lichaam en ziel, tussen het leven op aarde en het toekomstige leven. Het doopsel bevrijdde de ziel van de slaaf, maar veranderde niets aan de slavernij van zijn lichaam. Het bracht hem de belofte van een beter leven in de toekomst, maar veranderde het dal van tranen niet in het leven hier en nu op aarde. De Franse metropool gaf als oriëntatie voor de koloniale administratie van de Windeilanden: "De godsdienst, noodzakelijk voor alle mensen, is dit nog meer in de met slaven bevolkte kolonies, want die slaven kan men alleen in toom houden door de hoop op een beter leven"[55].

Zo is het duidelijk dat de godsdienst op een cynische manier het instrument werd om de slaaf er toe te brengen zijn ontmenselijking en uitbuiting te aanvaarden in navolging van de geduldige en lijdende Christus, die zoals een lam geleid werd naar de slachtbank en zijn mond niet opende. Gehoorzaamheid, geduld en aanvaarding van de situatie waren de fundamentele deugden van de christen slaaf. De staat en de heren gebruikten de godsdienst om de orde en het regime te handhaven. "De godsdienst, schreef de koning van Frankrijk aan de gouverneur van Guyana, moet alle aandacht vanwege de administratie opeisen. Vooral door de rem die de godsdienst oplegt kunnen de slaven in bedwang gehouden worden, hoe ellendig ze ook zijn en hoe ongevoelig voor eer, vernedering en kastijding"[56].

De heren en administratoren wilden echter niet dat de godsdienst begeleid werd door een catechese, een opvoeding, die de geest en het leven van de slaven zou verbeteren. Fénelon, administrator van Martinique, schrijft op 11 februari 1727 aan de minister van Frankrijk: "Ik ben hier in Martinique aangekomen met alle vooroordelen van Europa tegen de gestrengheid waarmee de negers behandeld worden en als voorstander van een opvoeding die men hen moet geven in naam van

55. A. GISLER, *L'esclavage aux Antilles Françaises (XVIIme-XIXme siècles)*, Parijs, 1981, p. 169.
56. *Ibid.*, p. 170.

de principes van onze godsdienst. De opvoeding – ik zou alle heiligen van de clerus van Frankrijk afschrikken, als mijn opinie moest komen uit het heiligdom van uw kabinet – is een plicht, die men aan de slaven verschuldigd is omwille van de principes van de godsdienst, maar een gezonde politiek en sterkere argumenten stellen zich daartegen. De opvoeding is in staat aan de negers een openheid te schenken die hen tot andere kennis en tot een ander soort redenering kan brengen. De veiligheid van de blanken, die minder talrijk zijn en hier leven omringd door slaven en overgelaten aan zichzelf, vereist dat de slaven in de grootste onwetendheid gehouden worden ..."[57].

Pater Labat, die met een fijne opmerkingsgave de wereld van de Antillen en de diepe veranderingen in de maatschappij ten tijde van de bloei der suikerrietteelt en de grote invoer van slaven weet te beschrijven, merkt op dat de eigenaars van de plantages zich verzetten tegen de religieuze opvoeding van hun slaven. "Ze willen hen over alles in krasse onwetendheid houden, tenzij in zaken die verband houden met het werk"[58].

Op het eiland Martinique raken de dominicanen verwikkeld in een ernstig conflict met de burgerlijke gezagdragers wegens hun pastoraal werk onder de slaven. Zij worden ervan beschuldigd de toediening van het doopsel aan onlangs uit heidense streken aangekomen slaven te bemoeilijken. Zij verdedigen zich met het argument dat zij dezelfde regels toepassen die van kracht zijn voor het doopsel van volwassenen onder de blanken. Die regels vereisen dat wie gedoopt wil worden tenminste iets weet over de ene God, de Drievuldigheid, de verlossing en de eeuwigheid, en dat men pas doopt als de heren getuigen dat hun slaven geen verdorven mensen zijn. "Hen dopen zonder deze voorzorgen, zou kennelijk misbruik van het sacrament betekenen. Nochtans willen ze nu dat we de slaven onmiddellijk bij hun ontscheping dopen"[59].

In het algemeen interesseren missionarissen en pastoors zich echter weinig aan de pastoraal onder de slaven, zoals Padre Benci getuigt in Bahia in het begin van de achttiende eeuw: "Toen men u het ambt oplegde, maakte men u dan tot pastoors van de vrijen en blanken, of ook van de zwarten en slaven? Ik hoor al dat gij mij antwoordt: van allen, omdat wij allen evenzeer schapen zijn van Jezus Christus en verlost door zijn bloed. Als ge dan ook pastoor zijt van de zwarten en van de slaven, waarom zijt ge er dan zo weinig om bekommerd hen te catechiseren, wetende dat er in hen zoveel onwetendheid is omtrent de zaken van God? Is het misschien omdat dergelijke pastoraal niets opbrengt, geen winst biedt? ... Als ge alleen onderwijst aan blanken en vrijen, omdat ge van hen een beloning en erkentelijkheid verwacht die ge niet kunt

57. *Ibid.*, p. 171-172.

58. J.-B. LABAT, *Nouveau voyage aux îles d'Amérique*, Parijs, 1742, dl. III, p. 231, geciteerd door G. DEBIEN, *Les esclaves*, p. 268.

59. *Archives Nationales*, Colonies C 8, B 3, geciteerd door G. DEBIEN, *Les esclaves*, p. 266.

krijgen van de arme zwarten en de ellendige slaven, ziet ge dan niet dat ge de kudde van Jezus Christus niet verzadigt met het geestelijk voedsel, maar dat ge uzelf verzadigt?"[60]

Ondanks hun bitter levenslot lieten de slaven waarden doorschijnen die niet ontsnapten aan de opmerkzame geest van mensen zoals Antonio Vieira (1608-1696): "Voor de zwarten is de eenheid zo vanzelfsprekend en natuurlijk dat zij allen die dezelfde huidskleur hebben familieleden noemen, dat zij allen die in hetzelfde huis dienen deelgenoten noemen en dat zij allen die op hetzelfde schip inscheepten kameraden noemen"[61]. Als broeders van dezelfde huidskleur, deelgenoten in het werk en kameraden op dezelfde reis, herstelden de zwarten de banden van solidariteit, die de slavernij trachtte te breken. Ook in het doopsel herschiepen ze een familie, die ze nooit hadden kunnen vormen. Bij het doopsel kreeg het kind, wiens vader bijna altijd onbekend was, een peter en een meter en de alleenstaande moeder een 'medevader' en 'medemoeder', een familiale band, die niet minder reëel was omdat hij van geestelijke en niet van lichamelijke orde was. Deze doopselopvatting van de slaven, die daarin de opbouw zagen van een solidariteit die hen door de heersende machtsstructuren ontzegd werd, vinden we nu nog terug bij de armen, voor wie de uitverkiezing van peter en meter en de eraan verbonden geestelijke familieband even belangrijk zijn als het doopsel.

Een andere spirituele dimensie, die ontsprong uit de diepten van het slavenleven, was de koppige weerstand bij tegenslagen, de gehechtheid aan het leven, ook al werd men slecht behandeld en was het een leven zonder horizon, zoals Benci het beschrijft: "Verschrikkelijk en ellendig is het lot van een slaaf! Als hij eet, is het altijd het slechtste en het minst smakelijke; als hij zich kleedt, is het altijd de ruwste stof en het lompste kleed; als hij slaapt, is zijn bed heel dikwijls de koude grond en gewoonlijk een harde plank. Het werk is doorlopend, zonder onderbreking; de rust is onrustig en vol verschrikkingen; bijna nooit kan hij uitblazen; als hij niet oplet, is hij bevreesd; als hij ontbreekt op het werk, is hij bang; als hij niet meer kan, wordt er geweld op hem gepleegd en trekt men krachten uit zijn zwakheid ... Hij moet scherpzinnig zijn om het gebaar van zijn meester te zien; hij moet een arend zijn om in de gedachten van zijn meester binnen te dringen; hij moet een sater zijn om de stem van zijn meester te horen. Om boodschappen vlug over te brengen moet hij een hinde zijn; om het harde werk aan te kunnen moet hij een stier zijn; om de kastijding met geduld te kunnen ondergaan moet

60. J. BENCI, *Economia cristã dos senhores no governo dos escravos*, São Paulo, 1987, p. 91-92.

61. A. VIERA, *Sermão XII do Rosário – na Sé da Bahia depois da Armada Rial derrotada (Maria rosa mística – ano de 1639)*, geciteerd door A. PEIXOTO en C. ALVES, *Antologia brasileira – Vieira brasileiro*, Parijs, 1921, p. 148.

hij een ezel zijn. In twee woorden: hij moet alles zijn, gezien hij in de achting van allen niets is"[62].

Dikwijls deed de weerstand een zoeken naar vrijheid ontluiken, als het meest genegeerde en daarom meest verlangde goed, verwijzend naar een ervaring van God, die de vrijheid van de slaven wil, een God die het leven wil en niet de dood, een God die de gelijkheid onder al zijn kinderen wil en niet de ongelijkheid en discriminatie. Een deel van deze diepste verlangens vond een concrete uitdrukking in het leven, in de vlucht naar de vrijheid en het organiseren van verschanste gebieden, de 'quilombos'.

Deze pogingen werden binnen het slavenregime echter juist gezien als zonden waar geen vergiffenis voor bestond. Ze werden niet alleen burgerlijk gesanctioneerd, maar ze ondergingen ook de hardste kerkelijke sancties. Antonio Vieira stelt zich op een dramatische manier op tegenover de koning van Portugal, die aan een jonge Italiaanse jezuïet de toelating gegeven had om naar Palmares te gaan, de meest bekende quilombo van uit het koloniaal Brazilië gevluchte slaven (1620-1695), om er hen geestelijke bijstand te verlenen.

Vieira haalt verschillende argumenten aan van politieke en prudentiële aard en eindigt zijn betoog met een theologisch argument. Volgens hem was pastoraal werk in Palmares om verschillende redenen nutteloos en onmogelijk. "Ten eerste: omdat, indien het mogelijk was, het dan moest gebeuren door paters die bij ons zijn, afkomstig uit Angola, aan wie ze geloof hechten, op wie ze vertrouwen en die ze verstaan, omdat ze uit hetzelfde land afkomstig zijn en dezelfde taal spreken; maar allen gaan ermee akkoord dat zoiets onmogelijk is en zonder uitzicht. Ten tweede: omdat ze (de zwarten van de quilombo) zelfs niet die paters zouden vertrouwen; integendeel, ze zouden hen ervan verdenken spionnen te zijn, die de gouverneurs in 't geheim inlichten hoe ze kunnen verslagen worden. Ten derde: omdat de kleinste verdenking ten aanzien van enkele of van alle paters voldoende zou zijn om hen door vergiftiging om het leven te brengen, zoals ze elkaar heimelijk vergiftigen. Ten vierde: omdat ze, ook al zouden ze ophouden de dorpen van de Portugezen aan te vallen, nooit zouden nalaten vluchtende volksgenoten bij hen op te nemen. Ten vijfde: het sterkste en allesomvattende argument, omdat ze, als rebellen en slaven, voortdurend leven en volharden in een zonde, waarvan ze niet kunnen vrijgesproken worden en waardoor ze de genade van God niet kunnen ontvangen, tenzij ze terug gehoorzaam in dienst treden van hun meesters. Maar dit zullen ze nooit doen"[63].

Er ontloken ook dromen en diepe verlangens om hun eigen identiteit terug op te bouwen, door hun eigen geschiedenis levend te houden en

62. J. BENCI, *Economia cristã*, p. 221.

63. *Carta do Padre Antônio Vieira a Roque Monteiro Paim, conselheiro do Rei de Portugal (02.07.1691)*, in D. FREITAS, *Escravidão de índios e negros no Brasil*, Porto Alegre, 1980, p. 141.

trouw te zijn aan hun verleden doorheen de cultus aan de goden van Afrika en aan hun voorvaderen in de vele geheime cultusplaatsen, die men overal in de slavengebieden aantrof. Bij deze taak speelden vooral de vrouwen een belangrijke rol als "Mães e Filhas de Santos". Ze droegen er zorg voor hun volk niet alleen materieel maar ook spiritueel aanwezig te stellen, ook al was het in het land van ballingschap.

Culturele waarden ontloken eveneens binnen de kerk in de vele broederschappen van slaven onder de aanroeping van O.-L.-Vrouw van de Rozenkrans van de Zwarten, van de heilige Efigênia, de heilige Benedictus, de heilige Antonius Catagero, allen negerheiligen of heiligen die de slaven zich in hun devotie toegeëigend hadden. De slaven hebben in Brazilië een minder streng en meer feestelijk christendom doen leven, met hun 'congadas' en 'moçambiques', die ze dansten op het kerkplein ter ere van O.-L.-Vrouw van de Rozenkrans of van de heilige Benedictus; een meer affectief en verdraagzaam christendom, waarin men weet samen te leven met veel verschillende culturele tradities en vol eerbied is voor de doden, deel van het erfgoed der levenden.

Toen de slavernij officieel werd afgeschaft, betekende dit niet dat sociale en religieuze discriminaties meteen ophielden te bestaan. In Brazilië viel de opheffing van de slavernij samen met de europeanisering en romanisering van het katholicisme door de religieuze congregaties die er aankwamen, en negers en mulatten, mannen zowel als vrouwen, niet in hun noviciaten toelieten onder het voorwendsel dat een neger niet dient om priester te worden en, kan men eraan toevoegen, een negerin niet om zuster te worden.

Daarmee bleef het stigma van discriminatie wegens huidskleur en ras bestaan. Benci had er vroeger reeds op gewezen dat het zwart-zijn als het ware nog bovenop het slaven-zijn kwam. Daarmee suggereerde hij dat, eens de slavernij afgeschaft was, de discriminatie door de huidskleur kon blijven bestaan. "Alle slaven worden, alleen al omwille van het feit dat ze slaaf zijn, weinig geacht en met misprijzen behandeld. Maar slechter nog is de behandeling van de zwarte slaven, enkel en alleen omdat ze zwarten zijn"[64].

In onze landen verschijnt het zwarte gelaat van God dus als de radicale eis van gelijkheid en broederlijkheid, van het einde van discriminaties, maar ook als het blij en feestelijk gelaat van God, als het gelaat van de herwonnen waardigheid van de vrouwen, als het gelaat van verdraagzaamheid en barmhartigheid, van edelmoedige en genadige vergiffenis, gegeven door zoveel zwarten, na al de ongehoorde onrechtvaardigheden van de slavernij; maar vooral als het gelaat van de God van het Leven en van de Bevrijding, die ons de Exodus in herinnering brengt en zijn volk wil bevrijden uit Egypte, het land van de slavernij, en brengen naar het land van vrijheid, waar melk en honing vloeien.

64. J. BENCI, *Economia cristã*, p. 217.

Besluit

Wat wij uit de licht- en schaduwzijden van de voorbije vijfhonderd jaar kunnen leren, veronderstelt dat wij niet alleen iets willen leren, maar ook bereid zijn om onze persoonlijke en pastorale houding te veranderen.

We hernemen hier onze voorstellen uit een andere studie rond de thematiek van vijfhonderd jaar evangelisatie in Latijns-Amerika[65].

Alles wat we gezien hebben dwingt ons enerzijds tot een gebaar van berouw ten aanzien van diegenen die beledigd en vernederd werden in de loop van de voorbije vijfhonderd jaar. Anderzijds dwingt het ons tot een vastberaden engagement om het verleden goed te maken en naar concrete uitwegen te zoeken voor de toekomst. Iedere gemeenschap, iedere lokale kerk zal haar eigen wegen moeten vinden. Maar er zijn er enkele die voor heel het continent kunnen gelden.

In het Oude Testament werden de jubileumjaren bedacht in functie van de armsten en zo'n jaar begon telkens met het kwijtschelden van de schulden, het teruggeven van de grond aan wie hem verloren had en het bevrijden van de slaven (Lev 25,8-19; Deut 15,12-18).

Jezus begint de prediking van de blijde boodschap, rechtstreeks tot de armen gericht, met de verkondiging, in de synagoge van Kafarnaüm, van de bevrijding van slaven en onderdrukten en van een jaar van genade des Heren voor allen (Luc 4,16-19).

Zouden niet alle christenen, samen met alle mensen van goede wil, van 1992 een jaar van genade kunnen maken voor Latijns-Amerika, om aan onze volkeren weer hoop te geven na het verloren decennium van de jaren tachtig?

Een jaar van genade, waarin de buitenlandse schuld, die reeds zoveel keren met de honger en de wanhoop van de volksmassa's betaald werd, definitief kwijtgescholden wordt en waarin men opkomt voor een nieuwe internationale sociale orde, die een einde stelt aan de tragische neiging van rijken die altijd maar rijker worden op de rug van armen die altijd maar armer worden. Het jaar 1492 betekent het begin van het moderne kolonialisme. Zou 1992 niet het begin van het einde kunnen betekenen van de moderne neokolonialismen, met de steun van dezelfde kerken die medeplichtig geweest zijn aan de opkomst van het eerste kolonialisme?

Een jaar van genade, waarin het fatale gebeuren van 1492 nu in 1992 een gelukkig gebeuren wordt voor de Indiaanse volkeren. De gronden worden teruggegeven aan de Indianen en definitief en onschendbaar afgebakend, en op het platteland wordt aan ieder die werkt grond gegeven. Zo wordt een totale ommekeer bewerkt van wat vroeger in de slavernij regel was, namelijk dat wie werkte geen grond, geen loon en geen rechten had en dat wie niet werkte heer was van alle gronden.

Een jaar van genade waarin het Indiaans, zwart en mesties gelaat van

65. J.O. BEOZZO, *Evangelização e V° Centenário. Passado e futuro da Igreja na América Latina*, Petrópolis, 1991, p. 67-68.

God erkend wordt, waarin al de Indiaanse en Afro-amerikaanse culturen niet meer onderdrukt en geminacht worden, maar nu aanvaard en geëerbiedigd met hun menselijke en spirituele rijkdom, doorheen het inplanten van een tweetalig onderwijs met de steun van missionarissen, kerken en staten. Zo zal men het pluri-etnisch, pluri-linguïstisch en pluri-religieus karakter van onze volkeren erkennen.

Een jaar van genade waarin het vrouwelijk gelaat van God mag schitteren in onze gemeenschappen en kerken. Zo zal men een einde maken aan een eeuwenlang machisme en een verzoende mensheid opbouwen, waarin de hergewonnen waardigheid van de vrouw overeenkomt met de teruggevonden waardigheid van de man.

Een jaar van genade waarin een einde gemaakt wordt aan het racisme, dat zichtbaar en impliciet aanwezig is in ons gedrag, in de heersende cultuur en ook binnenin de christelijke kerken. Daarom moet de eigen identiteit van iedere gemeenschap en cultuur geëerbiedigd worden en moeten organisaties en bewegingen die strijden tegen rassendiscriminatie, gesteund worden.

Een jaar van genade waarin de inculturatie de toetssteen en de weg wordt voor de rehabilitatie van de waardigheid van de christenen van niet-Europese culturen, zodat het Indiaans-Afro-Latijnsamerikaanse gelaat van onze kerken op een broederlijke en vreugdevolle manier tot uitstraling komt.

Rua Oliveira Alves 164
04210 São Paulo - SP
Brasil

José Oscar BEOZZO

NEGRO-AFRIKAANSE AANWEZIGHEID

UITDAGINGEN EN KRACHTLIJNEN VOOR DE EVANGELISATIE VAN LATIJNS-AMERIKA

Inleiding

Het evangelisatiewerk van de kerk in Latijns-Amerika heeft zich ontwikkeld in ruimte en tijd. De tijd is de chronologie, uitgewerkt door de historici, vanaf het einde van de vijftiende eeuw (1492) tot vandaag. De ruimte beslaat de oppervlakte van de weidse Mexicaanse prairies tot de "tierra del fuego" in Argentinië, langsheen de prachtige eilanden van de Antillen. Op deze assen van ruimte en tijd hebben twee groepen mensen elkaar gekruist: de groep van de overwinnaars (de westerlingen) en de groep van de overwonnenen (de Indianen en de zwarte slaven, ingevoerd uit Afrika). Wij willen onze aandacht hier richten op deze laatste groep (die van de overwonnenen) en meer bepaald op het lot van de zwarten. Twee elementen trekken onze aandacht.

1. De bijna volledige stilte die de Negro-afrikaanse aanwezigheid in Latijns-Amerika omgeeft. Is de slaaf, ingevoerd uit Afrika, verdwenen met de afschaffing van de slavernij? Of heeft hij, goedschiks of kwaadschiks, de mishandeling door zijn westerse meester overleefd? Hoe ziet zijn hedendaagse werkelijkheid eruit?

2. De interesse en de liefde voor onze heilige kerk zetten er ons toe aan het verleden te onderzoeken, het heden te bevragen en de hoop op de toekomst te voeden door de actie van deze kerk onder de zwarte volkeren. Wat was, en wat is vandaag de missie van de kerk tegenover deze zwarte slaven en hun nakomelingen?

Onze reflectie verloopt in drie fasen. Eerst bespreken wij de Negro-afrikaanse aanwezigheid in Latijns-Amerika (wat ze geweest is en wat er van overblijft). Vervolgens bespreken wij beknopt de activiteit van de kerk onder de geïmporteerde bevolking. Wij besluiten met enkele uitdagingen en krachtlijnen die de Negro-afrikaanse aanwezigheid aan de huidige evangelisatie van Latijns-Amerika stelt.

* Uit Het Frans vertaald door Catherine Cornille.

1. Negro-afrikaanse aanwezigheid

De mythe van harmonie en raciale democratie

Voor velen is Latijns-Amerika een plaats waar rassen in harmonie naast elkaar bestaan, het model van een geslaagde raciale democratie[1]. Over de ravage van de Conquista en de kolonisatie heen, meent men, leven blanken, kleurlingen, Indianen en zwarten zonder conflicten samen. Zonder complexen of discriminatie vinden zij zich allen terug in de gemengde cultuur die "criolla" wordt genoemd. En als er zich conflicten voordoen, zijn die toe te schrijven aan de socio-economische en politieke situatie, en zelden of nooit aan etnische of raciale oorzaken[2].

Dit mag de meest verspreide overtuiging zijn, de werkelijkheid dwingt ons ze in vraag te stellen. Sinds een dertigtal jaren zijn op het Latijns-amerikaanse continent verschillende bewegingen en organisaties ontstaan die als doel hebben deze mythe van harmonie en raciale democratie te ontmaskeren. Deze bewegingen willen precies datgene blootleggen wat de mythe versluiert, namelijk "het voortduren van vormen van interne koloniale onderdrukking en etnische discriminatie, de ontkenning van een cultureel pluralisme, waardoor de identiteit en soms zelfs het overleven van inheemse etnische groepen bedreigd worden"[3]. Wij denken hier aan verschillende inheemse (Indiaanse) groeperingen en aan bewegingen van Afro-amerikanen (Latijnsamerikaanse negers, Afrolatinos) die actief zijn in Brazilië, Colombia en andere delen van het continent.

Het ontstaan van deze bewegingen is volgens ons te verklaren door een drang naar waarheid en authenticiteit, door trots op hun eigenheid, maar ook en vooral door de bewustwording van deze etnische en raciale minderheden van hun recht op leven, verscheidenheid en respect. Zij zijn zich bewust geworden van hun "subjectiviteit". Zij willen zelf hun geschiedenis schrijven vanuit hun eigen perspectief: dat van de overheersten en de uitgeslotenen. In die zin kunnen de afstammelingen van de slaven, samen met de indigenisten, na vier eeuwen van stilte en slavernij, hun stem verheffen om hun recht op leven, op anders-zijn en op respect uit te schreeuwen.

Maar wat is er van deze zwarte bevolking van Latijns-Amerika? Welke zijn de opvallende trekken van haar geschiedenis? Welke is haar actuele samenstelling en wat vertegenwoordigt zij op het geheel van het continent?

1. A. SERBIN, *¿Por qué no existe el Poder Negro en América Latina?*, in *Nueva Sociedad* 111 (1991) 148.
2. *Ibid.*
3. *Ibid.*

De zwarte bevolking

De zwarte bevolking is ongelijk verdeeld over Latijns-Amerika. Terwijl zij een meerderheid vormt in de Caraïben, is zij een minderheid in landen als Brazilië, Venezuela en Panama. Zij is ook aanwezig als kleine minderheid in Colombia, Ecuador, Peru en Honduras. Zij vormt wat J.O. Beozzo "Afro-Amerika" noemt, verschillend van de Indiaanse en blanke populaties[4]. J. Comblin schat de zwarte populatie op meer dan 10% van de totale bevolking[5].

Het gewicht van de geschiedenis

De Negro-afrikaanse aanwezigheid op Amerikaanse grond is geen toevallig feit. Zij maakt deel uit van een zgn. driehoekige handelslogica[6] en ressorteert meer bepaald onder de rubriek handel en slavernij. In dit handelsverkeer was de zwarte geen subject maar een van de belangrijke consumptiegoederen! Hij werd naar de "nieuwe wereld" weggevoerd om bij te springen in de afnemende Indiaanse handenarbeid in de goudmijnen, de plantages van suikerriet, tabak en andere tropische produkten die interessant waren voor de westerse economie. Ontstaan in het begin van de zestiende eeuw, bleef deze handel in mensenvlees voortduren tot op het einde van de negentiende eeuw. Bijna vier eeuwen lang werden meer dan dertig miljoen menselijke wezens overgeplaatst van het ene werelddeel naar het andere. Hun leven is niet meer geweest dan een calvarietocht zonder einde, een tragedie zonder voorgaande!

Men moet weten dat de mensheid niet gewacht heeft tot het begin van de zestiende eeuw om de slavernij toe te passen. Al in de Griekse Oudheid was het gebruik gekend. Socrates en Plato hebben er weinig over te zeggen, maar Aristoteles maakt het tot het onderwerp van een leerrijke theorie, waarin hij de mens onderscheidt van de burger en de natuurlijke slaaf van de gelegenheids-slaaf (als gevolg van oorlogen of militaire expedities)[7]. De joodse, de Arabische en zelfs de middeleeuwse christelijke maatschappijen hebben ieder op hun beurt slavernij gekend en toegepast[8]. Men spreekt zelfs van een blanke handel (voorafgaand aan die van de zwarten) om te verwijzen naar de mensenhandel die werd opgezet tussen de Europese landen en de Arabische wereld van de twaalfde en dertiende eeuw[9].

Terwijl slavernij dus zo oud is als de wereld, is de slavernij van de

4. J.O. Beozzo, *Dieu au visage noir*, in *Spiritus* 12 (1991) 369.

5. J. Comblin, *Situations latino-américaines*, in *Spiritus* 12 (1991) 359.

6. Tot stand gebracht door de Europese machten van de 16de eeuw en deel uitmakend van het verkeer van Europa naar Afrika, van Afrika naar Amerika, en van Amerika naar Europa.

7. *Politica* I, 3, 1253b en volgende.

8. J.O. Beozzo, *Dieu au visage noir*, p. 372-373. Zie ook M.Z. Olivella, *Opresión y explotación del africano en la colonisación de América Latina*, in *Primer Congreso de cultura negra de las Americas*, p. 54-55.

9. M.Z. Olivella, *Opresión y explotación*, p. 55.

zwarten, zoals die zich ontwikkelde vanaf de zestiende eeuw, toch van een speciaal type. Zij verschilt van de andere in intensiteit en omvang, maar ook door de toegepaste methodes en door de principes waarmee ze gerechtvaardigd werd. Voortaan treedt de slavernij buiten Europa, buiten de wereld van christendom en islam, overspoelt zij een heel continent, Afrika, en wekt de belangstelling van de grote mogendheden uit die tijd[10].

Wat de methodes betreft, beperkt het systeem van slavernij zich niet meer tot toevallige aanwinsten (ter gelegenheid van oorlog of razzia's) maar werpt het zich op tot een winstgevende en reguliere handel. Het systeem wordt gerationaliseerd. De redenen om het in stand te houden zijn niet alleen van economische aard maar hebben ook te maken met de expansiepolitiek van de grote Europese mogendheden en met religieus expansionisme. Hiertoe wordt een geheel van racistische mythen opgebouwd[11].

De bekendste van deze mythen is de bijbels-theologische, die van de zwarte een afstammeling van Cham maakt, en vandaar noodgedwongen de erfgenaam van de beruchte vervloeking die Noach over Cham uitsprak. Door deze vloek werd hij tegenover zijn broeders in een positie van minderwaardigheid en dus van slavernij gedwongen[12]. Voor missionarissen als "de paters Bouton, Dutertre en Labat kunnen alle gebreken en ondeugden van de slaven afgeleid worden van hun afstamming van Cham"[13]. Deze mythe is sterk aanwezig en werkzaam in de kerk. Het eerste Vaticaans Concilie zal er naar verwijzen. En zij komt tot uitdrukking in een gebed van de congregatie voor de aflaten uit 1874: "Laat ons ook bidden voor de zeer armzalige Ethiopische volkeren van Centraal-Afrika, die een tiende van heel de mensheid uitmaken. *Moge de almachtige God hun hart eensdaags verlossen van de vloek van Cham* en hen zegenen door Jezus Christus onze Heer"[14].

Op het sociale en het politieke vlak wordt de *zwarte code* ontworpen om de verhoudingen tussen slaven, missionarissen en slavenhouders te regelen. Hierdoor zijn alle voorwaarden vervuld voor een maximale en vernederende uitbuiting van de zwarte. J. Benci beschrijft ons het lot van de slaaf als volgt. "Verschrikkelijk en ellendig is het lot van een slaaf! Als hij eet, is het altijd het slechtste en het minst smakelijke; als hij zich kleedt, is het altijd de ruwste stof en het lompste kleed; als hij

10. Er waren niet alleen Spanje en Portugal, maar ook Frankrijk, Engeland, Nederland, Denemarken, zonder nog te spreken van het welziend oog van Rome (de kerk).

11. In zijn boek *La conquête de l'Amérique* verklaart T. Todorov uitvoerig de samenhang tussen de drie denkwijzen, de economische, de politieke, en de religieuze.

12. Deze mythe was het fundamenteel argument van de slavenhandelaars. De kerk stond hier niet ver vanaf met Vaticanum I en de verschillende richtlijnen gegeven voor de evangelisatie in Centraal-Afrika. Zie L. SALA-MOLINS, *Le code noir ou le calvaire de Canaan*, Parijs, PUF, 1987, p. 40.

13. L. HURBON, *Evangéliser dans la Caraïbe. Régime de conquête ou Régime de droit?*, in *Les Rendez-vous de Saint-Domingue*, Parijs, Centurion, 1991, p. 59-60.

14. L. SALA-MOLINS, *Le code noir*, p. 40.

slaapt, is zijn bed heel dikwijls de koude grond en gewoonlijk een harde plank. Het werk is doorlopend, zonder onderbreking; de rust is onrustig en vol verschrikkingen; bijna nooit kan hij uitblazen ..."[15].

Dit zijn omstandigheden uit het verleden maar ook die van vandaag: de toestand van de zwarte mens is niet veel veranderd in Latijns-Amerika, ondanks de afschaffing van de slavernij in de vorige eeuw en de vele gezamenlijke inspanningen in de loop van de geschiedenis. J. Comblin komt tot de vaststelling: "hun wettelijke emancipatie liet hen zonder middelen van bestaan, zonder onderwijs, zonder werkelijke rechten en zonder macht. Zij staan onderaan de maatschappelijke ladder en aanvaarden de laagste arbeid. Zij bevinden zich bijna allen in een ellendige toestand"[16].

Wat was de houding van de kerk tegenover dergelijke menselijke tragedie? Heeft haar werk van evangelisatie en missionering troost en bevrijding gebracht voor de onderdrukte? Was het evangelie een blijde boodschap voor deze mensen, die herleid waren tot het bestaan van dieren?

2. De houding van de kerk

De actie van de kerk tegenover de zwarten in Latijns-Amerika kan in drie periodes onderverdeeld worden. De eerste gaat van de Conquista tot de afschaffing van de slavernij, de tweede van de afschaffing van de slavernij (1850) tot het tweede Vaticaans Concilie, en de derde beslaat de tijd van Vaticanum II tot op heden. In de loop van deze vijf eeuwen hebben talrijke theologieën, pastorale concepten en kerkopvattingen tegenover elkaar gestaan en elkaar opgevolgd. Dit had zijn weerslag op de manier waarop de kerk de kwestie van de zwarten in Latijns-Amerika benaderde.

Van de verovering tot de afschaffing van de slavernij

Het opvallende feit in deze periode, die loopt van 1492 tot 1850, is het bondgenootschap tussen kruis en zwaard, tussen de kerk en de wereldlijke macht. De belangen van de paus en die van de Iberische koningen lijken goed samen te gaan. Godsdienst zowel als koningschap hebben expansionistische ambities: de kerk wil het christendom doen bloeien buiten de gekende grenzen, terwijl de koningen dromen van de uitbreiding van hun grondgebied. De kerk en de koloniale machten (de conquistadores) gaan elkaar dan ook ondersteunen: de kerk legitimeert

15. J. BENCI, *Economia cristã dos senhores no governo dos escravos*, São Paulo, Grijalbo, 1987, p. 221.
16. J. COMBLIN, *Situations latino-américaines*, p. 40.

het systeem en wordt er de geestelijke arm van, het systeem waarborgt de belangen van de kerk, meer bepaald de evangelisatie[17].

In deze geest vertrouwde de paus het menselijk en geestelijk lot van de zwarten aan de koningen toe. Zo kan men begrijpen dat paus Nicolaas V in januari 1454 – dus lang voor de aankomst van Columbus in Amerika – aan de koningen van Portugal de toelating gaf om handel te drijven op de Afrikaanse kusten. Het voordeel van deze activiteit voor de kerk was de evangelisatie van de zwarten. "De zwarten uit Afrika weghalen is goed, want meegenomen naar Portugal zullen zij er geëvangeliseerd worden en aldus bevrijd worden van de ergste van alle slavernijen (de enige die het Nieuwe Testament veroordeelt), die waaraan zonde en duivel al wie hen dient onderwerpen. Slaven hier beneden, maar dank zij de handel bevrijd in eeuwigheid en voor de eeuwigheid, hebben zwarten buitengewoon geluk. Weggehaald voor het paradijs, ervaren Cham en Canaan en heel hun nakomelingschap Gods erbarmen tot in de eeuwen der eeuwen"[18].

Gedreven door het gebod tot evangelisatie breidde deze goedkeuring zich doorheen de eeuwen moeiteloos uit tot alle andere landen die handel dreven in mensenvlees: Spanje, Frankrijk, Engeland, Nederland ... Het evangelisatiewerk van de kerk was in deze periode onderworpen aan de activiteiten van de slavenhandelaars. Evangelisatie is synoniem van aanpassing, onderwerping aan de sociale orde. De missionaris of de zendeling functioneert als een agent: hij controleert de graad van berusting en onderwerping van de slaven, maar hij tuchtigt ook de weerspannigen en verstikt elk teken van weerstand[19]. "De godsdienst, schreef de koning van Frankrijk aan de gouverneur van Guyana, moet alle aandacht vanwege de administratie opeisen. Vooral door de rem die de godsdienst oplegt kunnen de slaven in bedwang gehouden worden, hoe ellendig ze ook zijn en hoe ongevoelig voor eer, vernedering en kastijding"[20].

De slavenhouder beschouwde zijn slaven als louter voorwerpen, werktuigen. Voor de missionaris waren de slaven geen subjecten, maar passieve wezens, zonder wil, zonder recht en zonder vrijheid. In het geval van de zwarte slaven vindt de strijd van B. de Las Casas voor de Indianen, gesteld in termen van natuurrecht en vrijheid, dus geen weerklank. Elke poging tot vrijheid (bijvoorbeeld door te vluchten) werd streng bestraft: door brandmerking, amputatie, en zelfs de doodstraf[21]!

De missionaris die de slaven bewaakte werd op zijn beurt bewaakt door de dirigenten van de slavenhandel. Hij kreeg een gedragscode opgelegd, moest zich tegenover de zwarten gedragen, "zowel in het

17. Zeer revelerend in dit verband zijn de vele verwijzingen die gemaakt worden naar de kerk in de eerste tien artikelen van de *Zwarte Code*.
18. L. SALA-MOLINS, *Le code noir*, p. 60.
19. L. HURBON, *Évangeliser dans les Caraïbes*, p. 62.
20. A. GISLER, *L'esclavage aux Antilles françaises (XVIIe-XIXe s.). Contribution au problème de l'esclavage*, Parijs, Karthala, 1981, p. 169.
21. L. SALA-MOLINOS, *Le code noir*, p. 166.

onderricht als bij hun biecht, volgens de inzichten die terwille van de rust en sereniteit van de kolonies vereist waren"[22]. Wie enig medelijden met de zwarten durfde tonen of voor hen wilde opkomen, werd ernstig bekritiseerd of zelfs terechtgewezen.

Ondanks alles waren er enkele sporadische tussenkomsten ten gunste van de zwarten, maar zij waren niet krachtig genoeg om enige invloed uit te oefenen op de loop van de geschiedenis. Onder deze pogingen kunnen wij herinneren aan het werk van Bartolomeus van Albornoz, *Arte de contratos*, waarin, in volle zestiende eeuw, volgens de lascaniaanse logica de natuurlijke vrijheid van de zwarten wordt bevestigd met alle juridische en pastorale consequenties vandien[23]. Wij kunnen ook verwijzen naar de paters Cachetan en Philémon, die tijdens de grote slavenopstand van 1791 steun en bescherming hebben geboden aan de zwarten[24].

Een andere eigenheid van deze periode bestaat erin dat de slavernij van de zwarten een punt van overeenstemming vormde onder de missionarissen uit verschillende landen (Spanje, Portugal, Nederland, Frankrijk, Denemarken, Engeland) en van verschillende obediënties. Katholieken en protestanten vergaten hun twisten in hun eensgezindheid omtrent de noodzaak van de redding van de zwarten door de slavernij[25]. In het algemeen haalde de clerus er trouwens zelf zijn voordeel uit. De religieuze orden hadden namelijk ook zelf hun suikerfabrieken en hun eigen slaven. En zoals iedereen hanteerden zij de zweep[26]!

Ondanks de onderdrukking slaagde de zwarte er toch in zijn verzet te organiseren. De slaven creëerden onder elkaar een soort ondergrondse, geheime communicatie, die aan de meesters ontglipte, en waardoor zij elkaar bemoedigden en ondersteunden. De religieuze praktijken van Afrikaanse oorsprong waren een bron waaruit zij hun morele en spirituele weerstand putten. Als daden van verzet zijn te vermelden de vlucht van de bruine negers, de "banzo" (een praktijk gekend in Brazilië, waarbij de slaaf, uit heimwee, stopt met zich te voeden tot de dood – een hongerstaking avant la lettre), de sabotage van werktuigen ...

L. Sala-Molins stelt: "De historici constateren unaniem het falen van de evangelisatie der zwarte slaven. ... Men beperkte zich in feite tot het gebruiken van de religie om de zwarten te *bedwingen*. Men was zich bewust en durfde ook schrijven dat de catechese, toegediend in gepaste doseringen en gereduceerd tot de thema's van vreugde en verdriet in het hiernamaals, die men ten alle prijze moest verdienen respectievelijk vermijden, een essentieel middel was in de poging om de zwarte klein

22. *Ibid.*, p. 66.
23. *Ibid.*, p. 71. In de lijn van de Albornoz volgden Domingo de Soto, Alonso de Sandoval, Luis de Molina, Diego de Avedano.
24. L. HURBON, *Évangéliser dans les Caraïbes*, p. 63.
25. L. SALA-MOLINS, *Le code noir*, p. 69.
26. *Ibid.*, p. 66-67.

te houden, 'de sterkste hinderpaal die de politie zou kunnen opwerpen tegen de wanhoop en de revolte van de negers'"[27].

Van 1850 tot Vaticanum II

De kerk ontdoet zich van de bevoogding door de politieke macht en organiseert zelf haar evangelisatiewerk. Toch keert zij zich niet af van de racistische vooroordelen uit de periode van de Conquista. Haar theologie blijft ervan doordrongen[28]. De doelstellingen zijn duidelijk: de ontplooiing van het christendom (van het middeleeuws type!) en de beschaving der volkeren. Een breve van Leo XIII aan de generale overste van de paters van Scheut geeft er ons een idee van: "... U bent zeker niet onwetend, dierbare Zoon, over Ons vurig verlangen om de onbeschaafde volkeren van Afrika uit de duisternis van de dwaling in het schitterend licht van het evangelie te zien treden, en hun afgestompte gewoonten te zien inwisselen met christelijke beleefdheid en beschaving"[29].

J. Comblin noemt deze periode "de romanisering van de kerk". De structuren voor de vorming van priesters worden op punt gesteld, bisdommen en parochies worden opgericht, en de pastoraal richt zich op verenigingen van gelovigen en de vorming van een christelijke elite. De agrarische en zwarte gemeenschappen werden niet fundamenteel geraakt. Zij hebben geprobeerd zich aan te passen aan de zogenaamde christelijke zeden, zonder echter hun eigen tradities te laten vallen. Net als in de periode van de slavernij, worden deze laatste gekenmerkt door de liefde voor het leven, de solidariteit en het dynamisme van de religies van Afrikaanse oorsprong. Zij construeren voor zich wat men een katholiek masker zou kunnen noemen. Zo worden onder de katholieke titels als Sint-Hiëronymus, Jezus, Onze-Lieve-Vrouw der Zeelieden godheden van Afrikaanse oorsprong vereerd, zoals "Shangô", "Obatala", "Yansan", en "Yemanja".

Balans: een oppervlakkig christendom, een deklaagje dat de zwarte en de arme bevolking van Latijns-Amerika niet echt heeft geraakt[30].

Van Vaticanum II tot vandaag

Het uur is aan de dialoog, de erkenning, het respect voor de ander en zijn cultuur[31]. Met de ontwikkeling en de zelfbevestiging van de lokale kerken wordt de kerk opgeroepen om zich te verrijken aan haar diversiteit. Onder impuls van het Vaticaans Concilie ontstaan de CELAM, de CLAR en kent de pastoraal een vernieuwing zonder gelijke. In naam van het evangelie staan in vrijwel heel het continent profeten op om het schandaal van de armoede en de oorlogen aan te klagen en de God van

27. *Ibid.*, p. 66.
28. L. HURBON, *Évangéliser dans la Caraïbes*, p. 64.
29. *Missions*, Parijs, éditions autrement, 1987, p. 11.
30. J. COMBLIN, *Situations latino-américaines*, p. 364-366.
31. Merk op dat aan dit laatste concilie ook *zwarte bisschoppen* deelnamen.

de levenden te verkondigen. Maar wordt in dit koor van aanklacht en verkondiging een stem, hoe klein ook, toegekend aan de "Afro-amerikaan", als slachtoffer van eeuwenoude uitbuiting? Zoniet, wat zou ze dan kunnen zijn?

Vooreerst past het de inspanningen te erkennen die de Braziliaanse kerk sinds enkele jaren levert om door reflectie en volgehouden pastorale actie deze zgn. "*afro*"-problematiek (Afrobraziliaans, afrolatino...) uit te diepen. Hoe kan men authentiek christen en authentiek zwart (afro) zijn in een samenleving waarin een deel van zijn identiteit wordt misprezen[32]? In hetzelfde kader denken we aan al die kleine christelijke gemeenschappen, verspreid over het continent, die vanuit hun armoede en in het licht van hun geloof, deze twee elementen trachten te integreren[33].

Ondanks dit alles zijn we nog ver van een bevredigende situatie. Wat zichtbaar wordt bij lezing van de documenten van de twee grote Latijnsamerikaanse bisschoppenconferenties (Medellín 1968 en Puebla 1979) is niet erg bemoedigend. Medellín bewaart gewoon het stilzwijgen over de kwestie, en Puebla beperkt zich tot een vaststelling: "Het probleem van de Afrikaanse slaven heeft jammer genoeg niet de evangeliserende en bevrijdende aandacht gekregen van de kerk"[34]. Eigenaardig genoeg wordt geen enkele uitleg gegeven voor dit gebrek aan interesse. Meer dan 10% van de "schapen" ontsnappen aldus aan de bezorgdheid van hun herders zonder dat iemand er zich om bekommert! In een commentaar op deze tekst verklaart J.O. Beozzo: "De redactie heeft in feite heel wat moeilijkheden gekend toen deze vraag in historisch opzicht werd behandeld. In het deel gewijd aan de geschiedenis van de evangelisatie vindt men slechts één zin die verwijst naar die vier eeuwen van slavernij, maar uiteindelijk werd hij afgevoerd naar een voetnoot"[35]. En hij voegt eraan toe: " ... onder de 368 noten bij het document is dit de enige die geen bibliografische verwijzingen bevat"[36]. Op zijn minst een vreemd gegeven in een document van een dergelijk groot belang! Wanneer dan toch, als in een inhaalreflex, over de zwarte gesproken wordt, dan wordt deze voorgesteld als een tweederangspersoon, een soort "addendum" bij andere prioriteiten. Dit is bijvoorbeeld het geval in nr. 365 van hetzelfde document, waarin situaties van dringende pastorale noodzaak van het continent worden opgeroepen: "... permanente situaties: onze Indianen, die meestal gemarginaliseerd aan de rand van de maatschappij leven en, in sommige gevallen, niet of onvoldoende geëvangeliseerd zijn; *de zo vaak vergeten Afro-amerikanen*"[37].

32. Hierover kan men het volgende dossier raadplegen: *Vivant Univers, Noirs du Brésil* 386, maart/april 1990.
33. Wij denken hier vooral aan de kerkelijke gemeenschap van Tamayo (Dominicaanse Republiek) waar wij deze ervaring mochten beleven.
34. CELAM, *Conclusões da Conferência de Puebla – Evangelização no presente e no futuro da América Latina*, São Paulo, 1979, n. 8, nota 40.
35. J.O. BEOZZO, *Dieu au visage noir*, p. 371.
36. *Ibid.*
37. CELAM, *Conclusões da Conferência de Puebla*, n. 365.

De voorbereidende documenten van de conferentie van Santo Domingo scoren beter in vergelijking met de vorige documenten. In het historisch deel betreuren ze, heel kort, de slavernij. Zij herinneren aan de initiatieven van Alonso de Sandoval (de eerste antropologie van de zwarte Afrikaan) en van Pedro Claver. Eigenaardig genoeg schijnt de geschiedenis daar op te houden[38]. Niets wordt gezegd over de hedendaagse situatie van de zwarten. Men zou de indruk krijgen dat aan hun aanwezigheid in Latijns-Amerika een einde gekomen is met de afschaffing van de slavernij. J. Comblin waarschuwt ons: "De katholieke kerk is vrijwel afwezig in de wereld van de zwarten. (...) De voorbereidende documenten spreken over hen slechts om de slavernij in het verleden te betreuren en weten niets van het bestaan of de cultuur van de zwarten vandaag"[39].

Bij het opmaken van een stand van zaken over de kerk in Latijns-Amerika, herinnert Comblin ons ook aan enkele principes die vroeger in voege waren: "Overigens ging men er altijd van uit dat de Indianen niet in staat waren priesters te leveren en dat het verboden was zwarten te aanvaarden in de seminaries en noviciaten. In verband met de kleurlingen was men algemeen van oordeel dat ze tot een ontaard ras behoorden, waaruit nooit goede priesters zouden voortkomen"[40]. En hij besluit: "Het resultaat is er: geen Indiaanse priesters, *bijna geen zwarte priesters, en onder de 350 bisschoppen in Brazilië slechts 6 of 7 zwarte bisschoppen* (onder wie enkele met een zwarte huid maar met een blank hoofd)"[41].

Op pastoraal vlak is de "afro"-wereld nog steeds een continent vol mysteries, een gebied dat de kerk nog moet ontdekken. Haar invloed is er immers vrijwel onbestaande[42]. Vele zwarten zijn nooit door het evangelie aangetrokken geweest. Anderzijds waren de katholieke scholen altijd voorbehouden aan de rijken of de minder armen uit de steden. Want arme kinderen – van wie de meerderheid zwart is – gaan niet naar school[43]. Hoe kan men dan toegang krijgen tot deze wereld? Hebben wij hier niet te doen met een vergetelheid of veeleer een marginalisatie die de verkondiging van het evangelie door de kerk opnieuw in vraag stelt?

Wat hier ook van zij, de Afrikaanse religies, als bakermat van verzet en bevrijding voor de zwarten, zijn in Latijns-Amerika springlevend, dynamisch, bloeiend. Zij bepalen alle activiteiten van de zwarten: op economisch vlak hebben zij een aandeel in de produktie (door de agrarische riten); op sociaal gebied bewerken zij solidariteit en onderlinge steun binnen een uitgebuite gemeenschap, en op het politieke vlak vergemakkelijken zij het mechanisme van compensatie voor het ontbreken

38. Zie *Voorbereidend document voor de 4de algemene Conferentie van het Latijns-amerikaanse episcopaat in Santo Domingo in oktober 1992*, n. 51.
39. J. COMBLIN, *Évangélisation des cultures et priorités apostoliques*, in *Les rendez-vous de Saint Domingue*, p. 311.
40. *Ibid.*, p. 366.
41. *Ibid.*, onze cursivering.
42. *Ibid.*
43. *Ibid.*, p. 364-365.

van verticale mobiliteit onder de zwarten (door een hiërarchie van titels en status).

Bovendien worden deze religies uitgevoerd van de ene streek naar de andere. De Candomblé van Bahia gaat naar Rio en Sao Paulo, de Haïtiaanse Voodoo en de Cubaanse Santeria worden geëxporteerd naar de Verenigde Staten waar ze veel aanhangers hebben, blanken zowel als zwarten, met verschillende cultusplaatsen in steden als New York en Washington en in Californië.

3. Uitdagingen en krachtlijnen voor de evangelisatie

Terugblikkend op de geschiedenis, op de weg die de Negroafrikaan in Latijns-Amerika heeft afgelegd, geloven we dat zijn aanwezigheid een bron van theologische, ethische, sociale, en politieke uitdagingen vormt, en dit niet alleen voor de kerk en de Latijnsamerikaanse samenleving, maar voor al wie gevoelig is voor de waarden van vrijheid, menselijke waardigheid, mensenrechten, broederlijkheid, en voor de kwestie van de rechtvaardigheid.

1. Een van de uitdagingen die de Negroafrikaanse aanwezigheid aan de huidige evangelisator stelt, bestaat in het *luisteren naar en de trouw aan de geschiedenis*. De verkondiging van de blijde boodschap gebeurt niet in het luchtledige. Zij richt zich tot personen, tot gemeenschappen van mensen met een verleden dat men niet, *tabula rasa*, kan negeren. Vandaag staat de kerk voor een volk met een geschiedenis van minstens vijfhonderd jaar[44]. Welke houding neemt zij aan tegenover de schaduwen en lichtpunten die deze geschiedenis tekenen? Vanuit welke horizon leest zij deze geschiedenis? De waarheid die de overwinnaars verkondigden is niet dezelfde als die welke de overwonnenen ondergingen.

2. Een andere uitdaging die uitgaat van de Negroafrikaanse aanwezigheid in Latijns-Amerika is die van de *culturele identiteit en verscheidenheid*. Het mondig worden van groepen die lange tijd monddood werden gehouden, de Indianen en de "afros", stelt opnieuw de mythe van de exclusieve Iberische vaderschap van Latijns-Amerika, of minstens van bepaalde landen, in vraag. Wat is er, bij de bepaling van onze identiteit, geworden van het bloed, vergoten door de Indianen, en van het zweet en de tranen van de Afrikaanse slaaf?

3. De geschiedenis van de evangelisatie van Latijns-Amerika stuit op de *vraag van de ander*. De koloniale evangelisatie beging de fout de ander te zien niet als een subject, maar als een object, een ding, een passief wezen. De ander erkennen betekent in hem een subject te zien, begiftigd

44. Met betrekking tot de Latijnsamerikaanse geschiedenis bestaat er discussie over de scheiding tussen pre- en postcolombiaanse periodes. Aangezien dit hier niet ter sprake komt, nemen we de 500 jaar als referentiepunt, precies omwille van de gebeurtenis die gevierd zal worden in oktober 1992.

met wil en initiatief, in staat tot dialoog en relatie met mezelf en met de wereld. P. Blanquart drukt het als volgt uit: "Wil het christendom werkelijkheid worden in Amerika, dan moet het dit keer een ontmoeting met de ander aangaan. Wie is de andere? De Indiaan natuurlijk, net als vroeger. Maar ook al diegenen die in zijn voetspoor niet erkend werden als vrije en gelijke subjecten, de zwarten alleszins, maar ook alle anderen die, in rechte zoals in feite, uitgesloten werden van de sociale omgang"[45].

4. De Afro-amerikaanse tragedie verwijst naar de *kwestie van de armen en de onderdrukten* van Latijns-Amerika, maar tevens van heel de Derde Wereld. Aan deze tragedie lijkt geen einde te komen: hun ellende en hun armoede worden elke dag erger. Deze situatie heeft geen conjuncturele oorzaken maar is structureel tot stand gebracht, net als eertijds de slavernij. Daarom moeten wij ons bezinnen over onze actuele ontwikkelingsmodellen, onze samenlevingsprojecten en onze individuele en collectieve inbreng. Want wij allemaal, Europeanen, Afrikanen, Aziaten en Latijnsamerikanen, zijn solidair en verantwoordelijk voor de toekomst van onze medemens, voor de toekomst van de mensheid. In het hart van deze tragedie leeft er ook een hoop die hoopt tegen alle hoop in. De strijd en het verzet van de zwarte slaven, in volharding en solidariteit, om te overleven kunnen niet anders dan inspirerend werken voor onze volkeren die op zoek zijn naar bevrijding.

5. Van bij het begin van de evangelisatie in Latijns-Amerika bestond er een strategie van alliantie tussen de onderdrukkende machten en de evangelisatoren, een bondgenootschap van zwaard en kruis. Dit dwingt ons tot een *grondige onderzoek van de aard van de machten* die ons leiden, politiek, economisch en religieus, en van onze deelname aan het spel van deze machten. Nu de wereld de afmetingen van een dorp heeft gekregen, moeten wij ons de vraag stellen welke implicaties beslissingen van de machten in de rijke landen hebben voor de arme landen.

6. Tenslotte richt de Negroafrikaanse aanwezigheid in Latijns-Amerika een uitdaging aan *de aanwezigheid van de kerk zelf.* Aan welke imperatieven gehoorzaamt zij? Hoe beantwoordt zij aan de dagelijkse werkelijkheid van het volk? Is zij overheersend, beschavend, of evangelisch, dat wil zeggen verkondigster van de blijde boodschap aan de hele schepping, en bij voorkeur, bevrijdster van de armen?

4. Besluit

De geschiedenis van de zwarte in Latijns-Amerika is een geschiedenis van ontworteling, vernedering en uitbuiting. Maar het is ook de geschiedenis van een strijd voor het leven en de vrijheid, de geschiedenis van het geloof en de hoop in een bijna onmogelijke toekomst, een geschiede-

45. P. Blanquart, *Évangile et modernité, les leçons d'une histoire*, in *Les rendez-vous de Saint Domingue*, p. 350.

nis van ongekende martelaren en helden! Deze geschiedenis leert ons de verschrikking van onze dwalingen kennen. Maar tegelijk opent zij voor ons een nieuwe wijsheid: die van de nederigheid, van de verzoening en de broederlijkheid, van de erkenning en de aanvaarding van de ander. Zij laat ons het andere gezicht van God kennen: God in het hart van alle realiteiten van het continent. M. Tuininga citeert het getuigenis van François de l'Espinay: "Ons geloof van altijd is niet de enige waarheid. God is zo groot dat hij zich niet uitdrukt in één enkel systeem. Wij zijn het, integendeel, die hem er willen in opsluiten. Wij moeten dus leren te breken met onze mentaliteit en onze denkwijze"[46].

Maison Provinciale de Scheut
Rue Berckmans 33
B-1060 Bruxelles

Albert KASANDA LUMEMBU

46. M. TUININGA, *"Les pauvres nous ont évangélisés". Prêtres Fidei donum en Amérique Latine*, in *Les Rendez-vous de Saint Domingue*, p. 144.

DE BEKERING VAN DE MAYA INDIANEN TOT HET CHRISTENDOM

EEN BIJNA VIJFHONDERD JAAR OUD MISVERSTAND

Het is natuurlijk onbegonnen werk een geschiedenis van vijf eeuwen te resumeren in een referaat van een tiental bladzijden. De poging die ik hier doe is dus bij voorbaat tot mislukking gedoemd. Als zodanig is zij echter een levend symbool van wat de kern uitmaakt van mijn betoog: het feit dat de kerstening van de Maya's een onderneming was die om redenen hier kort uiteengezet eveneens op een mislukking is uitgelopen.

Ik begin mijn verhaal met een gedicht gepubliceerd in 1986 door Charles Bell, een Noordamerikaan die jarenlang woonachtig was in Chiapas, Mexico's meest zuidelijke staat. De tekst handelt over een ontmoeting tussen het echtpaar Baer, twee presbyteriaanse zendelingen uit Iowa, en Chan Qu'in, stamhoofd van de Lakandoon-nederzetting Mensabok, aan de oever van een van Chiapas' prachtige oerwoudmeren. De dichter heeft op meesterlijke wijze het ogenblik vastgelegd waarop de oude cacique oog in oog – of beter gezegd, oor aan oor – kwam te staan met het Evangelie in een van zijn vele Noordamerikaanse en protestantse versies. Aangezien het om een literaire tekst gaat, citeer ik hem eerst in de originele taal en geef dadelijk daarop een Nederlandse vertaling.

In rain-forest Chiapas, at the table of Chan,
american gothic exhibits right from wrong.
The Iowa mission sends this virtuous couple
to demonstrate imperatives of the moral:
hobbled, who grazed and scratched together
thirty years without breaking a tether,
exhort through lips like a pursed-up bag
(categorical sabotage)
our old forest Maya with his child-wife and child
and his old wives and children – and look
how they smile.

In het regenwoud van Chiapas, aan de tafel van Chan,
scheidt Noordamerikaanse gothic goed van kwaad.
De Iowa-missie zendt uit deugdzaam echtpaar
ter demonstratie van morele imperatieven:
aan elkaar gekoppeld graasden en scharrelden ze
dertig jaar lang, zonder een riempje te breken;

nu vermanen ze, hun lippen een strakgesnoerde beurs,
(categorische sabotage)
onze oude oerwoud-Maya met zijn kindvrouwtje en kind
en zijn oude vrouwen en kinderen – en kijk
hoe zij glimlachen.

De kortsluiting tussen de Baers en Chan Qu'in roept een ander tafereel op. Tegen het einde van de zeventiende eeuw besloot de koloniale regering van Guatemala een punt te zetten achter de Conquista van de Indiaanse bevolking, aangezet in 1523 door Pedro de Alvarado maar nog steeds niet voltooid. Verscheidene expedities werden het oerwoud ingestuurd om de laatste twee onafhankelijke stammen, de *Itzaes* en de *Lacandones*, te veroveren. Naar de mode van die tijd, ging het niet meer om een louter militaire interventie. Die simpele strategie, toegepast in het begin van de zestiende eeuw, behoorde definitief tot het verleden. Men had nu een ingenieuze combinatie uitgedacht, waarbij soldaten en missionarissen zij aan zij oprukten en, eens de weerbarstige prooi getemd, gezamenlijk bleven opereren, de militairen in een permanent garnizoen, *presidio* genoemd, de religieuzen in een even definitieve post, *misión* geheten. De tandem *presidio-misión* was een onvoorzien succes geworden in de woestijngebieden van Noord-Mexico, waar op die manier nieuwe nederzettingen als paddestoelen uit de grond rezen.

1695 was het jaar waarop de Lakandonen van Sac-Bahlán op hun beurt de tweelingdelegatie van soldaten en missionarissen voor de deuren van hun hutten zagen verschijnen. Na een korte weerstand gaven ze in, want het veroveringslegertje, aangevoerd door de Spaanse gouverneur in hoogsteigen persoon, was een kleine duizend man sterk, een tiental minderbroeders en *mercedarios* meegerekend. De hoofdman van de stam, Cabnal, werd gevangen genomen en stierf een paar weken later op de weg naar Guatemala, waarschijnlijk ten prooi aan een besmettelijke ziekte of wegens slechte behandeling. Hij was blijkbaar een man uit één stuk, want juist voor zijn fatale inhechtenisneming bracht hij nog de moed op, zijn overweldigers de volgende uitdagende woorden naar het hoofd te slingeren: "Waarom zijn jullie naar mijn stam gekomen? Ik wens geen christen te worden en ik wil ook niet dat mijn volk christen wordt. Hij die zich wil bekeren, doe er beter aan de stam dadelijk de rug toe te keren en de soldaten en priesters naar Guatemala te vergezellen. Ik wens niemand van hen hier langer in mijn dorp te zien. Voor mijn part mogen jullie de gouverneur waarschuwen mijn gebied op staande voet te verlaten. De dorpen in de omtrek zijn uitgestorven en ik wens niet dat de weinige overlevenden hier hetzelfde lot ondergaan".

De korte toespraak van Cabnal was een mengeling van profetische visie, harde taal en gevoelens van vertwijfeling. Twintig jaar na zijn overhaaste dood, was ook de hele Lakandonen-stam van de historische kaart geveegd. Besmettelijke ziekten, gewapende weerstand, deportatie, zelfmoorden en dwangarbeid hadden elk hun tol geëist. Op die manier ging een van Centraal-Amerika's meest fascinerende culturen teloor en won het oerwoud daar aan onherbergzaamheid, voor een korte periode terugvallend in zijn onberoerde animale staat. Een halve eeuw later droeg de *selva* echter opnieuw sporen van menselijke aanwezigheid. Kleine groepen Indianen, op de vlucht voor de koloniale onderdrukking in Yucatán en Campeche, hadden een veilig onderkomen gevonden in de onafzienbare zee van groen. Alhoewel ze met de oorspronkelijke Lakandonen geen enkel punt van verwantschap bezaten, werden ze door de Spanjaarden en Creolen als hun afstammelingen beschouwd en om die reden met dezelfde naam gedoopt. Chan Qu'in, de cacique die in 1950 passieve weerstand bood aan zendeling Philip Baer, mag dan wel geen biologische nazaat zijn van Cabnal, hij is echter ontegenzeggelijk zijn geestelijke broeder. Chan Qu'in en Cabnal, ondanks de eeuwen die hen scheiden, hebben heel wat gemeen: hun opgelegde identiteit als Lakandonen, hun levenslot als oerwoudindianen, hun status als opperhoofd en, bovenal, hun uitdrukkelijke wens geen christen te worden.

Zowel de oude als de nieuwe Lakandonen behoorden tot de kleinste groepen onder de uitgestrekte Maya-familie. Op het ogenblik van hun verovering door de Spanjaarden, telde de stam van Sac Bahlán goed drieduizend leden. En de huidige Lakandonen, nu geconcentreerd in het noordoosten van de *selva*, zijn niet eens vijfhonderd man sterk, temidden van een bevolking van drie en een half miljoen Maya Indianen, verspreid over Guatemala, Honduras, Belice en de Mexicaanse staten Chiapas, Tabasco, Yucatán, Campeche en Quintana Roo. In die grote familie worden nu nog vijfentwintig talen gesproken: Lacandón, Chol, Chontal, Tzotzil, Tzeltal, Tojolabal, Mochó, Yucateco, Mopán, Itzá, Kekchí, Chortí, Chuj, Jacalteco, Mam, Kanjobal, Ixil, Aguacateco, Quiché, Uspanteco, Achí, Cakchiquel, Tzutuhil, Pokomam en Pokomchí; elk op hun beurt onderverdeeld in meerdere dialecten. Die indrukwekkende linguïstische verscheidenheid is echter een peulschil vergeleken bij de versplintering op religieus gebied: alleen al in Guatemala zijn, naast de katholieke kerk, meer dan driehonderd protestantse sekten in de weer. Over al die verschillen heen bestaan echter ook factoren die binden: bijna alle Maya's leven nu al bijna vijf eeuwen lang als onderdrukt volk op eigen bodem; bijna alle Maya's bebouwen sinds mensenheugenis als ervaren *campesinos* het stukje land hen door moeder aarde afgestaan; bijna alle Maya's zijn gedreven door twee oersterke impulsen, de passie voor de voorouders en het verlangen te overleven.

Het zijn precies die twee fundamentele drijfveren, samen met de dubbele conditie van onderdrukte landbouwers, die mijns inziens de vier pilaren vormen waarop de Maya's een onzichtbaar maar rotsvast huis hebben gebouwd: een identiteitsbesef dat tegen elke stoot bestand blijkt te zijn. Hier ligt vanzelfsprekend het groot verschil met de halfbloeden. Die lopen, nu ook al bijna vijfhonderd jaar lang, rond in een doolhof van eenzaamheid – om een uitdrukking van Octavio Paz te gebruiken – en vragen zich nog steeds verbijsterd af hoe ze daar in Gods naam zijn terechtgekomen en of er ooit voor hen een uitweg is weggelegd.

De vier steunpilaren werden natuurlijk niet in één dag gebouwd. Het is echter wel een feit dat de constructie begon kort na de Conquista, iets vroeger voor de Maya's van het Chiapaneeks en Guatemalteeks gebergte, iets later voor de Maya's van het Yucateeks laagplateau, en heel wat later voor de Maya's die de onherbergzame tropische regenwouden aan de kust en in het binnenland bewoonden. Maar, onafgezien het verschil in tijdstip en andere historische omstandigheden, liep de Conquista voor de veroverde Maya Indianen overal op drie grote tragedies uit: de aanval op hun leven, de roof van hun land, en de uitroeiing van hun geloof.

Bij elk van deze drie rampen was de katholieke kerk vanaf het begin nauw betrokken. Net als de soldaten waren de eerste missionarissen dragers van ziektekiemen, sinds lang geïmmuniseerd in Europa maar levensgevaarlijk voor de onbeschermde Amerikaanse bevolkingsgroepen. Het gaat hier om een gigantische demografische depressie die waarschijnlijk haar weerga niet vindt in de geschiedenis van de mensheid. De Maya bevolking, op het ogenblik van haar contact met de Spanjaarden op een goede tien miljoen mensen geschat, viel binnen de tijdsspanne van twee generaties terug tot een kleine twee miljoen. Dat betekent een daling van tachtig percent. De Maya's hadden daarna twee eeuwen nodig om het verlies goed te maken, al moet natuurlijk rekening gehouden worden met een behoorlijk aantal Indianen die in de loop van die tweehonderd jaar verdwenen in de groeiende massa mestiezen.

Tegen het begin van de zeventiende eeuw ruimden de epidemieën van Europese oorsprong het veld voor ongekende ziekten geïmporteerd uit Afrika. Nu ontkwamen ook de Spanjaarden niet aan de greep van de gele koorts en de malaria. Maar ze beschikten over een grotere weerstand dank zij de betere voeding en het herenleven hen mogelijk gemaakt door het koloniaal stelsel. Het waren weer de Indianen die het eerste en grootste slachtoffer werden, dit maal echter zonder de directe inmenging vanwege hun overheersers.

De Maya's die zich het leven gespaard zagen werden dadelijk geconfronteerd met een tweede nog grotere tegenslag: de ontvreemding van hun beste landbouwland in handen van begerige *hacendados*. Het proces begon kort na de Conquista en is nog steeds aan de gang, in Yucatán, in Guatemala, in Chiapas. Aan die onrechtmatige landroof nam de kerk enthousiast en blijkbaar zonder veel scrupules deel. Tegen het einde van het koloniale tijdperk waren in Chiapas de drie vruchtbaarste valleien haast uitsluitend in bezit van de dominicanen. In de belangrijkste van de drie, nu nog steeds "La Frailesca" geheten, bezat de orde van Sint-Dominicus in 1830 meer dan tien uitgestrekte *haciendas*, die samen een oppervlakte van meer dan honderd vierkante kilometer besloegen. De landerijen van de twee andere valleien meegerekend, bereikte de eigendom van de orde de indrukwekkende som van meer dan dertig haciendas, waarop een legertje van Indiaanse knechten en negerslaven onder de deskundige leiding van de lekenbroeders de produktie gestadig opvoerden *ad maiorem Dei gloriam*. Hetzelfde fenomeen herhaalde zich in Guatemala, waar naast de dominicanen ook de franciscanen, *mercedarios* en jezuïeten een deel van de koek hadden weten te bemachtigen, en in Yucatán, waar de franciscanen praktisch het monopolie bezaten. De seculiere clerus deed zijn best om gelijke tred te houden met zijn rivalen, maar was tegen het collectieve project van de regulieren niet opgewassen, verdeeld als hij was in ontelbare kleine privé-ondernemingen.

Als belangrijkste grootgrondbezitster gedurende meer dan drie eeuwen komt de kerk natuurlijk in een bedenkelijk licht te staan. Die weinig aantrekkelijke schemer verduistert echter nog aanzienlijk als we het evangelisatiewerk als zodanig op de korrel nemen. Tenminste als we dat proberen te doen vanuit het standpunt van de Indianen die gedwongen werden hun eigen religie prijs te geven en in ruil daarvoor een hen vreemde godsdienst aan te kleven.

De eerste generatie religieuzen die het land van de Maya's doorkruisten, deden dat in het kielzog van de *conquistadores*, dat wil zeggen, een goede twintig jaar na het eerste bloedige treffen tussen de veroveraars en de autochtone bevolking. In die korte tijdsspanne werden vele zichtbare uitdrukkingen van de oude religie met bruut geweld uit de weg geruimd: tempelgebouwen, bedevaartsoorden, rituele instrumenten, publieke feesten, enzovoort. In de plaats kwam een oppervlakkige en niet al te orthodoxe catechisatie, op rekening te brengen van de doorsnee Spaanse soldaat, voor wie het katholiek geloof weinig met het evangelie en veel met eigentijdse volksdevotie te maken had.

De geïmproviseerde evangelisatie zaaide onder de Indianen zulk een verwarring, dat ze Santiago Matamoros, de patroonheilige van het Spaanse leger, aanvankelijk als de enige ware God van de christenen beschouwden. Doordat hij voorgesteld werd met een getrokken zwaard in de hand, gezeten op een steigerend paard en omgeven door neergevelde tegenstanders, kreeg hij bovendien in de ogen van de Maya's het aureool van een onoverwinnelijke krijger en een onverbiddelijke rechter. Dezelfde verering koesterden de neofieten voor Onze-Lieve-Vrouw, aanvankelijk in de onzekerheid gelaten over de sekse van deze machtige godheid, omdat er in de eerste jaren weinig of geen afbeeldingen van haar bestonden. Ze hoorden echter zó vaak haar naam vermelden in de conversaties van de kolonisten, dat ze alles wat met de nieuwe religie te maken had de benaming *Santa María* gaven. Het kerkgebouw, de mis, het wijwater en het sermoen werden aldus tot huis, gebed, water en woord van Onze-Lieve-Vrouw omgedoopt.

De eerste missionarissen brachten daarin natuurlijk een drastische verandering. In tegenstelling met de leken-veroveraars, behoorden zij tot een selecte groep die in het moederland de beste opleiding hadden gekregen die toentertijd mogelijk was. Onder de veertig dominicanen die in 1544 Bartolomé de Las Casas vergezelden om in Chiapas en Guatemala de eerste missies op te richten, hadden velen aan de befaamde universiteit van Salamanca gestudeerd. Naast een degelijke intellectuele vorming, waren ze bovendien bezield door een groot ideaal: onder de

Maya's een nieuwe christenheid stichten, zuiverder en rechtvaardiger dan de oude geloofsgemeenschap in Europa dat door het protestantse schisma op tragische wijze was verscheurd. De zendelingen die als eersten Mayabodem betraden, waren dus niet alleen gekomen om de bewoners het katholiek geloof te prediken, maar bovendien en vooral, om onder hen een samenleving op te bouwen die christelijker diende te zijn dan degene die ze achter zich hadden gelaten in het verre Europa.

Dit heilige enthousiasme was echter slechts één kant van de medaille. Aan de keerzijde bevond zich een even sterk besluit de oorlog te verklaren aan alles wat volgens hen in de Indiaanse cultuur heidens en dus des duivels was. Om dit gevecht tot een goed einde te brengen, werd een grondige kennis van Indiaanse zeden en gebruiken noodzakelijk geacht. Vandaar de toewijding in het bestuderen van de inheemse talen en het optekenen van etnografische bijzonderheden. De nood aan informatie ging dus samen met een ware uitroeiingsroes. Het schoolvoorbeeld van deze vermenging van twee ogenschijnlijk tegenstrijdige drijfveren is de handelwijze van Fray Diego de Landa, Yucatán's eerste bisschop. Dezelfde man schreef in 1566 zijn befaamde *Relación de las Cosas de Yucatán* en organiseerde, een paar jaar vroeger, het even beruchte auto-da-fe waarin praktisch alle toen voorhanden codexen uit de voor-Spaanse tijd in de vlammen opgingen. Anderhalve eeuw later werd dat precedent nieuw leven ingeblazen door Fray Francisco Nuñez de la Vega, bisschop van Chiapas, die een ware razzia ondernam in de dorpen van zijn diocees en in 1694 trots aan de Spaanse kroon kon melden dat meer dan veertig oude Indiaanse teksten werden opgespoord en vernield.

In de verkrampte ogen van deze clerici was de duivel overal en op de meest subtiele wijze aanwezig. Niet alleen de verborgen heilige plaatsen en de geheime rituelen waren stenen des aanstoots. Ook de autochtone dansen, gezangen, muziekinstrumenten, feesten en arbeidsrituelen roken naar zwavel en dienden dus geëlimineerd. Zelfs de lang geleden vervaardigde fresco's, de beeldhouwwerken, de decoratieve kunsten, het hiëroglyfisch schrift en de observatie van de sterren vielen onder verdenking. Al deze culturele uitdrukkingen werden zonder pardon opgespoord, geïdentificeerd, beschreven, veroordeeld, verboden en vervolgd door de Inquisitie in geval van overtreding.

De beste en vlugste manier om de Maya's van hun gewaande heidense gewoonten te genezen was volgens de missionarissen de invoering van de Spaanse levenswijze, dat wil zeggen, het oprichten van dorpen, met de huizen en hoven keurig gerangschikt langs rechte straten die uitgaven op een vierkant dorpsplein beheerst door het kerkgebouw, toegewijd aan één van de toen in de mode zijnde patroonheiligen. Zoals in andere streken van Amerika, werd het menselijk landschap dus grondig geherstructureerd. De Maya's, tot dan toe gewend aan een verspreid woonpatroon, werden gegroepeerd in 'vredesdorpen', over het algemeen gevestigd in open en dus gemakkelijk te controleren plaatsen. In deze dorpen naar Spaans model, ook wel reducties geheten, was het buiten de missionaris aan geen enkele Spanjaard toegelaten langer dan drie dagen te verblijven. Beïnvloed door het overdreven idealistisch beeld van de Indianen, opgehangen door Fray Bartolomé de Las Casas, beschouwden diens medewerkers en volgelingen de inheemse maatschappij als fundamenteel goed, terwijl ze de Spaanse nederzettingen brandmerkten als corrupt en dus op gevaarlijke wijze besmettelijk. Vandaar het programma van etnische en territoriale apartheid, en de illusie een soort theocratie te kunnen oprichten, waarin de Indianen beveiligd zouden zijn tegen de listen van de duivel en het slechte voorbeeld van de kolonisten.

De Indiaanse vredesdorpen vormden zonder twijfel het hoofdelement in het geleidelijk beschavingsproces, gerealiseerd door de lokale kerken onder nauwgezette supervisie van de Spaanse Kroon. Zij werden echter ook het graf van de oorspronkelijke missioneringsactie. Tegen het einde van de zestiende eeuw hadden de missionarissen plaats gemaakt voor dorpspastoors, benoemd en bezoldigd door het koloniaal bestuur. Het idealisme van de eerste generaties was langzamerhand zoek geraakt onder een groeiende laag van politieke, economische en religieuze interesse. De geestelijke leiders van de Indianen erkenden uiteindelijk wat ze eigenlijk altijd al geweest waren: functionarissen van een staatskerk en agenten van een koloniaal stelsel. In plaats van verder te dromen over de vorming van een ideale christelijke Indiaanse maatschappij, begonnen zij de Maya's te beschouwen en te behandelen voor wat die werkelijk waren: een gekoloniseerde bevolking, overheerst door een kleine Europese minderheid, aan wie ze verplicht was op alle mogelijke manieren tribuut te betalen.

In deze minderheid bekleedde de dorpspastoor een strategische en benijdenswaardige plaats. Een onderzoeksrechter uit Guatemala, verontwaardigd over de uitbuiting van de Indianen door hun respectieve parochiegeestelijken, schreef in 1690 een gedetailleerd rapport, waarin hij de heersende uitwassen scherp aan de kaak stelde. In Chamula, één van de aangedane dorpen in Chiapas, bestond de ongeschreven maar niettemin vastgeroeste gewoonte, de pastoor dagelijks het leven te verlichten met twee zilveren penningen, twee kippen, twee maten maïsmeel, twintig eieren, één kuiken, een halve maat vet, twee stalknechten, een vrouw voor het bereiden van het dagelijks brood, een kok, een huisknecht, twee jongens om de pastoriepoort te bewaken, en de nodige hoeveelheid hooi voor het paard en de muilezels van de eerwaarde heer. De voornaamste bron van inkomen waren evenwel de bedragen te betalen voor doopsels, huwelijken en begrafenissen, zonder de resem missen te vergeten die elk jaar moesten worden gelezen voor de vijf bloeiende broederschappen en ter gelegenheid van de vijfentwintig ingestelde feestdagen, de Goede Week en de plechtige danknoveen op het einde van het jaar.

Het is dan ook geen toeval dat twintig jaar later de hele Indiaanse bevolking van het Chiapaneekse hoogland in opstand kwam tegen de koloniale onderdrukking. De rebellie hield slechts een goede zes maand stand, maar vooraleer het over was, waren de ontstemde Indianen erin geslaagd zes parochiepriesters te vermoorden, een autochtone kerk op te richten onder het gezag van een eigen bisschop en een inheemse clerus, en hun uitdagend optreden te verrechtvaardigen door de verschijning in te roepen van Onze-Lieve-Vrouw en haar belofte hen te bevrijden van het Spaanse juk.

Gewelddadige opstanden behoren echter tot de uitzonderingen in de koloniale kerkgeschiedenis van de Maya's. Over het algemeen werd toevlucht gezocht en gevonden in passieve weerstand en het creatief versmelten van de opgelegde katholieke riten met een aantal oude zorgvuldig bewaarde gebruiken. Het spreekt vanzelf dat zulk een herschepping met de grootste omzichtigheid moest gebeuren. De Maya's ontpopten zich dan ook spoedig als meesters in het verhullen van hun eigenlijke gevoelens, gedachten en aspiraties achter het mom van goede en onderdanige christenen. Ze werden ook uitermate bedreven in het benutten van elke ruimte hen door hun meesters met tegenzin toegestaan en soms door hen zelfs van diezelfde meesters afgedwongen.

Onder de vele vormen van recreatie en verhulling wil ik er hier slechts drie vermelden: de cultus van de dorpspatroon, de viering van carnaval, en het ritueel verbonden met de landbouw.

De patroonheilige, door de eerste missionarissen aan elke Indiaanse gemeenschap toebedeeld, groeide met de jaren uit tot de werkelijke vader en stichter van het dorp. Hij staat voor de huidige Maya niet alleen in het centrum van zijn devotie maar bovendien aan de basis van zijn identiteits- en samenhorigheidsbesef. In ontelbare dorpen, verspreid over Yucatán, Chiapas en Guatemala, wordt de patroonheilige bij de geboorte van een kind automatisch de gelukkige vader of moeder van een nieuw zoontje of dochtertje. De bloedband aldus ontstaan is voor de Indiaan heilig en geeft meteen zin en richting aan zijn bestaan. De dorpsheilige is de tastbare, zichtbare en aanspreekbare godheid naar wie de echte devotie uitgaat, zowel individueel als collectief. Christus is hiernaast een vrij onbeduidende nevenfiguur en de fundamentele christelijke mysteries zoals Kerstmis en Pasen worden nauwelijks het vieren waard geacht.

Heel anders is het gesteld met carnaval. De vijf dagen voor het begin van de Vasten waren in Europa sinds de Middeleeuwen een kort ogenblik waarop de kerk wijselijk een oog dichtkneep en de jarenlang onderdrukte onderstroom van voor-christelijke levensdriften even een uitlaatklep bezorgde. De missionarissen brachten die traditie mee naar Amerika en voerden haar met succes in als een belangrijk onderdeel van de evangelisatie. Al wat niet direct met de duivel in verband kon worden gebracht en dus oogluikend kon worden toegestaan, maar anderzijds niet kon worden ingepast in de kerkelijke vieringen, werd handig verwezen naar de vijfdaagse periode van officieel erkende uitgelatenheid. Voor de Maya's werd carnaval zodoende de ruimte waarin zij min of meer ongestoord terug konden blikken naar vroeger en zichzelf konden zijn zonder inmenging van vreemden. Het werden dagen waarop oude legenden weer tot leven konden komen en voor-Spaanse rituelen ten tonele konden gevoerd worden. Het werden dagen waarop zelfs gewaagd werd opnieuw te dansen en te zingen, onder begeleiding van de vertrouwde inheemse instrumenten zoals de rietfluit, de dubbeltongige trom en de kinkhoren.

Het was echter op het eigen veld dat de Maya's zich het best konden afschermen tegen de niet aflatende controle die de Spaanse parochiepriesters op hen uitoefenden. De *milpa* was doorgaans te afgelegen en naar westerse maatstaven ook te neutraal terrein om in aanmerking te komen als mogelijke voedingsbodem voor onorthodoxe handelingen. Toch was het juist hier dat de Indiaanse boer, in alle stilte en in alle eenvoud, moeder aarde volgens eeuwenoude traditie kon blijven vereren. Elk jaar opnieuw werd een stukje grond uitgekozen om de familie te voeden met maïs, bonen, chili en bijhorende vruchten en groenten. Elk jaar opnieuw stond de Maya gereed om moeder van alle leven vergiffenis te vragen voor de pijnlijke maar noodzakelijke ingreep op haar weerloos lichaam. Elk jaar opnieuw werd het veld tot symbool van het universum, wiens vier goddelijke dragers op de vier uithoeken een plengoffer verwachtten vanwege de mens die het waagde een stukje van moeder aarde open te rijten om zichzelf en de zijnen het brood van elke dag te kunnen bezorgen.

Gedurende drie eeuwen, van 1550 tot 1850, probeerde de clerus de Maya's te kerstenen en trachtten de Maya's die kerstening aan hun noden en aspiraties aan te passen. Volgens de rapporten die door de pastoors naar hun bisschoppen werden gestuurd, en vandaar naar de burgerlijke overheid, liep alles uitstekend: de Maya's waren echte christenen, hoewel van tweede en derde rang. De Indianen van hun kant waren er grondig van overtuigd dat ze meer dan voldoende bewijzen leverden trouwe gelovigen te zijn. In werkelijkheid leefden Indianen en niet-Indianen in twee totaal verschillende werelden die de kerk nooit had kunnen noch willen overbruggen. De Indianen bleven door haar beschouwd en behandeld als waren ze onvolgroeide kinderen die nood hadden aan bescherming en pedagogische begeleiding. Om die reden was ze nooit bereid hen initiatief te laten, vooral niet op religieus gebied. Het waren immers geen *gente de razón*, dit wil zeggen 'redelijke lui'. Dat niveau werd enkel bereikt door de Spanjaarden, de *criollos* en de mestiezen die het opnamen voor de Spaanse *way of life*.

De Indianen behoorden volgens hun pastoors niet alleen tot een lager, maar ook ander soort mensen. Zelfs na jaren contact bleven ze voor hun geestelijke herders vreemde wezens die moeilijk onder één noemer te brengen waren. Fray Francisco Ximénez, pastoor van Chichicastenango en ontdekker van de Popol-Vuh, de bijbel van de Quiché-Maya, kwam na een levenslang werken en wonen onder de Indianen tot de conclusie dat hij hen eigenlijk niet kende. "De beste manier om enigszins vat op hen te krijgen", zo schreef hij in 1720, "is hen te definiëren als een bundel contradicties, want het zijn mensen die in alles tot beide uitersten gaan: uiterst werkzaam en uiterst lui, uitermate begerig en uitermate onthecht, en aldus op alle niveaus en voor jan en alleman, zonder onderscheid tussen arm en rijk, tussen gewone man en opperhoofd".

De Indianen van hun kant, gebrandmerkt als minderwaardige wezens, sloten zich meer en meer af van hun etnocentrische overheersers. Tegen de algemene discriminatie vonden ze geen beter antwoord dan de ontwikkeling van het besef dat in de grond zij de enige ware mensen waren. Eens hun vertrouwen gewonnen, zullen ze tot op de dag van vandaag zichzelf als zodanig voorstellen: *bat'si winik'etik* in het hoogland van Chiapas, *hach winik'etik* in het oerwoud, *tojol winik'otik* en *bats'il winik'etik* in de heuvels tussen hoog en laag: wij zijn de ware mensen en spreken de ware taal. En het is natuurlijk geen toeval dat ze voor dagelijks gebruik het leenwoord *kristiano* – christen – aanwenden, want dat betekent in hun ogen gewoon maar mens, precies de conditie die de kerk hen gedurende eeuwen bereid was te erkennen. In dit licht krijgen de woorden van Cabnal – *No quiero ser cristiano*: Ik wens geen christen te worden – natuurlijk een heel bijzondere klank. Het stamhoofd van de Lakandonen sprak hiermee niet alleen zijn weigering uit om toe te treden tot een hem vreemd geloof. Hij weerde zich vooral tegen het vooruitzicht te worden ingelijfd in de trieste troep van gekoloniseerde tweederangsburgers.

Gekoloniseerde tweederangsburgers zijn de Maya Indianen tot op de dag van vandaag. In 1821 verdwenen de Spanjaarden van het toneel maar hun heersersrol werd prompt overgenomen door de *criollos* en later door de *mestizos*, in Zuid-Mexico en Guatemala ook *ladinos* genaamd. In de loop van de negentiende eeuw verslechterde de situatie van de Maya's aanzienlijk en bereikte rond de eeuwwende een dieptepunt waaruit zij sinds 1950 moeizaam naar boven klimmen. Dat laatste geldt tenminste voor de Indianen die het geluk hebben buiten Guatemala te leven. In dat land is, helaas, de onderdrukking uitgegroeid tot een afschuwwekkende volkerenmoord.

In de loop van de laatste tweehonderd jaar – door de *ladinos* de onafhankelijkheidsperiode geheten, voor de Maya's een tweede en zeker niet verbeterde uitgave van de koloniale tijd – heeft de katholieke kerk een wisselvallig lot gekend. Rond 1850 beroofd van haar wereldlijke bezittingen en politiek aanzien, besloot ze de Indianengemeenschappen liever aan hun lot over te laten dan zich te beperken tot louter pastoraal werk. Voor de Maya's werd het een gouden tijd, waarin ze de hen eigen religiositeit naar hartelust konden ontplooien. Vele rituelen die vandaag zo de aandacht trekken van antropologen en toeristen, werden toen gecreëerd uit een voorraad die zowel voor-Spaanse als koloniale onderdelen bevatte. Het resultaat van dit inheems experiment is een bont en tevens ingewikkeld schouwspel van riten en devoties, door de specialisten volksreligie genoemd en door de Indianen zelf als *el costumbre* betiteld.

Sinds 1950 is die *costumbre* onder steeds toenemende druk komen te staan, aanvankelijk haast uitsluitend vanwege de katholieke kerk, daarna meer en meer vanwege de protestantse tegenpartij. Beide groepen hebben gedurende de voorbije veertig jaar opmerkelijk veel gepresteerd, zowel op het gebied van de sociale zorg als op het terrein van de specifiek pastorale toewijding. Heel wat Indianen hebben de oude vertrouwde *costumbre* ingeruild voor een lidmaatschap in een van de progressieve katholieke basisgemeenschappen of in een van de ontelbare evangelische denominaties. De vraag is of deze recente bekeringen dieper gaan en grondiger veranderen dan de traditionele evangelisatie die meer dan drie eeuwen om de ziel van de Indiaan geworven heeft. Vijfhonderd jaar belegering van buiten hebben de Maya's tijd en raad gegeven om hun identiteit, hun ware zijn, doeltreffend te beschermen en onder geen enkele voorwaarde prijs te geven. Het is het 'geheim' waarover Rigoberta Menchú het steeds weer heeft in haar schrijnend verhaal, tien jaar geleden gedaan aan de antropologe Elisabeth Burgos. Het boek dat haar relaas bevat sluit met de veelbetekenende zin: "Al heb ik veel verteld, toch blijf ik mijn identiteit als Indiaanse verbergen, want ik bewaar voor mezelf wat volgens mij niemand hoeft te kennen. Een antropoloog mag dan al veel boeken lezen en schrijven, achter onze geheimen komt hij nooit".

Hopelijk stemmen het slotwoord van Rigoberta, de uitroep van Cabnal en de glimlach van Chan Qu'in tot nadenken, vooral bij diegenen van ons die om een of andere reden nog steeds vinden dat we de Maya's moeten bekeren. Ikzelf heb een tijdlang die illusie gekoesterd. Ik weet nu dat we er beter aan doen hen hun vrijheid te geven. De geheimen van hun traditie zijn niet door ons te doorgronden en de boodschap daarin verborgen is niet voor ons weggelegd. Sinds een paar jaar beperk ik me er toe de Maya wereld te contempleren. Ik besef nu dat het om een mysterie gaat, en een mysterie is nooit te begrijpen. Je kan er alleen maar omheenlopen, in langzame, attente en welwillende kringen, in de hoop dat op die manier het mysterie zich hier en daar een beetje blootgeeft. Uiteindelijk ben ik geen Maya Indiaan. Ik ben maar een *mayista*, iemand die de Maya's bestudeert.

Apartado Postal 104
San Cristobal de Las Casas
Chiapas
México

Jan De Vos

SOLIDARITEIT IN SÃO VICENTE

DOCUMENTATIE OVER HET VLAAMSE SUIKERBEDRIJF SÃO JORGE DOS ERASMOS EN DE JEZUÏETEN: 1578-1613

Minder dan tien jaren nadat Paulus III de organisatie van Ignatius en zijn gezellen had goedgekeurd en bijna tien jaar voor de Constituties werden aangenomen, zijn in de flottielje van de eerste governador-geral van Brazilië (1549) jezuïeten aan wal gestapt in de baai die nu nog steeds de naam Bahia draagt. Het jaar daarop had Leonardo Nunes meer dan 1500 km zuidwaarts, naast het huidige Santos, een tweede centrum voor missionering, inclusief "een grote woonst met een zeer mooie kerk"[1] opgericht. Vanuit deze kustplaats trok Manuel da Nobrega in 1554 met enkele Indianenkinderen de helling van de Serra (de rand van het hoogland) op en stichtte er in de velden van Piratininga het Colégio de São Paulo, uitgangspunt van de huidige wereldstad met dezelfde naam als deze jezuïetenschool.

Even onvervaard – of even onbezonnen – waren de eerste veroveraars te werk gegaan, zodra zij van koning João III de opdracht gekregen hadden om het land te bevolken. In december 1531 was Martim Afonso de Sousa uit Lissabon vertrokken, voorzien van alle nodige machtigingen om zoveel gebieden als hij betrad in bezit te nemen voor de kroon, het land te verdelen onder hen die er zich zouden vestigen en de eerste administratie te installeren. Hij had dit alles reeds gedaan in 1532, op de plaats die een vroegere verkenner van de kuststreek São Vicente had gedoopt[2]. Nauwelijks was men begonnen met wat men elders had geleerd,

* In 1963 verscheen in het tijdschrift *Estudos Históricos* (Marília SP, Brazilië) 1 (1963) p. 13-43, een artikel van de hand van de ondergetekende: *O Engenho dos Erasmos em São Vicente. Resultado de Pesquisas em Arquivos Belgas.* Op deze bladzijden werd de tekst van vijf archiefstukken uit het Algemeen Rijksarchief te Brussel openbaar gemaakt. De tekst van vier documenten in de oorspronkelijke taal (het vijfde document geven wij niet volledig, en dan nog in vertaling, weer) wordt hier uit deze publikatie van 1963 overgenomen. Wij meenden dat de beperkte verspreiding van het Braziliaanse tijdschrift deze overname kon rechtvaardigen. Voor de rest is wat men lezen zal geen vertaling maar een geheel nieuw artikel. Bijkomende reden voor deze publikatie van bijna dertig jaar later: met wat sedert 1963 over het onderwerp is verschenen kon de schrijver tenminste enkele der vele tekortkomingen verhelpen.

1. Naar de woorden van Manuel de Nobrega, die de eerste groep jezuïeten heeft geleid. Zie: Sergio BUARQUE DE HOLANDA (ed.), *História geral da civilização brasileira*, I, São Paulo, 1960, p. 138 (zie ook p. 126). Naar dit werk zullen wij voortaan verwijzen onder het siglum SBH I resp. II.

2. Wie was de leider van deze eerste verkenning van de zuidelijke kuststreek van Brazilië? In de traditie wordt ook deze pluim op de hoed van Americo Vespucci gestoken, maar veel zekerheid daarover durft men op onze dagen niet meer geven: SBH I, p. 89v.

namelijk slaven proberen te krijgen voor het werk en te experimenteren met de zaden die men had meegebracht, of er was al sprake van rietsuikerbeplanting. En weerom minder dan 10 jaren later ("omtrent den jare 1540" volgens onze archiefstukken; zie Doc. IV) heeft Erasmus Schetz van Antwerpen er reeds "sekere landen ende een ingenio"[3] (*ibid.*) in zijn bezit. Hoe hij het geld en de tuigen daartoe ter plekke had gekregen, en vooral welke de deskundigen waren geweest bij het opzetten van deze toch al complexe onderneming, weten wij niet[4]. Wij weten wél dat haar geen lange bloei beschoren was[5]; onze documenten bewijzen dit trouwens ook met alle duidelijkheid. Maar bij het voorstellen van deze teksten is het ons toch om iets anders te doen. Uit deze stukken treden namelijk de twee groepen waarover boven sprake was, als verbondenen naar voren. Hun werkterrein is verschillend, maar hun belangen blijken parallel te lopen. Of moeten wij zeggen dat zij al verstrengeld zijn? Laten wij liever de archiefstukken zelf spreken.

Document I (Anno 1579)

Inleiding

Beschrijvingen van scheepsvracht met prijzen zijn voor studiosi in de economische geschiedenis altijd interessant, soms zelfs buitenkansjes, omdat zij de contouren van financiële betrekkingen, de transportcapaciteiten en nog veel meer helpen tekenen. Onze interesse gaat hier echter uitsluitend naar de voorwerpen. Het document lijkt nog belangrijker dan het merendeel van zijn soort: ten eerste omdat de reis[6] uitzonderlijk ver gaat en ten tweede en vooral omdat vele voorwerpen een kerkelijke stempel dragen en kennelijk voor missionarissen en hun catechese bestemd zijn. Wij laten eerst de tekst volgen, zoals hij in het archiefstuk voorkomt. (De prijzen zijn in gulden [f.], stuivers [sts., st. of ss.] en penningen

3. Onder het woord "ingenio", in het Portugees "engenho", dient men een onderneming te verstaan onder één financiële leiding, bestaande uit aanplantingen van suikerriet op eigen landerijen, en de fabriek ter plaatse, voor het bereiden van de suiker.

4. Zij zullen ongetwijfeld de ondervinding, opgedaan in dergelijke ondernemingen die al gevestigd waren op Madeira en op andere Atlantische eilanden, benut hebben. Toch blijft veel nog in het donker. In een samenvattend artikel over het onderwerp wordt deze episode gekarakteriseerd als "um dos capítulos mais obscuros da nossa história", M.R. DA CUNHA RODRIGUES, *A documentação antuerpiana sôbre o engenho São Jorge dos Erasmos...*, in *Revista de História* 43 (1960) p. 199. In SBH (uitgegeven vóór de publikatie van ons artikel) verschijnt de Schetz-onderneming plots en onverklaard (I, p. 104). Het was overigens in de hoop op meer concrete gegevens daaromtrent dat de eminente historiograaf en leider van genoemd werk ons verzocht het onderzoek over de documentatie te beginnen.

5. SBH I, p. 278.

6. Van Antwerpen naar Lissabon, omdat het nieuw ontdekte Brazilië niet dan via deze stad bevaren mocht worden. Helemaal op het einde van Doc. I leest men dat "den zeuschen tholl" betaald werd. In 1579 is de zeearm door de opstandige calvinistische Zeeuwen afgesloten; Antwerpen is nog niet heroverd door Al. Farnese; de Zeeuwen beschouwen deze haven nog niet als Spaans en laten schepen van daaruit door, mits heffing van een tol. De naam van de kapitein konden wij niet met zekerheid lezen. Over Paulus Werner, zie *infra*, p. 82-83.

[pen.], een enkele keer in schellingen, uitgedrukt; wat tussen rechte haakjes staat komt niet in de tekst voor maar is van ons en is bedoeld als uitleg; eveneens ter verduidelijking hebben wij het punctuatiesysteem wat aangepast).

Tekst Doc. I

Fattura wat inden naem Godts gesonden is met het schip den eenhoren, daer meester op was Lens [-en-: *lectio incerta*], met Paulus Werner, naer Lixbonen om van daer naer brasil te vaeren, alle packen geseckert met het tegenstaende merck.

n° 1	
is een coffer met 13 yseren banden, cost hier	f. 8-0-0
daer in liggen 4 dozynen hempden voer de slaven in brasiel, daer toe wesende 170 ellen lynwaetstot 7,5 , deen meer dander minder	f. 68-14-0
2 stucken groff lynwaedt, hebben te saemen 109,5 ellen, tot 6,75 sts delle, cost	f. 36-19-6
2 douzynen servetten en twee amelakens	f. 18-0-0
6 handtdoecken, costen alhier	f. 3-0-0
3 stucken gestreept canefas, 20 ellen tstuck	f. 10-16-0
2 stucken hollandts gestreept lynwaedt, deen met goudt, dander met silver, hebben te saemen 40 ellen, tot 15 delle, cost	f. 30-0-0
Noch 2 stucken desgelycen met couleuren daeronder gestreept, valet als boven	f. 30-0-0
Noch twaelf paer slaepelaekens, costen	f. 52-10-0
Noch een lanck casken met 6 dozynen gulden en silveren foillen ende loovers	f. 4-16-0
De selve kiste met canefas te becleeden	f. 1-13-6
Somma dat gecost heeft al dit goet onder n° 1, gemarckeert die somme alhier	f. 302-13-6
	f. 302-13-6
Per reste van dander zijde dat gecost heeft het goed van n° 1	f. 302-13-6
n° 2	
Is een houte caste daer in syn acht schilderyen op bert die hier gecost hebben tot f. 7 stuck vz [? valet]	f. 56-0-0
n° 3	
Is oyck een caste wat grooter als die bovenstaende, welcke coste te saemen met packen	f. 3-6-0
Daerin zyn twee groote schilderyen op bert van f. 18 het stuck, valet	f. 36-0-0
Noch 12 andere tot f. 3,5 , valet	f. 39-0-0
Noch 6 andere tot f. 1,8 , wesende met vergulde boorden rontsomme beset [rondom bezet]	f. 8-8-0
Noch twaelf van de zelve sortte, wesende met zweerte canten gestoffeert tot 1,2 stuck	f. 13-4-0
Noch 12 van de minste sortte tot 0,8	f. 10-16-0
Noch 22 schilderyen op doeck tot 36 st. het stuck, valet	f. 39-12-0

Noch 25 schilderyen oyck op doeck, wat cleinder, tot 18 ss tstuck	f. 22-10-0
	f. 172-16-0
Somma dat dese caste n° 3 staet hier te costen	f. 172-16-0
n° 4	
Is een quarteel die cost met packen	f. 1-7-0
daer in ses ketels van coper en yser, 6 kandelaers en 2 met paenen, dewelcke wegende te saemen £ 53, tot 5 sts £ [het pond]	f. 13-5-0
4 metalen potten, wegende 30,5 £ tot 3,5 st. het £, cost te saemen in alles	f. 5-6-0
Eenen hangende kandeler uut der nandt [*lectio inc.*: ? handt]	f. -6-0
Noch vier vispaenen, scheppers, leepels en andere grove instrumenten van coper om te retineren, wegende te saemen £ 67 tot 8 ss het £	f. 26-16-0
	f. 47-0-0
	f. 531-9-6
Per reste van dander zyde van de vuytgeworpen somme	f. 531-9-6
reste vanre somme van n° 4 en coper	f. 47-0-0
20 stucken ysers tot de keucken diene [*lege* dienende], daerin oick begrepen is de latte die buyten gaet sonder n°, vz [? valet]	f. 10-0-0
4 douzynen houte schotelen met ander houten dinghen voor de slaven	f. 7-0-0
4 douzynen schotelen van alle sorte ende 6 commekens en een becken, wegende tsaemen £ 100, en noch eene pot, twee wynpotten, soutvat en pispot, 12 lepels	f. 18-12-0
Somma dat dese tonne n° 4 cost in alles	f. 82-12-0
n° 5	
Is een houten kiste die oudt is, cost hier	f. 6-0-0
Daerinne zyn 9 douzyne cleyn schildekens tegens 6 schellinghen de dozyne	f. 16-4-0
40 boecken geschildert pampier, cost	f. 5-0-0
Noch 8 schilderyen op doeck van den pr nr en noch 12 vande 12 apostelen, alle tot 6 schellinghen stuck	f. 36-0-0
4 douzyne vergulde pampieren om te placken, coste alhier	f. 4-16-0
Noch een comptoirken om op te scriven, met eenen sluytende lessener, cost	f. 1-4-0
Noch twee carpetten, oudt wesende	f. 6-0-0
Noch een scryftcoker, cost	f. 2-0-0
Noch onderhalff [anderhalf] douzyn paer messen	f. 12-0-0
Noch een douzyn spiegels, costen	f. 6-0-0
Noch een belle met een sleutelriem	f. 1-12-0
Vier reken boeken, costen alhier	f. 5-0-0
100 pr nr van couleuren different	f. 6-5-0
	f. 108-1-0
	f. 614-1-6
Per reste van dander zyde van de vuytgeworpen some	f. 614-1-6
Per reste van de somme onder n° 5 in corpore	f. 108-0-0

een pondt yvoiren cammen, zyn 21 stucken	f. 4-10-0
2 handtzaeghen, costen alhier	f. -16-0
Noch beytels, maelsloten, borkens ende desgelycke yserwercken, costen tsamen	f. 6-0-0
een boterstamp met zyn toebehoirten	f. 2-0-0
Somma dat het goet van n° 5 gecost heeft	f. 121-7-0

n° 6

Is een orgel, cost alhier met packen ende casse tsamen	f. 28-10-0
Daerenboven isser noch sonder nombre eenen grooten ketel, wegende in coper £ 371 – ende noch eenen anderen, wegende £ 73 – tsamen wegende dese ketels in coper £ 561 – tot acht stuvers elck pont, valet alhier daer voere betaelt	f. 224-8-0
Noch een latte, daeraf den prys onder n° 5 [*perperam, lege* 4] staet	
Ende 6 langhe saeghen, costen alhier	f. 7-10-0
Noch een boterstamp, oyck in den pryse begrepen onder n° 5 [*perperam, ut videtur, et* 4 *legend.*] ergo hier nyet.	
Somma alles te saemen	f. 995-16-6
De generale middelen op dese goeden hebben gecost die hier tantwerpen betaelt zyn, in dn eersten voer het coffer n° 1	f. 10-10-0
voor 2 cassen schilderyen n° 2-3	f. 4-10-0
voor het quarteel n° 4	f. -6-0
voer de houte kiste n° 5	f. 1-5-0
voer de orgel n° 6	f. -14-0
voer de ketels	f. 2-15-0
voer de latte en saegen	f. -3-0
voor een clavesinbel voer p. Werner	f. -12-0
Somma van de generale middel [*lege* middelen]	f. 20-15-0
	f. 1016-11-6
resto van dander zyde hier tegens over	f. 1016-11-6
Item is daer op den zeuschen tholl betaelt van alle dese goeden, f. 17-6, valet	f. 5-5-0
Item van vrachte van dese goeden naer zelandt te vueren	f. 5-8-0
	f. 1027-4-6

Somme dat dit cargasoen hier in alles gecost heeft f. Im. XXVII ss. IIII pen. VI

Commentaar

Wij kunnen zonder veel moeite de vracht indelen in textielwaren, eet- en keukengerei, schrijf- en muziektuig, en materiaal voor de catechese. Onder de textielwaren (het grootste gedeelte onder nr. 1) vallen dadelijk de 48 hemden voor slaven op. Naaktloperij mag niet meer als men ingeschakeld is in een bedrijf. De vrouwen moesten tenminste een hemd, de mannen tenminste een broek dragen, als zij voor de Europeanen werkten[7]. Klaarblijkelijk was men in de onderneming te São Vicente bereid de prijs daarvoor te betalen, want het pak linnen is met zijn 68 gulden en 14 stuivers één der dure eenheden. Wél beseften de jezuïeten reeds vroeg dat het afleggen van deze paradijselijke eenvoud geen prerekwisiet mocht zijn voor de verkondiging van het evangelie; als dit zo was, schrijft pater da Nobrega, dan zou er in het hele land geen kledingstof genoeg te vinden zijn. Hij en zijn medewerkers hadden daarover – zoals ook over de dansen en de muziek der Indianen, die zij niet wilden weren bij hun bezoeken aan de dorpen – zelfs een fikse ruzie met de allereerste bisschop van Bahia, Pedro Fernandes Sardinha, die het bestond te eisen dat de Indianen niet, tenzij in het Portugees, hun biecht spraken omdat zij naar zijn oordeel toch maar "heidenen van gedrag" bleven zolang zij die taal niet konden spreken. Fundamenteel was deze ruzie ontstaan over dezelfde strijdvraag als die welke een halve eeuw later de Ritenstrijd deed ontbranden: mag een niet-Europees beschavingspatroon, mag een taal zonder contact met het Latijn blijven bestaan in ceremonies en praktijken van de "nieuwe" kerken? Maar keren wij terug tot onze scheepsvracht.

Uit de textiel-lading moeten wij ook de behoefte naar weelde voor de meesters aflezen: 2 x 2 stukken Hollands gestreept lijnwaad met luxe-versiering, waarvan de prijs (15 stuivers de el) dubbel zo hoog ligt als het lijnwaad voor de hemden (7,5 stuivers); de servetten, de tafel- en bedlakens bewijzen eveneens dat de Europeaan van zijn hoge levensstandaard allerminst wil afstand doen.

Een tweede categorie, die van eet- en keukentuig, vooral onder nr. 4, kunnen wij in het kader van deze bundel zonder commentaar achterwege laten, al moeten wij toch weer aanstippen dat een deel daarvan helpen moet om de slaven "beschaafd" te maken. Het aantal, 4 dozijnen, komt met dat van de hemden overeen (wellicht waren die 48 hemden dus ook voor mannen bestemd). Maar het servies van de heren is weerom rijkelijk en voorziet in behoeften van velerlei aard. Om uit te maken of de enorme ketel, onder nr. 6, ook voor de keuken moet dienen, dan wel bij de industriële uitrusting hoort, acht schrijver dezes zich niet bevoegd.

Zodra wij naar de culturele resp. godsdienstige levensbehoeften toegaan, voelen wij ons dichter betrokken. Wij laten schrijfkoker en klein comptoir met lessenaartje (bovenop) aan de kant en keren ons liever naar het indrukwekkende aantal schilderijen. Onder nr. 2 staan er al 8 op hout vermeld, onder nr. 3 zijn er twee grote, eveneens op hout, die

7. E. Stols, *De Spaanse Brabanders of de Handelsbetrekkingen der Zuidelijke Nederlanden met de Iberische wereld, 1598-1648*, vol. I en II, Brussel, Paleis der Academiën, 1971, I, p. 144v., plaatst deze bevinding over textiel in het algemeen economisch kader waar het thuishoort. Naar dit werk, nog niet verschenen toen wij ons eerste artikel publiceerden, verwijzen wij in het vervolg met het siglum Stols I resp. II. In het mooi geïllustreerde werk dat ter gelegenheid van Europalia '91 als catalogus van een der tentoonstellingen verscheen onder de titel *De Portugezen in Brazilië* (hoofdzakelijk de verzameling Pimenta Camargo), wordt het verhaal van een ontmoeting van Portugezen met Indianen uitgebeeld (p. 60-69). Het eerste wat de blanken verrichten is het derde Werk van Barmhartigheid.

de hoogste prijs per stuk (18 gulden) waard zijn, en nog 12 + 6 + 12 + 12 paneelschilderijtjes. Onder hetzelfde nr. 3 is er nog een collectie meegekomen: 22 + 25, weliswaar op doek. Onder nr. 5 tenslotte worden er nog 8 + 12 schilderijen (doek) opgeteld, en gelukkig krijgen wij te lezen wat zij voorstellen: de twaalf apostelen, samen met niet minder dan 8 met, weerom, één en hetzelfde onderwerp nl. "den $\overline{\text{pr}}$ $\overline{\text{nr}}$". Deze afkorting brengt ons naar de laatste eenheid van nr. 5, nl. "100 $\overline{\text{pr}}$ $\overline{\text{nrs}}$, van couleuren different". Dit kan alleen de afkorting zijn van de paternoster, de traditionele Vlaamse naam voor de rozenkrans. Het grote getal van die devotievoorwerpen, nog versterkt door de 8 schilderijen, belicht een catechese-methode. Dat rozenkrans-kralen de indianenkralen moesten vervangen ligt voor de hand, al wordt deze bedoeling niet uitgedrukt. Wij weten ook dat "Nossa Senhora do Rosário" later als bijzondere patrones van de negerslaven en vrijgelatenen (alforriados) gold. De jezuïeten hebben deze devotie wellicht ingevoerd met rozenkransen uit Vlaanderen. Van de meer dan 100 schilderijen, waarvan meer dan 40 als houten panelen, die dus minder makkelijk vervoerbaar zijn dan de oprolbare op doek, waren er zeker veel met een godsdienstig onderwerp. Niet alleen moeten wij dit a priori onderstellen, uitgaande van de toenmalige produktie en de eenvoudige vaststelling dat een dergelijk aantal wel niet kon dienstig zijn voor de private vertrekken van de enkele Europeanen ter plekke, maar wij kunnen er vergelijkbare begeleidende vrachtbrieven, met kostenrekening, naast leggen[8].

Kan men er dan nog aan twijfelen dat de ondernemers een rijke vracht als deze opgestuurd hebben in afspraak met de jezuïeten? Waarin deze samenwerking verder nog bestond, leren ons de volgende documenten. Maar wij moeten eerst nog even de nadruk leggen op één voorwerp dat klaarblijkelijk voor de missionering moest dienen: een orgel. Voortgaande op wat de muziekhistoricus Kurt Lange, eminent kenner van de (niet-autochtone, dus ingevoerde) muziek in de koloniale periode, ons in een brief mededeelde, hebben wij hier het eerste bewijs van het invoeren van begeleide kerkmuziek in Brazilië. Samen met de schilderijen en prenten waarvan in het onderricht veel gebruik werd gemaakt (men herinnere zich het aantal), met de rozenkransen als vrome voorwerpen en ankers voor devotie-praktijken, met de teksten die uit het hoofd moesten geleerd en die de jezuïeten ongetwijfeld van bij het begin hebben meegebracht, zullen de gezangen, door orgel begeleid, wel als een zeer belangrijk element in de christianisatie van de inboorlingen gegolden hebben. Of het ook deze missionarissen zijn die aangedrongen hadden op een grotere materiële zorg voor de slaven op het bedrijf (hemden, schotels en dergelijke in hout: van alles 4 dozijnen), mogen wij onderstellen, maar uit dit stuk alleen valt dit niet te bewijzen.

De nauwe en, zo lijkt het toch, vanzelfsprekende samenwerking tussen jezuïeten en de Antwerpse onderneming blijkt echter ten overvloede uit

8. In STOLS II, p. 199-201 vindt men een voorbeeld.

de documenten die wij nu voorstellen. De rijke vracht die in 1579 met bestemming Brazilië aan boord van de Eenhoorn geladen werd, bewijst dat de heren van de onderneming nog niet wilden geloven in een crisis van hun "engenho". Wij weten dat zij zich daarin vergist hebben, want enkele jaren later tekende de economische aftakeling zich steeds duidelijker af[9]. Wij kunnen de miseries van de onderneming als het ware van de documenten (II tot IV) zelf aflezen.

Inleiding op Documenten II tot V

Het komt er hier vooral op aan de *dramatis personae* voor te stellen. Van de kant der jezuïeten worden er twee met name genoemd. De eerste is Thomas Savillio, schrijver van de brief gedateerd op 27 januari 1603. Hij is eigenlijk geen missionaris, maar wel provinciaal te Brussel. Thomas Sailly (1558-1623) – want zo moet zijn naam geschreven worden; verlatijnst tot Sallius of Salius – speelde niet alleen een rol in de relaties van de Schetzen met hun bezittingen in Brazilië, maar was een zeer belangrijk man in het laatste decennium van de zestiende en het eerste van de zeventiende eeuw[10]. Hij kende de grootsten (aartshertogin Isabella, voordien Alexander Farnese) en de groten (de kapitaalkrachtige ondernemers, zoals de erfgenamen Schetz) persoonlijk. Hij heeft meerdere apologetische werken geschreven (te Leuven verscheen in 1612 *Den nieuwen Morgen-Wecker, Wijsende de Natuere, voortganck, vruchten, remedien der Ketterye, Te Voor-schyne gebrocht, etc.*) en lijkt zich bijzonder toegelegd te hebben op de zielzorg der soldaten (weerom te Leuven verscheen b.v. in 1622 een *Memorial Testamentaire, composé en faveur des soldats combattants sous l'estandart de la crainte de Dieu*)[11]. Hij was superior van de jezuïetenresidentie te Brussel van 1596 tot 1603 (de brief die ons Doc. II uitmaakt dateert hij 23 januari 1603).

De tweede jezuïet komt slechts voor in het laatste archiefstuk. Hij heet Gaspar(d) Lôbo (Lóbo) en staat Manuel Van Dale bij als deze, eerst in São Vicente en dan in Santos, luidruchtig protest aantekent tegen de uitverkoop van de São Jorge dos Erasmos-onderneming. Hij zelf kan ook de bestemmeling geweest zijn van de brieven die wij als Doc. II en III weergeven. Maar dat er in 1603 nog iemand anders overste was, is natuurlijk niet uit te sluiten. Er moet wel nog meer te vinden zijn over zijn levensloop, maar ons bleef het voorlopig onbekend.

9. In SBH I, p. 278 wordt aangenomen dat de tweede helft van de 16de eeuw reeds zonder meer een decadentie-periode is geweest voor de suikerproductie in São Vicente. Wellicht moeten wij, na lezing van Doc. I, preciseren en het hebben over het laatste kwart van deze eeuw. Maar de oorzaken welke *loco laudato* worden aangegeven (voor de plantages was de streek van Pernambuco beter; het zwaartepunt van de streek Santos-São Paulo verlegde zich naar de planalto, o.a. door de bandeirantes-activiteit, waarop wij *infra*, p. 84-88, nog terugkomen) moesten inderdaad deze neergang meebrengen.

10. Voor de volgende gegevens zijn wij afhankelijk van de vriendelijke interesse die Prof. Em. Silv. De Smet S.J. voor ons werk heeft betoond.

11. Recentelijk werd zelfs een artikel aan hem gewijd door L. BROUWERS in *Dictionnaire de Spiritualité* 14, s.v. Sailly, col. 138-140.

Maar er staat een ander jezuïetenfiguur – en deze is van formaat – op de achtergrond van de relaties tussen de Schetz-onderneming en de Compagnie. Hierin zou namelijk niemand minder dan pater Anchieta een grote rol gespeeld hebben. In de literatuur over São Vicente hebben wij wel gelezen dat pater José Anchieta zelf de taak van toezichter op de agenten van de "engenho" had opgenomen. Aldus zou de "apostel van Brazilië", de grote pedagoog der Indianen, de Wonderdoener, een belangrijke rol gespeeld hebben in ons verhaal over Vlaamse ondernemingen in Brazilië. Hoe graag zouden wij het aannemen! Maar echte bewijzen van deze samenwerking hebben wij tot dusver niet gevonden. Wél is zijn vertrouwelijke omgang en de persoonlijke kennis van de toestanden en de mensen in São Vicente overduidelijk af te lezen uit een brief die reeds meer dan honderd jaar geleden gepubliceerd werd te Antwerpen.

In het *Bulletin de la Société Royale de Géographie d'Anvers* van 1882 lezen wij, na elkaar, twee studies over het suikerbedrijf Schetz[12]. De tweede kunnen wij in dit kader achterwege laten, maar in het eerste artikel bewijst J. Kieckens S.J. met kennelijke voldoening en bewondering de vriendschapsbanden tussen beiden, steunend op een brief van J. Anchieta aan Gaspard Schetz, gedateerd 7 juni 1578. In 1882 kon men nog argeloos en encomiastisch schrijven over de collaboratie tussen kapitalistische ondernemingen in verre landen en de missies ... Laten wij hier de inhoud en de toon van de brief horen, liever dan de (Spaanse) tekst over te nemen.

Eerst verzekert Anchieta dat de jezuïeten het vanzelfsprekend vinden de zielzorg op de Schetz-onderneming in São Vicente te verzorgen. Hij heeft net de dood van Gapards broer, Melchior, vernomen en stuurt zijn deelneming; in herinnering brengend dat de Schetzen al "mucha charidad" bewezen hebben aan de Compagnie, belooft hij dat de paters van hun kant "muchas missas" zullen opdragen voor de zielerust van de overledene. Hij geeft dan nieuwsberichten door over personen die met de onderneming te maken hebben en toont daarbij grote familiariteit met het wel en wee van de "engenho". Meer in het bijzonder spreekt hij dan de geadresseerde zelf aan, die nu zware functies vervult, ook in het staatsbestuur (Gaspard Schetz heeft een belangrijke publieke carrière gehad; wellicht weet Anchieta van zijn functie van Generale Schatmeester, sedert 1564). Hij verzekert dat zij met zijn allen in Brazilië voor het land aldaar blijven bidden ("todos acá hazemos oracion para esta tierra") en hoopt dat de inspanningen die G. Schetz zich getroost zullen culmineren in een "gran triumpho de los enemigos de la su fee". Geen moeilijkheid, men voelt het, om te bewijzen wat beide partijen op dit tijds-

12. Vol. VII (1882); 1° p. 467-473. F. KIECKENS, *Une sucrerie anversoise au Brésil à la fin du XVIe siècle*; 2° M.P. GÉNARD, *Un acte de société commerciale au XVIe siècle*. Met dank aan Prof. E. Stols door wiens tussenkomst wij een kopie van deze oude tijdschriftartikelen konden krijgen.

moment voelen: G.S. en S.J., même combat! En die hulpvaardigheid van beide zijden vond men redelijk en natuurlijk; getuige daarvan het hagiografisch wonderverhaaltje (Anchieta bleef, veel meer dan M. da Nobrega, de thaumaturg uit de missioneringsgeschiedenis) dat wij de lezer niet willen onthouden. Toen Anchieta nog in São Vicente werkte, was er op zekere stond een tekort aan olie. De vrome jezuïet kon echter uit het laatste tonnetje, dat eigenlijk al lang óp was, op wonderbare wijze blijven schenken, totdat plots in de haven van São Vicente een "Vlaams schip" kwam aanmeren, met in de lading een tonnetje olie, als geschenk voor de paters en hun werk in São Vicente. Nu is het thema van de vermenigvuldiging van de laatste zak meel of het laatste vaatje olie een zeer geliefd thema in de hagiografie, waarbij soms expliciet naar de weduwe van Sarepta wordt verwezen. Maar hier is het schip dat *uit Vlaanderen* komt en alles redt, wel het opvallendste element. Om kort te besluiten: José Anchieta heeft tussen 1555 en 1575 zeker het wel en wee van de São Vicente-onderneming van dichtbij gekend. Maar in de jaren die door onze documenten worden belicht, kan hij alleen als correspondent opgetreden zijn, aangezien hij een paar jaren vóór de reis van de Eenhoorn reeds benoemd was in Bahia (de brief door Kieckens uitgegeven bevestigt dit gegeven uit zijn biografie).

De leken-figuren die in onze documenten worden genoemd, zijn allen beheerders of gevolmachtigden van het Schetz-bedrijf, op de laatste na.

1. De oudste "procurador", "feitor", plaatselijke gevolmachtigde dus, was de in Doc. IV genoemde *Giovanni Battista Maglio*. Hij zou de onderneming niet minder dan 36 jaar lang, tot 1576 "gegoverneert" hebben[13]. Uit Anchieta's brief blijkt een grote vertrouwelijkheid tussen de missionaris en deze Maglio, evenzeer als met diens zonen.

2. *Paulo Werner* heeft Maglio vervangen. Hij is ook de tweede in bevel van de Eenhoorn, met de vracht waarover Doc. I. Voor hem wordt speciaal een clavecimbel meegevoerd dat niet onder nrs. 1-6 maar bij de afrekening der generale middelen vermeld wordt. Blijkbaar is P.W. er de eigenaar van, een man van belang dus, en met de pretentie van een man van cultureel niveau, zoals velen van de internationaal gerichte kooplieden[14]. Wij pleiten voor de identificatie van deze man met Paulo Wernaerts, niet onbekend[15]: dezelfde tijd, dezelfde voornaam, dezelfde functie. Indien dit zo is, dan is hij ook de schoonbroer van Johan van

13. Recenter en vollediger behandeling door E. STOLS, *Os Mercadores Flamengos etc.*, in *Anais de História* 5 (1973) p. 22v. In de bijzonder nuttige lijst van Figuren en Families uit de Spanje- en Portugalhandel, p. 1-71 van STOLS II, staat zijn naam niet vermeld. Dezelfde auteur heeft hem wél vermeld p. 102, nota 60, samen met andere "factors" (Portug. "feitores") van de Schetz-onderneming. Uit de Anchietabrief die wij hier samenvatten blijkt ook dat zijn zonen Jeroncho en Luís bij de missionaris te Bahia komen als bij een trouwe vriend.

14. STOLS I, p. 359-361, geeft pittige bijzonderheden in dit verband; hij had ook nog kunnen verwijzen naar de extravagantie die blijkt uit ons document: met een clavecimbel de oceaan over!

15. Zie STOLS II, p. 70 *sub* 577. De auteur vernoemt er ons document niet, maar neemt in zijn studie van 1973 (vermeld in noot 13) de identificatie impliciet aan (p. 23).

Hilst[16], voordien (vóór 1540, moeten wij onderstellen) eerste aandeelhouder in de onderneming van São Vicente. Hij heeft dan zijn familieleden slecht gediend (Doc. IV: "Paulo Werner, die daar niet wel mede heeft geleefd", d.i. die daarvoor geen zorg heeft gedragen), eens in São Vicente aangekomen.

3. *Hieronymus* (*Gers.mo*, *Jerônimo*) *Maya*[17], vernoemd in Doc. II, III en IV, is de grote boosdoener in de hele zaak. In 1597 of 1598 werd hij met volmachten naar São Vicente gestuurd om het hele goed te verkopen. Hij heeft het echter in de handen gespeeld van Maglio "ten velen [veil, *ut videtur*] prise". De eigenaars zijn er nu erg op gebrand tegen hem te procederen om hun geld terug te krijgen. Na lezing van Doc. V komt men tot de overtuiging dat Maya "syn stuck" toch niet heeft moeten verantwoorden. Hij moet nadien nog een Haarlemmer, een zeebonk, in dienst genomen hebben[18]. Maar deze samenwerking kan slechts een paar jaren geduurd hebben.

4. *Anthonio Dooge* (*Dooghe*) komt maar heel even voor als figurant. Uit Doc. II vernemen wij dat deze man naar Brazilië zal gestuurd worden met de nodige volmachten om de zaken aldaar recht te zetten. Maar een drietal weken later volgt de brief (= Doc. III) met de melding dat deze opdracht aan A.D. onttrokken en aan Sr. Goossens gegeven wordt[19].

5. *Jeronimo Goosens* is niet alleen uit Doc. III en IV bekend, maar ook *aliunde*[20]. Hij wordt verzocht in Lissabon iemand te vinden die naar Bahia vaart en zelfs bereid zou zijn om vandaar naar São Vicente te zeilen. De opdracht luidt: een volledig rapport opmaken over de staat waarin de "engenho" verkeert. Men voelt wel aan dat de familieleden Schetz steeds minder greep krijgen op de gebeurtenissen aldaar.

6. *Manuel Van Dale* is de bekendste onder de "framengos" die in São Vicente opgedoken zijn. Hij had zich vroeger in Bahia gevestigd, maar in 1612 (datum van Doc. V) had hij reeds heel wat avonturen beleefd die wij hier niet kunnen verhalen maar die, samen met zijn optreden dat uit ons archiefstuk blijkt en met wat men kan afleiden uit de beschrijving van zijn inboedel[21], wel de stof zouden kunnen leveren voor een kleurige historische roman. In Doc. V zien wij deze Braziliaanse Vlaming de zaak van de Schetz-bezittingen opnemen, in bondgenootschap

16. Zie STOLS II, p. 36 *sub* 284, waaruit blijkt dat de Wernaerts (of Werners) zich als familieleden van de Schetzen beschouwen.

17. Zie STOLS II, p. 47 *sub* 373; er wordt verwezen naar onze studie *Engenho*, p. 26v., maar deze verwijzing mag uitgebreid worden tot p. 24-27, daar ook Doc. II, III en IV inlichtingen geven over deze man.

18. STOLS II, p. 39 *sub* 303.

19. In STOLS I, p. 338 en nota 357 lezen wij dat een Antonio Dooghe rond 1633 muntmeester is in Brugge. Het kan over dezelfde persoon gaan.

20. Eveneens een Bruggeling. Hij was inderdaad tussen 1603 en 1643 te Lissabon werkzaam; zie STOLS II, p. 32v. *sub* 250.

21. Bewaard in het archief van São Paulo, waar hij het laatste deel van zijn leven doorbracht. In STOLS I (b.v. p. 105 en 108) en II (b.v. p. 24 *sub* 170) vindt men nog heel wat gegevens over dit merkwaardig personage.

met de jezuïet Gaspar Lobo. Hij had een procuratie in handen, geschreven in Brussel, "dos estados de Frandes" (*lege* Flandres). Nu past dit gegeven wel goed in het kader van een vroeger avontuur, dat hem via Noord-Nederland terug in Vlaanderen had gebracht[22]. Hij zal daar wel niet nagelaten hebben met de erfgenamen van Gaspard Schetz in contact te komen, en voor dezen kon, gezien de reeds benarde situatie in São Vicente, een volmacht te meer praktisch geen risico meer meebrengen en, wie weet, het ergste voorkomen.

7. De tegenstrever was echter ook een man van formaat: ons document geeft, hoewel maar eens en terloops, zijn naam: *Simão Leytão*, erfgenaam van Jerônimo Leytão. Deze laatste nu staat in de geschiedenis bekend als een "bandeirante" van de late zestiende eeuw, d.w.z. als kapitein van een groep (een bandeira is een vendel) Portugezen en getrainde Mamelukken (uit huwelijk van Portugezen met Indiaansen). Het gaat hier om expedities die vanuit São Paulo ongelooflijk ver het binnenland binnentrokken om buit. Die buit bestaat hoofdzakelijk uit Indianen met hun vrouwen, te verkopen als slaven. Onder deze roof-kapiteins staat Leitão bekend als een der meest onverschrokkene, d.w.z. genadeloze[23]. Hij had het al gewaagd door te dringen tot Guairá, middelpunt van de "reduções" (Spaans: "reducciones") in Brazilië. Deze nederzettingen, met een grote concentratie van Indianen die daarbij al "mansos" (letterlijk: tam) waren, zijn het slachtoffer bij uitstek geworden van de bandeiras uit São Paulo. Simão Leytão is dus opgegroeid in die sfeer van geweld en verrijking door prooi. Het aankopen van de wrakstukken der Antwerpse onderneming aan de kust via "wettelijke middelen" zal hem als een makkelijke hap voorgekomen zijn, veel minder gevaarlijk dan de expedities die lastig te financieren en onvoorspelbaar van resultaat waren.

Tekst Doc. II-V

Document II

JHUS PAX XRTI

El señor Gaspar Esquets sr de grobbendoncq, que dios aya, otras vezes a acudido a esta sancta casa de Brasil por remedio y ayuda, quando los hombres que avia embiado en aquella provincia no hasian lo que a eles avia ordenado cerca el govierno e direction de su ingenio, que tenia en la Isla de S. Vincente; y como el fallecio avra 22 anos, y que los herderos sus hijos avra cinco anos embiaron alla un Gers.mo maya con poderes differentes, uno publico e otro secreto, para que, en conformidad del secreto, vendiesse el dho [*lege* dicho] ingenio al precio en ella [*lege* elle] contenido con intervention de V.R.; y haviendo hecho todo el contrario como por otras mias he avisado a V.R. en 10 de Hebrero 1597, y que los dhos

22. Stols I, p. 108, reeds vermeld.
23. SBH I, p. 283: J.L. was capitão-mor van de Capitania São Vicente. Wij vermoeden dat die functie hem tot hoofdman van de stedelijke militie maakte.

herderos han escrito mas vezes al dho Gers.mo maya sin que han podido alcançar la razon, han sido necessitados de embiar alli otro hombre con poderes bastantes par remediar lo mal hecho, el qual se llama Anthonio Dooge, por unde supplican muy encarecida y humildemente los dhos Señores herderos que V.R. sea servido ayudarle con su autoridad favor e consejo, siendo el encargado de acudir a V.R. para que puede con provecho hazer este viaje, supplicando a V.R. que nos avisa lo que en esto se hara porque sendo estos señores y todo su familia tan buenos xrianos y señalados amigos de la Comp.a de Jhesus, es muy justo que los favoreseamos todos y estando confiado que V.R. assy lo hara por su mucha caridad y que por manos della alcancaran estos señores el remedio que esperan; no me alarge, sino encommandarnos en los sanctos sacrificios de V.R., lo qual dios guarde con mucha salud y santidad, De Bruselas en 23 de Henero, 1603.

Siervo in Xro

Thomas Savillio.

Que a mi perdone que escrive con mano agena porque no estoy accostumbrado de escrivir en Español; todos de esta casa se encommendan a V.R.; se yo se bueno hacer algo, V.R. se sierve de mi, que soy superior desta casa della comp.a de Jesus en Brusellas, aunque indigno.

Document III

por la carta que con esta ba del Sr reitor deste lugar de bruxellas entendra V.R.: mi padre el Sr. de grobendoncq, que dios tenga en el cielo, nos dejo a sus hijos suas terras e ingenio en el brasil, capitania de St. Vincente; y como despues de su muerte nos hemos hallado muy malservidos de nuestros factores alla, hemos suplicado al Sr. padre lucas [*nonne* Thomas?] Saillio, reitor de la Compa. en esta villa de brussellas, nos hiciesse mrd dencomnendar nos a V.R., como lo hase con esta que aqui ba; pero como no hemos allado [*pro* hallado] convenir dembiar alla el antt.o dooge, nombrado en su carta, hemos suplicado al Sr. goossens, que reside en lisboa, dembiar alguno de alla para informarse delo que passa, suplico a V.R. le assista en lo que tubiere minester y su ajuda, para averiguar la verdad del mal partido que nos ha hecho Jer.mo Maia que lo ha todo vendido contra la instrucion que tenia, como le dira a V.R. el que esta le diere, y si to [*lege* yo] y los mios podemos algo en servicio de V.R. y los suios, muestraremos siempre la buena voluntad que tenemos a essa santa comp.a que dios mantenga muchos anños por su santo servicio;

de bruxellas en 20 de hebrero 1603.

Document IV

Memorie voer Sr. Goossens

heer Erasmus Schets, ridder heer van grobendoncq overleden, heeft vercregen omtrent den jare 1540 sekere landen ende een ingenio int eylant van brasil, capitania van St Vincenten, ende daerby sekere nomer van slaven ende huysinghen, daeruit alle jaere placht te trecken sekere quantiteyt van arobas [arrôba, *valet* ± 15 kg.] van suycker; daer wasschinder [*lege* was ginder] en [*spatium in doc.*] ende wort daer genoemd dingenio de los erasmos oft de los esquettes; hetselve is naar syn aftlyvicheyt gecomen op syne soenen en besunder op wylen heer gaspar schets, heer van grobendoncq, ende nu op ons syne soenen; dit goet is gegoverneert geweest over 36 jaars van G.o batta Maglio ende daarnaar by paulo werner die daar niet wel mede heeft geleeft, soedat [*spatium in doc.*] ons het goet heel verleed heeft, dat wij ons resolveerden te vercoepen, ende daervan procure gegeven hebben aan eenen Jeronimo maya, noch daer synde, om te vercoepen volgende een instructie die hy niet gevolcht en heeft; dan utderhant segt vercocht te hebben aan synen eersten meester Jo.a batta maglio ten velen [*lege* veil, *fr.* à vil prix] prise en sonder gelt van daer tegen rekenende ongefondeert; soedat wij wel souden begheeren dat u. e. gelieve imant last te geven, [*spatium in doc.*] die van lisbone nae de baja [Bahia] vaert, volgende de bescheeden hier neffens gaande, dat hij wille een reyse doen van de baia nae S. Vincenten om hem van alles te informeren, te weten oft op jer.mo maia iet te verhalen is, mits syn stuck moet verantworden, oft het Ingenio noch in esse [*lectio incerta*] is ende in wat staeten, ende oock die huysinghen & hoevele slaeven, ende voorts alle dat daeraen cleeft; om daervan rapport hebbende, alsdan iemand derwaerts te schicken om de saken te vervolgen [*textus:* vervolgens] tot noot, om in ons goet te comen; oft denselven Here die daer nu gaen sal, daer te committeren ende de oncosten van syne reyse van de baia naer S. Vincente, en syne moete [*lege* moeite] sal ten dancke bethaelt worden [*illegibilia sequuntur*]

16 [*uel* 18] maerte 1603

Document V

[Wij verkiezen, na de titel van het stuk, alleen de tweede akte te *vertalen*, die dezelfde substantie bevat als de eerste, maar op meer dan één punt explicieter is. Zoals voor de andere documenten is, wat tussen rechte haakjes staat, onze uitleg.]

"Afschrift van een paar akten van rechtopeising en protest, opgemaakt op aanvraag van Manuel Van Dale, in zijn hoedanigheid van gevolmachtigde van de Schetzen, die de bezitters zijn van het fabriek en de [suikerriet-]aanplantingen São Jorge, gericht aan het adres van Pasqual R. [? Riveiro, Ribeiro], magistraat-curator [van de goederen] der overledenen en afwezigen in dit kapiteinsdistrict São Vicente. [aldus vertalen wij "capitania", om het territoriaal aspect er van aan te duiden.]

"Na wat op 19 augustus 1612 in São Vicente gebeurd is en in de eerste akte verhaald wordt, heeft een week later in Santos [dus naast São Vicente, maar in een andere circumscriptie] het volgende plaats gevonden.

"De genoemde Pasqual Riv..r [Riveiro, *ut vid.*], magistraat-curator [van de goederen] der overledenen en afwezigen, met zijn gerechtelijke assistenten, de penningmeester en de griffier, was bezig met de openbare verkoping aan de meestbiedende van de stukken slaven [peça de escravo: gewone uitdrukking voor één individuele slaaf, in tegenstelling met b.v. een familie] en koper [het waardevol materiaal], komende uit genoemde engenho, en nog andere zaken van dezelfde oorsprong. Toen verschenen daar de Pater Overste van de St.-Michielsresidentie van de Compagnie van Jezus van dit kapiteinsdistrict, Gaspar Lobo; en samen met hem, de reeds genoemde Manuel Van Dale, in hun hoedanigheid van gevolmachtigden van de reeds genoemde Heren Schetz; en zij legden de volmacht voor die voor hen was opgesteld in de Stad Brussel, der Staten Vlaanderen; en deze volmachten bleken opgemaakt te zijn door Marcos Prebost [Prevoost], publiek griffier van de stadspapieren. En zij [M.V.D. en G.L.] vochten opnieuw, nogmaals, de hele inhoud aan van de akte hierboven [d.i. die van 19 augustus], dit t.o.v. mij, griffier; en zij eisten dat men de verkoop zou stilleggen die men aan het houden was; en dit eisten zij met luide stem, in tegenwoordigheid van vele personen die daar aanwezig waren, zowel kopers als anderen; zij eisten van de magistraat-curator dat hij die verkopingen zou stilleggen en zij argumenteerden voor het volk, met luide stem, dat elkeen die om het even wat uit het fabriek van de genoemde engenho zou kopen, dit zou doen op eigen risico, en gedwongen zou worden die zaken aan de eigenaars of hun gevolmachtigden terug te geven, met vergoeding van alle verlies, schade, interesten en waardeverlies die op die genoemde zaken zou gekomen zijn; dat de genoemde Heren Schetz geen verplichting zouden hebben om hun [de kopers] iets terug te geven van wat zij [de kopers] mogelijk betaald zouden hebben. En daarenboven verklaarden de genoemde Manuel Van Dale, in naam van zijn constituenten, samen met de genoemde Pater die ook voor ons stond, dat zij daarenboven protest aantekenden tegen de erfgenamen van Ger. [Jerônimo] Leytão, in de vorm van deze protestakte, aangezien het op hun verzoek [van deze erfgenamen van J.L.] was dat de magistraat-curator de genoemde veiling en verkoop aan het doen was; en zij [M.V.D. en G.L.] beweerden dat de verdeling gebeurde buiten rechtsgezag, wat nochtans zo [op gezag van het gerecht] had moeten geschieden. Was daar ook aanwezig: Simão Leytão, junior, die een der erfgenamen is van Ger.mo [Jerônimo] Leytão.

"Dit alles is wat verklaard, geëist en aangevochten werd t.o.v. mij, genoemde D.o [Diego] de Onhate, griffier van het Gerecht" etc.

[De gewone eindformules voor dit soort akten worden hier weggelaten; wij halen uit dit laatste deel nog één passage aan:]

"Deze akte wordt besloten zonder de handtekening van de curator [van de goederen] der overledenen eronder, omdat deze het er niet mee eens is en geen protest aanvaardt, noch enige redenering van wat de genoemde gevolmachtigden hebben verklaard, maar dat hij wél de genoemde onderneming moest verkopen; en hij bedreigde de genoemde Manuel Van Dale ermee dat hij [de curator] hem moest gevangen zetten en daarvan een akte opstellen, daar hij [M.V.D.] de gang der justitie wilde storen en de verkoping wilde beletten, zoals reeds gezegd. Van alles wat boven gezegd is hebben de genoemde gevolmachtigden aan Lucas Roez de Cordova, Rechter in dit kapiteinsdistrict, gevraagd akten te doen opmaken" etc.

Manuel Van Dale wordt dus met gevangenis bedreigd; de twee protestanten hebben een beroep gedaan op de hogere Justitie van de Capitania of kapiteinsdistrict.

Algemeen Besluit

Luid spreekt uit het in Santos opgestelde relaas de solidariteit van de jezuïeten met de poging om althans een deel van het Schetz-bedrijf te redden. Maar de andere documenten (II-IV) zeggen niets anders: het gaat hier wel degelijk om een hecht verbond, een vanzelfsprekende wederzijdse bijstand.

Het is onmogelijk deze steun der jezuïeten aan de onderneming in São Vicente van de hand te doen als een vriendelijke maar vrijblijvende hulpvaardigheid. Wanneer wij terugblikken op de decennia van samenwerking, gaat het hier kennelijk om meer dan een dank-plicht aan een weldoener van de Compagnie. Uit Anchieta's brief (1578) klinkt de toon van oprechte vriendschap met de Schetz-familie, en evenzeer de bekommernis om betrouwbaar nieuws over de agenten van de "engenho" (en hun families) naar Antwerpen door te geven. Uit de rekening die als vrachtbeschrijving meegekomen is (Doc. I) moeten wij wel besluiten dat de Schetz-onderneming en de jezuïeten samen de Eenhoorn bevracht hebben. Thomas Sailly S.J., schrijvend in Brussel aan zijn collega's (Doc. II), is eveneens goed op de hoogte van het wel en vooral van het wee van de onderneming – zijn bron is de familie Gaspard Schetz – en vindt de totale bijstand van de Ignatianen voor de Schetz-belangen ("ayudarle con su autoridad, favor e consejo") niet meer dan natuurlijk.

Uit het laatste document, tenslotte, krijgt deze bijstand zonder restricties nogmaals vorm in de standvastige en, waar het moet, luidruchtige houding van Gaspar Lobo, de superior der jezuïeten ter plekke, die front vormt met Manuel Van Dale om het gestrande vaartuig der onderneming van de totale aftakeling en de oneer van een verkoop-per-opbod te redden. Ons laatste document dateert van augustus 1612 en het eerste van 1579, maar dat de samenwerking toen al vele jaren oud was, bewijst de brief van José Anchieta. Meer dan een halve eeuw, dus, van hartelijke collaboratie.

Deze *entente cordiale* met een buitenlandse onderneming krijgt nog meer reliëf wanneer wij de moeilijkheden oproepen die de jezuïeten kregen met de plaatselijke machthebbers in diezelfde jaren, en onmiddellijk daarna. Met de seculiere geestelijkheid waren de betrekkingen niet altijd goed, soms zelfs zeer slecht: wij hebben reeds de treurige episode aangehaald van het conflict met de allereerste Primas van Brazilië, Pedro Fernandes Sardinha, aartsbisschop van Bahia.

Maar ook in São Paulo bleven wrijvingen niet uit. Hier was het niet de geestelijke overheid waarmee de jezuïeten het moeilijk kregen, maar de nieuwe klasse van de stad, de ons reeds bekende bandeirantes, deze organisatoren van ontdekkingstochten in het onmetelijke binnenland. Het was hun natuurlijk om meer te doen dan om aardrijkskundige kennis. In het uiterste Westen van de huidige staat Paraná, ten Oosten van de rivier met dezelfde naam en ten Noorden van de Iguaçu, hadden deze onverschrokken bandeirantes, vertrekkend uit São Paulo, de "reduções" reeds meerdere malen aangevallen in de laatste jaren waarover onze documenten getuigen. Zoals gezegd was de grote tegenstander van Manuel Van Dale en de jezuïetenoverste van de streek niemand anders dan de zoon van één der grootste bandeirantes van de eerste generatie: Jerônimo Leytão (Doc. V). Het is ondenkbaar dat de jezuïeten in São Paulo, en dus ook in de havenstreek van Santos en São Vicente, niet op de hoogte waren van die bandeiras, die hun confraters met hun beschermelingen zo ongenadig uitplunderden. En dat zij voor deze groep in het verweer zijn gekomen weten wij stellig, want in São Paulo is het antagonisme jezuïeten versus slavenjagers met de jaren scherper geworden.

Kiezen tussen een beproefde vriendschap met een voorname familie die in de Zuidelijke Nederlanden de goede kant van het geloof had gekozen en daarenboven een (voor beide zijden) voordelige samenwerking met een vroeg-kapitalistisch bedrijf in de vertrouwde kuststreek enerzijds, en de belangen van avonturiersfamilies die hun rijkdom en gezag haalden uit incursies in het onbekende binnenland, met nietsontziende geweldpleging op reducties en Indianen anderzijds, moet voor de Ignatianen niet moeilijk geweest zijn. Rond 1600 konden zij nog niet geloven dat de toekomst van de "engenhos" gedurende enkele eeuwen in de Noordoostelijke kuststreek (Pernambuco) zou liggen. Nog minder konden zij voorzien dat de beruchte expedities de grondslag zouden worden van onmetelijke gebiedsuitbreiding van wat zij nog als "'t eylant van Brasil" (Doc. IV) aanzagen, en dat deze bandeiras de trots en de nationale mythe van São Paulo zouden worden.

Hun keuze stond haaks op de gang der geschiedenis. De wrijvingen in São Paulo moeten scherpe vormen aangenomen hebben, want in 1640 werden de jezuïeten voor een tijd uit São Paulo verbannen, de "vila" waarvan hun stichting in 1554 aan de wieg had gestaan.

Kan men eervol voor het verleden kiezen?

Predikherenstraat 14
B-3000 Leuven

Carl LAGA

WERELDBEELD, TECHNOLOGIE EN ARBEID BIJ DE AYMARA'S

Inleiding

Een weduwe – zeg maar Moeder Aarde – had drie misdadige zoons: lui, leugenachtig en roofzuchtig. Ze werkten niet in de chacra, de akker, en ze aten het zaaigoed op; ze respecteerden hun moeder niet en speelden met voedsel. Ondanks al deze misdaden tegen het leven en tegen hun moeder, bleef deze hen voeden en tenslotte, toen er niets meer te eten was door de schuld van haar kinderen, zelfs met haar eigen vlees. Daarop veranderden de drie zich in gesels voor de mensheid: Hagel, Vorst en Wind, een drievoudige straf voor allen die zondigen tegen het leven, zowel in de chacra door hun luiheid, als in de ayllu, de gemeenschap, door hun gewelddadigheid.

Dit is heel in het kort één mythe uit een cyclus, met een stukje Indiaanse arbeidsmoraal. Het valt niet te ontkennen dat de Hoogland Indianen met hun agrarische techniek in het Andes-milieu een prestatie van wereldformaat hebben geleverd. De voedselproduktie in de Andes tijdens het Incarijk wordt bij lange na niet geëvenaard door de moderne landbouwtechniek. Dit betekent echter nog niet dat één van beide technische systemen hoger ontwikkeld zou zijn. Het is geen kwestie van meer of minder ontwikkeld, maar van anders ontwikkeld. De systemen zijn verschillend en beantwoorden aan verschillende doelen. Ze zijn ontstaan uit verschillende visies op milieu, produktie en arbeid. Ze zijn deel van verschillende culturen en wereldvisies. Beide systemen hebben, elk in hun eigen toepassingsgebied, het natuurlijk landschap grondig herschapen en beide hebben een indrukwekkende voedselproduktie opgeleverd – elk in het eigen natuurlijk milieu – die de basis kon vormen voor een grote sociale, politieke en culturele ontplooiing van een belangrijk deel van de mensheid. De Hoogland Indiaan heeft het woeste berglandschap van de Andes herschapen in een cultuurlandschap met indrukwekkende terrassen, bevloeiings- en drainagewerken. Hij heeft tientallen gewassen ontwikkeld en honderden variëteiten gekweekt van aardappelen en andere tuberkels, van maïs en andere granen. Aldus heeft hij de Andes veroverd en vruchtbaar gemaakt tot op steeds grotere hoogten, daarbij technieken ontwikkelend ter bestrijding van hagel en vorst, droogte en plagen. Hij heeft ook een eigen gezondheidssysteem ontwikkeld. Hij heeft gebouwd en geboetseerd, gesponnen en geweven als heel weinig andere volkeren in de geschiedenis. Hij heeft zijn oogsten weten te conserveren en te distribueren, te transporteren en te administreren over een gebied zo groot als Europa. Kortom: hij heeft zijn landschap en zijn wereld gemaakt zodat hij met recht zichzelf zou kunnen noemen: "homo faber", de scheppende mens, de bouwer van zijn eigen wereld.

De Indiaanse visie op arbeid is het thema van deze bijdrage. Zijn arbeid heeft de Andes herschapen, hoewel hij nu vijfhonderd jaar verval herdenkt. Voor de Hoogland Indiaan is arbeid een religieuze activiteit: "het leven – het heiligste wat bestaat – voeden en verzorgen, en aldus zich door het leven laten voeden". Zijn arbeid is ritueel omkaderd, agrocentrisch, gemeenschappelijk; het is een meditatieve dialoog en een voortdurende uitwisseling van gunsten en geschenken met het natuurlijk en goddelijk milieu. Deze visie op arbeid bestaat alleen binnen een religieuze wereldvisie die sterk verschilt van de onze. Anderzijds heeft deze visie op arbeid een technologisch systeem ontwikkeld dat al evenzeer verschilt van het westerse. Ik wil achtereenvolgens aandacht schenken aan het wereldbeeld, de technologie en de arbeid van de Aymara's en daarbij steeds de vergelijking met het Westen maken.

1. Het wereldbeeld

Al heeft de Hoogland Indiaan bewonderenswaardige bouwwerken, weefwerken en andere artefacten vervaardigd, al heeft hij het Andeslandschap zelf gemaakt door zijn arbeid en al staat een arbeidzaam leven bovenaan in zijn moraal, toch ligt de definitie "homo faber" hem niet. Het is de zelf-definitie van de westerse mens, geformuleerd vanuit zijn eigen mythologie, zijn wereldvisie en zijn technologie. De westerling beschouwt zichzelf, en is, typisch een maker van dingen; de Hoogland Indiaan daarentegen verkiest zoals Socrates, de naam "homo maieuticus", de vroedman/vrouw.

Wanneer we de bijbelse scheppingsmythologie vergelijken met de Indiaanse, blijkt onmiddellijk dit verschil. In de Bijbel verschijnt de Schepper als de hoogste Maker van alle dingen, de super-technicus die het heelal maakt en regelt met groot gemak, intelligentie en perfectie. In het scheppingsverhaal verschijnt 28 keer het woord maken of een equivalent daarvan. God heeft hemel en aarde gemaakt; hij maakte twee lichten, één voor de dag en één voor de nacht; hij maakte de mens, geboetseerd van klei; en hij maakte de vrouw uit een rib van Adam; hij legde een tuin aan in het oosten, bevloeide hem met vier rivieren en plantte allerlei vruchtdragende bomen. En op de zevende dag rustte God van al het werk. Dit "werk" is dus onmiskenbaar begrepen op de manier zoals een (westerse) mens, tuinman, architect, of vakman, ontwerpt, artefacten maakt, produceert. Scheppen is het maken van dingen. De westerling grijpt dit aspect uit het scheppingsverhaal aan om God "de Hoogste Maker" te noemen, en om zichzelf als geschapen naar Gods beeld en gelijkenis, eveneens te definiëren, en te legitimeren, als "homo faber". Dit is de basis voor het technocratisch wereldbeeld en mensbeeld dat zich in het Westen heeft ontwikkeld en dat onze opvatting van arbeid bepaalt: het maken van nuttige dingen, het vervaardigen van artefacten, het produceren van goederen.

De kosmogenese in de Andesmythologie bevat een heel andere visie op arbeid. In plaats van de Hoogste Maker, treffen we een vrouw: Pachamama (Moeder Aarde), ook "la Santa Tierra" genoemd (de heilige Aarde), of "la Vergina". Zij geeft het zijn aan de schepselen door te baren: alleen, en uit overvloed van vruchtbaarheid. Dat is het tegenbeeld van de mannelijke almacht die wij God toeschrijven. Zij staat niet buiten en boven de wereld, zoals de transcendente Schepper uit de Bijbel. Zij is de aarde zelf, zij is het beeld van de goddelijke immanentie, waardoor de wereld en de dingen levend en heilig zijn. De aarde en de bergen zijn goddelijk, rivieren en stenen, bronnen en bomen, planten en dieren, en de mens zelf: allemaal worden zij geboren in dit goddelijk milieu en hebben zij deel aan het leven dat uit Moeder Aarde ontspruit. Terwijl in het Westen (vooral sinds de achttiende eeuw) de wereld wordt voorgesteld als de perfecte machine, of het volmaakte uurwerk dat getuigt van de goddelijke bouwer, is in de Andes de wereld een levend en bezield organisme, dat geheiligd is door de goddelijke immanentie, een beeld dat geen secularisering toestaat – in tegenstelling tot de westerse opvatting van een materiële wereld, gemaakt door een transcendente Schepper.

Als God de Maker van de dingen is, dan is hij ook hun eigenaar, en kan hij ze overdragen aan een beheerder (zoals Adam) om ze te administreren. Wanneer God steeds verder terugwijkt in het bewustzijn van de moderne mens, waant deze zich tenslotte eigenaar van de wereld, en beschouwt hij de schepping als het geheel van alle beschikbare hulpbronnen en materialen waarmee hij zijn scheppingsdrift kan voeden. Zelfs de levende wezens in de natuur zijn voor hem materiaal waarover hij autonoom beschikt. Gebruikte God ook niet organisch materiaal als de rib van Adam om een vrouw te maken? God kan, als maker en als eigenaar van de dingen, zijn produkten ook weer vernietigen wanneer ze hem teleurstellen (zoals in de zondvloed). Ook dit aspect van het scheppingsverhaal is door de westerling onderstreept en opgenomen in de zelfdefinitie van de moderne mens. Als maker, beschouwt hij zich ook als absoluut eigenaar van de dingen. Waar schepping wordt opgevat naar het model van baring, ligt de relatie tot de schepselen anders: het is een verhouding als van Moeder tot kind, en verwoesting is dan ondenkbaar want dat zou gelijk zijn aan kindermoord. Dit valt ook te beluisteren in de mythe van de drie Chicotillos, Hagel, Vorst en Wind.

Kortom, voor de westerling is de wereld het geheel van hulpbronnen en materiaal dat hij als "homo faber" ter beschikking heeft, om autonoom ermee te handelen en ervan te maken wat hij zelf verkiest. Zijn wereld is materieel, seculier en antropocentrisch. De wereld van de Hoogland Indiaan, daarentegen, is religieus, vol van de goddelijke immanentie en agrocentrisch: de Aarde, de Akker, is heilig, is het sacrament van Gods liefde voor de mensen, en is zelf goddelijk. Hoe is het oorspronkelijk wereldbeeld van de Hoogland Indiaan opgebouwd? Die wereld, Pacha, omvat drie niveaus: Arajpacha (de wereld boven ons, van zon, maan en sterren die alle goddelijk zijn), Akapacha (onze wereld hier, van bergen en rivieren, mensen, dieren en planten, stenen, zand en water, die eveneens goddelijk zijn en convergeren in Moeder Aarde) en Manqhapacha (de onderwereld van goud, zilver en mineralen met de geesten die hen beheren). Dit alles is Pacha, de Wereld, het natuurlijk heelal dat in zijn geheel goddelijk is en waar alles levend is. De dingen gedragen zich ook als levende wezens en als personen: ze zijn emotioneel, capricieus, welwillend of wraakzuchtig; ze zijn gevoelig voor geweld en agressie. Ze willen hun zin hebben en met respect behandeld worden. Ze oefenen een "sociale" controle uit op elkaar en functioneren als het geweten voor de mens. Ze hebben hun stille maar sterke persoonlijkheid achter het "stenen masker". Ze zijn sterk communautair en solidair. Langs hun binnenkant communiceren de dingen van de natuur onderling en ook met de godenwereld en met de mensen, althans wanneer deze hen weten te verstaan.

Het heelal omvat drie levende gemeenschappen: de Ayllu (de menselijke gemeenschap), de Huacas (de geestengemeenschap: Zon, Maan en Sterren, Apus en Achachilas, Illas, Serenos en Uywiris, Pachamama en de overledenen) en de Sallqa (de wilde, ongerepte natuur). Deze drie gemeenschappen staan in voortdurend contact met elkaar. Zij dialogeren en wisselen uit (bij wijze van geschenken, eerbetuigingen en gunsten, van offers, gebeden en ceremonies), ze voeden elkaar en onderhandelen, ze reclameren en helpen elkaar; ze verdragen geen veronachtzaming en eisen een correcte behandeling. Wederzijds respect en hartelijkheid is de basis van hun dialoog. Het werk op de akker, het bouwen van een huis geschiedt steeds in onderling contact en samenwerking tussen de drie gemeenschappen: mensen, natuur en godheden. Waarom wederkerigheid en uitwisseling? Omdat geen enkele van deze gemeenschappen autonoom of zelfgenoegzaam is; zelfs Moeder Aarde niet, blijkens de mythologische verhalen. Zij laat haar vruchtbaarheid stimuleren door de mensen die hun akkers vruchtbaar maken door goed werk te leveren en die haar op symbolische (dus efficiënte) wijze voeden en sterken met offers en ceremonies. De drie gemeenschappen houden elkaar in het leven, en aldus ook zichzelf. Dit is de grondhouding van de mens tegenover de natuur en van de boer tegenover zijn akker en zijn vee: hij respecteert de natuur en verzorgt zijn akker, zijn Pachamama, en deze voedt en verzorgt hem.

De wederzijdse relatie onder de drie gemeenschappen van Huacas, Sallqa en Ayllu, die elkaar voeden en verzorgen, moet men verstaan analoog aan de relaties van uitwisseling en aanvulling die bestaan onder Andesgemeenschappen die zich op verschillende ecologische niveaus bevinden, met name: Puna (4000 m) met herdersgemeenschappen, Quechwa (3500 m) en Valle, de subtropische dalen (2500 m), en die alle drie verschillende voedingsgewassen voortbrengen. Ook onder de elementen binnen elke gemeenschap bestaan gedifferentieerde, complexe en nauwe relaties zoals onder de families in de Ayllu. Alle elementen van elk van de drie gemeenschappen zijn levend, maar onvolledig; fundamenteel gelijkwaardig, aangewezen op elkaar en op de beide andere gemeenschappen; alle elementen verdienen respect; niets is nutteloos, waardeloos of overbodig; alle dingen spreken, zien, eten, zijn blij of boos; ze begunstigen elkaar of straffen elkaar af; zoeken elkaar op of ontwijken elkaar. Dit universum is voortdurend in wording; het is een eindeloos gebeuren waar alles groeit. Natuurlijke en sociale verschijnselen zijn allemaal levensprocessen. Ze worden verklaard en uitgelegd, niet door hun "oorzaak" op te sporen – dat is westerse logica –, maar vanuit hun "oorsprong". Dit reikt verder dan het speuren naar de mechanische of efficiënte oorzakelijkheid en bevat ook de "metafysische" oorzaak: de menselijke en religieuze zin van de verschijnselen. Dit wordt wel genoemd het "seminale denken" van de Indiaan, in tegenstelling tot het "causale denken" van de Westerling. Het seminale denken vormt de basis van zijn technologie en van zijn methodiek voor landbouwtechnisch onderzoek.

Het heelal is ook harmonieus. De drie gemeenschappen en hun elementen staan steeds in een gespannen evenwicht tot elkaar, of zelfs "op gespannen voet": ze dialogeren in krachtige taal, maar steeds met respect. Evenals in de Ayllu voeren strijdriten tot vereffening, dus harmonie. Het harmonieus geheel van gespannen evenwicht onder de drie gemeenschappen van het natuurlijk heelal, "tinku" genaamd, is de warme sfeer waar het leven vruchtbaar is en gedijen kan. Ditzelfde geldt voor de elementen binnen elk van de gemeenschappen. Hun gespannen evenwicht garandeert vruchtbaarheid. Het natuurlijk heelal is tenslotte agrocentrisch: de drie gemeenschappen convergeren in de Chacra, de akker: dit is de heilige ontmoetingsruimte en de belangrijkste cultusplaats voor de inheemse ceremonies. Daar speelt zich het levensgebeuren af: het leven wordt er gevoed en verzorgd vanuit de drie gemeenschappen, in onderlinge samenwerking, uitwisseling en harmonie. De opdracht en de kunst van de boer is het dit veelvoudige leven te verzorgen. Technologie is: de kunst verstaan om het leven te voeden en zich door het leven te laten voeden.

2. Mestisering en syncrese
Naar een transcendente godsvoorstelling en arbeid in loondienst

De wereld van de Aymara's vormde aanvankelijk een in zichzelf besloten heelal met een geheel immanente godsvoorstelling. Dit beeld werd enigszins opengebroken door de Inca-overheersing (1470-1534) en de introductie van een externe godheid, de Zon, maar nu als opperwezen, en wel een opperwezen dat het gezag van de Inca legitimeerde en dat op zijn beurt vertegenwoordigd werd door de Inca, de Zoon van de Zon. Met de Inca-filosofie, de zonnecultus en de nieuwe legaliteit, die van buitenaf over hen kwam, verschenen de eerste sporen van transcendentie in het Indiaanse godsbeeld. De Zon, Inti, was een mannelijke god die actief aanwezig kwam in de Aymara gemeenschap. In het Inca-wereldbeeld had de zonnegod als functie de vruchtbaarheid van Moeder Aarde te wekken, een bevruchting die voor de Aymara's in alle opzichten van buiten af en middels externe overheden plaats vond. De Inca erkende de lokale godheden en hun cultus.

De invoering van de zonnecultus werd door de Aymara niet gevoeld als een godsdienstige revolutie, maar vond veeleer plaats als een probleemloze aanvulling en een vernieuwing. De Aymara herschikt en herinterpreteert immers met veel gemak, creativiteit en charisma zijn religieuze symbolen en zijn riten. Hij adopteert gemakkelijk nieuwe symbolen die zinvol voor hem zijn, ook als ze van buitenaf worden aangereikt. Hij staat open voor nieuwe geesten en goden die zich aanmelden en zich legitimeren door de feiten. Hij is altijd bereid hen te integreren in zijn wereldbeeld en zijn cultus. Hij staat open voor syncrese en zijn cultus kenmerkt zich door soepelheid in vormgeving, lokale variaties en historische herinterpretaties. Hij is niet dogmatisch maar veeleer charismatisch van aanleg. Hij laat zich leiden door de "kleine traditie", zoals Robert Redfield het noemt; dat is, door de lokale variant van de officiële godsdienst, die de "grote traditie" wordt genoemd. Deze open mentaliteit biedt ook de verklaring voor het feit dat de Hoogland Indiaan zonder veel problemen de christelijke goden accepteerde toen deze, bij de Spaanse invasie, sterker bleken dan de goden van de Andes. Zijn openheid en voorkeur voor syncrese verklaart dat hij zonder moeite de bijbelse Schepper, Jezus Christus, Maria, engelen en heiligen "andiniseerde" (de term is van Luis Valcarcel), integreerde in zijn wereldbeeld en onmiddellijk een reële plaats in zijn cultus gaf, zonder daarbij zijn Indiaanse identiteit te verliezen en zonder zijn eigen goden af te zweren.

Intussen presenteerden de Spaanse missionarissen God vooral als een transcendente God, als een straffende en wrekende God, terwijl ze het inheems pantheon sataniseerden. De Spaanse Inquisitie duldde geen syncretisme en leidde tot 1650 verschillende bloedige campagnes tot "uitroeiing van de afgoderij". De Aymara's hebben echter steeds vastgehouden aan de inheemse godheden, en in de clandestiniteit hun eigen culturele ruimte bewaard en verdedigd: hun Akapacha, dat is: "onze wereld hier", de wereld van Moeder Aarde, de Achachilas en de overige Huacas. Het is hun vaste overtuiging dat de Andesgoden hun eigen competentie behouden, evenwel onder oppergezag van de christelijke goden welke men evenzeer, en bovenal, respecteert.

Dit is in de kern de wordingsgeschiedenis van de godsdienst van de Aymara-christenen, een geschiedenis met een eigen ontwikkeling naar de volheid van de goddelijke openbaring, met een eigen Oude Testament, dat bij de kerstening zijn waardevolle autochtone elementen, "de zaden van het Woord", niet verloor maar tot wasdom liet komen. In grote lijnen heeft het Andes-christendom zich ontwikkeld tot een eigen en legitieme variant van het katholiek christendom, zonder de culturele identiteit van de Aymara's te verliezen. Diego Irarrázaval en Domingo Llanque noemen dit proces een geslaagde inculturatie van het evangelie in de Indiaanse cultuur, die te danken is, niet aan de Spaanse prediking, maar aan de godsdienstige creativiteit van de Indiaan, en daarom het grootste succes genoemd mag worden van vijfhonderd jaar christendom in Amerika. Vijfhonderd jaar christendom betekent een eeuwenlang proces van culturele mestisering, waarbij de immanente godsvoorstelling verrijkt werd door de ontwikkeling van het begrip van Gods transcendentie; een proces van inculturatie en syncrese.

Evenwel ontstond samen met de introductie van de transcendente God van de Bijbel, een onoverkomelijke tegenspraak in het grensgebied tussen de Indiaanse en de westerse samenleving. Die contradictie is de gelijktijdige invoering van autoritaire en zogenaamde rationele arbeidsvormen, als loondienst en arbeidstribuut, en wel in naam van God en de Koning, en later, in naam van de vooruitgang. De contradictie bestond hierin dat deze arbeidsvormen de goede relatie van de Indiaan met zijn natuurlijk en goddelijk milieu diep verstoorden. De koloniale arbeidstribuut was voor de Indiaan een verschrikking. Elke zes jaar moest hij één jaar in de zilvermijnen werken "voor God en de Koning" en onder de meest barbaarse omstandigheden. Honderdduizenden Indianen overleefden deze arbeid niet. Behalve de arbeid in de mijnen moest hij werken als ezeldrijver voor de Spaanse handelaren en op de velden van de landheren, van de kerk en de kloosters. Dat waren in feite zijn eigen velden die, eveneens "in naam van God en de Koning", onteigend waren. Sinds de negentiende eeuw is deze arbeid geleidelijk in slechtbetaalde loonarbeid overgegaan. De arbeid buiten de Ayllu-gemeenschap is voor de Indiaan blijvend verbonden aan de komst van de transcendente Spaanse God en aan de heerschappij van de Europeanen. De zin van dit soort werk – loonarbeid buiten de gemeenschap – is niet "het leven verzorgen" maar "interen op het leven" of, naar de uitdrukking van de mijnwerkers, "zijn longen verslijten" of "zijn longen verkopen". Het betekent voor de Indiaan ook: verzaken aan zijn Chacra, aan zijn Moeder Aarde en aan het Leven. Een nog sterkere uitdrukking is: "het vlees van zijn moeder eten"; dit met verwijzing naar de mythe van de drie broers. Arbeidstribuut en loonarbeid vormen een contradictie die de Hoogland Indiaan nooit heeft geaccepteerd, die hij "God noch de Koning" heeft verweten, maar die wel een blijvende, schijnbaar onoverbrugbare kloof van wantrouwen heeft geopend tussen hem en zijn onmenselijke overheersers, wereldlijke zowel als geestelijke.

3. Symbolische technologie

Het wereldbeeld en de zelfdefinitie van de Hoogland Indiaan monden uit in een technologie en met name een agrotechniek die behalve een empirische ook een religieuze dimensie heeft. Deze vindt zijn uitdrukking in de mentaliteit en de religieuze houding waarmee hij zijn werk verricht, en vooral in de produktierituelen die zijn arbeid begeleiden. Een goede benaming voor deze rituelen is: symbolische technologie. Dit is een geheel vreemd begrip voor westerse landbouwkundigen en landbouwondernemers, want zij hechten alleen belang aan de technische en economische aspecten van de arbeid. De westerse technologie is één-dimensioneel, in de zin die H. Marcuse aan deze term meegaf.

Alle economische activiteiten van de Indiaan gaan vergezeld van produktierituelen. Een welsprekend panorama van de Indiaanse landbouwriten biedt het boek van Hans van den Berg, *De aarde produceert niet zo maar*. Een voorbeeld. In de kerstnacht boetseren de herders van Tarapac lamabeeldjes van gewijde klei, afkomstig van een heilige plaats, dat is: genomen uit de Heilige Aarde, en zorgvuldig toebereid in de kerk. De lamabeeldjes zijn een plastisch gebed om vruchtbaarheid, op het moment dat de nieuwe levenscyclus van de kudde een aanvang neemt. In de beeldjes drukken zij tal van details uit al naar de gewenste karakteristieken van het nieuwe vee: zwaar in vlees, of rijk aan wol, sterk en gedrongen of hoog en rijzig. Kortom: het is hun produktieplan dat aan het kerstkind – de schepper en de goede herder – wordt voorgesteld. Het zijn wensbeelden die hun doel imiteren en die een kracht tot verwerkelijking bezitten, zoals zaad dat zich onherroepelijk ontwikkelt tot wat het in principe al is. Opgepast dus, dat de beeldjes goed gemaakt zijn, geen gebreken vertonen als kromme poten of breuken. Wanneer ze tijdens de ceremonies – die tot 6 januari duren – breken, kan het nieuwe vee sterven.

Men stelt als hypothese dat de talloze rotstekeningen en geogliefen van lama's in de streek ook als wensbeelden in een religieuze context, als vruchtbaarheidsritueel, dus als produktieritueel, moeten worden verklaard. Deze en dergelijke rituelen zijn geen magie, zoals al te gemakkelijk wordt verteld, en ook geen kinderlijke pogingen bij gebrek aan technisch kunnen, om een produktiedoel op bovennatuurlijke wijze te bereiken. De rituelen maken eenvoudig deel uit van de twee-dimensionele Indiaanse produktietechniek, die is: het verzorgen en begeleiden van het leven van de Aarde en van de akker, de gewassen en het vee. Dat leven is heilig; het is een mysterie dat de mens ten ene male overstijgt en dat hij dient te respecteren. Door zijn werk schept hij alleen gunstige condities voor de levensprocessen, maar het wonder van het leven zelf is het werk van God en van Moeder Aarde.

Uitdrukking nu van dit religieus bewustzijn vormen de produktierituelen. De rituelen, grote en kleine, plechtige en dagelijkse, die het werk inleiden, begeleiden en afsluiten, zijn uitdrukkelijke smeek- en dankriten aan God en aan Moeder Aarde en aan alle betrokken geesten en heiligen. Zijn gebed is dat zijn werk vrucht mag dragen en zijn dankoffer, "pago a la tierra" genoemd, is tevens een retributie tot herstel van de krachten van de Aarde die verzwakt is door haar baring.

Intussen is voor hem ook het werk zelf een religieuze bezigheid, vol heilige symbolen en in hoge mate geritualiseerd. De Indiaan gelooft dat zijn werk vrucht draagt naarmate hij: (1) op technisch-empirisch niveau kennis en ervaring, vernuft en toewijding aan de dag legt en goed werk levert; (2) op religieus-symbolisch niveau zijn arbeid begint, begeleidt en besluit met instemming ("licencia") en met medewerking ("voluntad") van alle geestelijke machten van de vruchtbaarheid; (3) op ethisch niveau zijn traditionele verplichtingen tegenover de gemeenschap en de medearbeiders nakomt. Aldus mobiliseert hij de geestelijke krachten die beslissend zijn in het produktieproces. Aangezien het collectieve rituelen betreft en ook de voorouders erbij betrokken zijn, worden ook de sociale en morele krachten van de ayllu gemobiliseerd, evenals de kracht van de traditie. In geval van misoogst zal de Indiaan eerst zijn eigen technische en religieuze handelwijze en zijn geweten onderzoeken, desnoods met de hulp van de yatiri, en zichzelf corrigeren. De technische evaluatie van het landbouwjaar geschiedt doorlopend, van week tot week, en krijgt haar beslag bij de collectieve dankriten. Het behoeft geen betoog dat deze evaluatie niet alleen de empirische en technische aspecten van het werk betreft, maar ook de sociale, religieuze en ethische aspecten ervan.

Samenvattend: de produktierituelen vormen een integrerend deel van de Indiaanse agrotechniek. Het betreft daarom een tweedimensionele techniek: empirisch en symbolisch. Dit in tegenstelling tot de westerse agrotechniek die ééndimensioneel is. Het begrip "symbolische technologie" betreft een religieuze houding, een mentaliteit en een ethiek waarmee de Indiaan zijn produktietechniek hanteert. Men kan de symbolische technologie daarom definiëren als "het produktieritueel dat uitdrukking geeft aan de ethische houding van de Hoogland Indiaan bij zijn arbeid; een ritueel dat menselijke en religieuze zin geeft aan zijn arbeid en dat die arbeid tevens technisch oriënteert".

4. Twee opvattingen van arbeid

Tenslotte een vergelijking van de Indiaanse opvatting van arbeid met de westerse. De laatste heeft een veelvoudige ontwikkeling doorgemaakt, die we in aanmerking moeten nemen. De ontwikkeling in de Indiaanse visie, die eveneens heeft plaatsgevonden, wordt ironisch genoeg modernisering genoemd of gewoon: verwestersing, een proces dat verloopt van geritualiseerde agrocentrische arbeid in gemeenschapsverband naar ééndimensionele loonarbeid aan de marge van de Ayllu.

1. De waardering van de Griekse filosofen voor de arbeid ging niet verder dan het economisch belang ervan. Arbeid werd beschouwd als een noodzaak in de huishouding, zowel in de openbare sfeer als in de particuliere. Maar het werk gold als een verlaging voor de mens en was onverenigbaar met het humanistisch ideaal. Het stond niet in aanzien, het bezat geen enkele ethische waarde of waardigheid en was voor de slaven. Vrije tijd

daarentegen, "schole", werd gewaardeerd als een gelegenheid om zich aan het humanistisch ideaal te wijden: de cultuur van geest en lichaam door wetenschap en literatuur, kunst en sport. De Romeinen ontwikkelden een juridische basis voor deze opvatting. Zij beschouwden de arbeid als een zaak, "res", die gekocht, gehuurd en verkocht kon worden, in tegenstelling tot de "persona". Daarmee werd in wettelijke contracten de menselijke persoon onderscheiden en gescheiden van zijn arbeid.

De tweede bron die, naast het klassieke denken, de westerse opvatting van arbeid van meet af aan heeft gevoed is het Hebreeuwse denken dat via de Bijbel tot ons is gekomen. Daarin verschijnt de arbeid als een noodzakelijk kwaad en als een offer ter uitboeting van de zonde. Daarmee wordt evenwel de economische waardering overstegen en krijgt de arbeid ook een ethische zin en waarde: arbeid is een middel tot produktie voor levensonderhoud, en een middel tot uitboeting van zonden. Arbeid bezit evenwel geen waarde in zichzelf en is geen doel in zich. Arbeid eindigt dan ook steeds in rust: God rustte op de zevende dag van het scheppingswerk (Gen 2,2-3), en de mens heiligt de sabbat met een religieus respect. Hij verwacht vakantie, ouderdomspensioen, en tenslotte de "eeuwige rust". Dit is nog steeds de voorstelling van de hemelse zaligheid in onze liturgie. De eerste christenen namen de Hebreeuwse opvatting over: sinds de zondeval is door de Schepper de arbeid gesteld als middel tot levensonderhoud en tot uitboeting van zonde. Zij voegden er evenwel een sociaal en charitatief doel aan toe: de geproduceerde goederen dienden broederlijk gedeeld te worden (Hand 2,43-47).

Op deze wijze leidt arbeid tot waardigheid maar betekent nog steeds geen waarde in zichzelf, zoals dat het geval is bijvoorbeeld in de filosofie van Hegel en Marx en op een heel verschillende wijze in de opvatting van de Hoogland Indianen. Voor deze laatsten is arbeid doel in zich, vervulling van het bestaan, viering van het leven en gemeenschap met de godheid: Pachamama. Arbeid is: het leven voeden, het leven van de wereld en het leven van de mensen. De aarde is niet vervloekt door de zonde van de mensen en is geen weerbarstige, rebelse aarde, die distels voortbrengt waar de mens koren zaait. Integendeel, zij is bron van alle leven en zegen voor de mens. Er bestaat geen tegenstelling tussen de aarde en de mens, maar wederzijdse harmonie en genereuze gaven, een verhouding als tussen moeder en kind. De arbeid is zijn cultus aan de Aarde en de akker is zijn tempel. In zijn mythologie wordt het hiernamaals eveneens voorgesteld als een arbeidzaam bestaan, met werk op vruchtbare akkers, en met gewassen zonder ziekten of schade van hagel of nachtvorst.

2. De middeleeuwse opvatting van arbeid werd bepaald door het kloosterwezen en de scholastiek. De benedictijnse spiritualiteit kan men samenvatten in de slagzin "ora et labora". De monnik minachtte niet het handwerk op het veld, in de stal of in de werkplaats, hoewel hij het intellectuele werk hoger achtte. Maar de zuivere contemplatie verdiende

de hoogste waardering. De arbeid behield zijn waarde als middel tot ascese, liefdadigheid en uitboeting. De franciscanen leefden niet van een patrimonium maar van hun eigen arbeid. Voor hen ging "het zweet uws aanschijns" (Gen 3,19) in de arbeid steeds gepaard met "de vreugde uws harten" (Jes 30,29). Deze vreugde vond haar oorsprong echter niet in de arbeid, maar in God. Voor Thomas van Aquino (1225-1274) is de economie steeds ondergeschikt aan de ethiek. Materiële goederen, rijkdom, zijn relatieve goederen, en dus ondergeschikt aan het absolute goed: God en zijn geboden. Hij definieert de menselijke activiteit als, in wezen, het maken van dingen en het omvormen van de natuur, naar het voorbeeld van de Schepper. Zijn opvatting van arbeid gaat uit van God, Schepper en eerste oorzaak van alle dingen. De arbeider is, analoog aan God, een schepper op het niveau van de tweede oorzaak, aangezien hij de dingen een hogere realiteit en perfectie schenkt en ze het merkteken van zijn kracht en intelligentie meegeeft. Door de arbeid realiseert de mens zichzelf als Gods beeld en verdient hij zijn levensonderhoud. De arbeid is niet autonoom maar dienstbaar aan het gemeenschappelijk belang, dat boven het particulier belang gaat. Thomas fundeert in dit principe het oude christelijke gemeenschapsideaal van "broederlijk delen".

In de onderschikking van economie aan ethiek komt de Indiaanse opvatting overeen met de middeleeuwse. De opvatting van arbeid als scheppende activiteit die de natuur omvormt, en als het maken van dingen naar het voorbeeld van de Schepper, verschilt echter sterk van de Indiaanse opvatting, welke uitgaat van een levend en organisch heelal: de wereld is levend en reproduceert zich volgens een biologisch model. De menselijke arbeid wordt beschouwd vanuit het oerbeeld van een schepping die "baring en voeding" is, geheel verschillend van de bijbelse en christelijke scheppingsvisie (het "maken van dingen"). Evenals voor de monnik is arbeid voor de Indiaan ook contemplatie en meditatie: de gewassen en het vee spreken hem aan. Hij dient hun taal te verstaan en te beantwoorden aan hun wensen. Op zijn akker, in zijn gewassen, in de natuur, neemt hij eindeloos veel details waar die hij, religieus en praktisch, overweegt en waarbij hij zich afvraagt wat de dingen hem zeggen. Hij voert een contemplatieve dialoog, waaraan de Achachilas (berggeesten), Moeder Aarde (Pachamama) en de overledenen (in dromen) deelnemen. De Indiaan mediteert, contempleert, dialogeert in zijn arbeid met de natuur, die persoonlijk en goddelijk is. De monnik daarentegen contempleert in zijn werk de hemel: hij overstijgt de akker en de dingen en richt zich tot hun transcendente Schepper. Als een loflied biedt hij God de natuur, zijn werk en het produkt van zijn handen aan.

Een ander verschil met het thomisme en zijn voorgangers uit de klassieke Oudheid is, dat voor de Indiaan het dualisme van handarbeid en intellectuele (en contemplatieve) activiteit niet bestaat, en evenmin het verschil in waardering, in sociaal prestige en in beloning, hemelse zowel als financiële, dat teruggaat op dit dualisme. Als er verschillen in sociaal prestige bestaan tussen gemeenschapsleden die gezamenlijk de aynoca (gemeenschaps-grond) bebouwen, dan worden die bepaald door andere normen en doelstellingen, die in laatste instantie niet economisch maar sociaal en ethisch van aard zijn. Dit kan verklaard worden doordat in de Indiaanse opvatting van arbeid en techniek de produktieve activiteit van de mens, zoals gezegd, twee dimensies heeft: een empirische en een symbolische of religieuze. Deze twee-dimensionele technologie is gemeenschapsbezit. De arbeid is niet geprofessionaliseerd en de techniek is niet onder specialisten verdeeld. Overigens is de arbeid voor de Indiaan evenals voor de franciscaan een vreugde. Het is voor hem zelfs een feest, zoals nog dagelijks te zien is in zijn collectieve arbeidsvormen (ayni, minka en faena). De arbeid voor de landheer, in de mijnen, op de bouwplaats, is een vorm van slavernij. Ook al wordt er loon betaald, het is geen arbeid zoals God het wil. Dit soort werk dwingt de Indiaan ertoe zijn akker en zijn Pachamama tekort te doen en bij haar in de schuld te staan.

3. De protestantse ethiek, die zich in de zestiende eeuw kristalliseerde en een aanloop voor het kapitalisme was, stimuleerde de neiging tot discipline en tot een arbeidzaam leven op religieuze gronden. Voor Luther had de arbeid, die hij "remedium peccati" noemde, een functie als straf en als opvoeding. Hij interpreteerde Gen 3,17-19 als een gebod en een goddelijk bevel tot een arbeidzaam leven. De beroepsarbeid, dat is: arbeid als roeping, gaf het werk een religieuze zin. In de predestinatieleer van Calvijn kon de arbeid geen "remedium peccati" zijn en geen invloed hebben op het goddelijk oordeel dat immers tevoren al is geveld. Maar succesvolle arbeid (en het gevolg daarvan: rijkdom) is wel een teken van Gods genade. De angst voor het oordeel en het beeld van de weinige uitverkorenen (Mat 7,13-14) ondergraaft de solidariteit en stimuleert het individualisme. De puriteinse arbeidsmoraal eiste doeltreffendheid en systematiek, volharding en discipline in het werk, en leidde tot een grote arbeidsinspanning ter wille van economische vooruitgang en met achterstelling van het vruchtgenot. Als gevolg daarvan leefde de puritein tenslotte om te werken, volgens een variant op het slagwoord van Benedictus: "labora et labora".

De arbeidsethiek van de Indiaan leidt tot een minstens even arbeidzaam leven, doch ontspruit niet aan de angst voor het goddelijk oordeel maar aan zijn verantwoordelijkheid als kind van Moeder Aarde en als "vroedman/vrouw" van het leven dat zij baart. Deze ethiek gaat niet uit van het hiernamaals maar van het leven hier op aarde, het hoogste goed, dat hij moet behoeden en doorgeven. Arbeid is voor hem geen zondestraf of schulddelging. Luiheid, onvervulde arbeidstaken zijn een schande, want de Indiaan die zijn akker, zijn vee, zijn huishouden niet verzorgt, "eet het vlees van zijn moeder" (Pachamama) en teert in op het leven, zoals zijn mythologie leert. De slecht verzorgde akker, het armtierige vee betekenen "het kwijnende leven": zij eisen hem op en klagen hem aan, want het is een gebrek aan respect voor Moeder Aarde die hem de akker, het zaad en het vee heeft toevertrouwd bij wijze van lening. Het is ook een gebrek aan eerbied voor zijn ouders en voorouders, die hem "het leven hebben geschonken". Dit is te verstaan in de volle zin: zij hebben niet alleen hemzelf het leven geschonken, maar hem ook het leven van de akker en het vee als erfenis nagelaten om het te beschermen, te voeden en door te geven. Zij zullen hem in dromen verschijnen om hem aan zijn plicht te herinneren, en als hij zich niet betert zullen zij hem straffen.

De arbeidsdiscipline van de Indiaan is niet mechanisch, noch systematisch op de protestantse wijze, maar even flexibel als het leven zelf. Het werk wordt voortdurend afgewisseld door ceremonies en feesten rond het leven. De gerechten (het voedsel voor het leven!) zijn in hoge mate ritueel bepaald door de jaarcyclus en door de levensfase van vee en akker. De maat en de regel van het werk worden niet aangegeven door de klok (zoals in de mijnen), noch door de bevelen van een baas (zoals op het landgoed), maar door het ritme van de seizoenen, het weer, de maanfase, door "het juiste moment" en door het beroep dat vee en akker op hem doen; door traditie en gebruiken die hij na moet komen; door het respect dat hij zijn ouders verschuldigd is; door de gemeenschap, de heilige plaatsen en de hele natuur die hem gadeslaan en hem vragen, desnoods aandringen met gevoelige aanmaningen. Doel van de arbeid is niet het verzamelen van rijkdom, noch het vruchtgenot (zoals in de consumptiemaatschappij), maar het levensonderhoud voor de familie en de gemeenschap. Doel is de subsistentie veilig te stellen en de continuiteit van het leven te garanderen, met vermijding van elk risico, en verder: de feestelijke consumptie die deel uitmaakt van zijn "aardse" liturgie. Niet alle werk is arbeid zoals God het wil. Waar de blanke verschijnt, als opzichter of werkgever, wordt het werk een straf en een vloek. De arbeid zoals God het wil, is de arbeid in de gemeenschap, op de akker en met het vee: daar is arbeid een rituele viering in het kader van zijn agrocentrische liturgie. In het feest bereikt de viering van de arbeid zijn hoogtepunt. Zijn arbeid is zijn leven, zijn vervulling en zijn vreugde. Door zijn werk, dat is door het leven op zijn akker en van zijn vee te verzorgen, laat de Indiaan zich voeden en opvoeden door het leven, aldus Grillo. Terwijl de protestantse puritein een eenzame, en individuele zwoeger is, bezorgd voor en gedreven door zijn zieleheil, werkt de Indiaan in gemeenschap (in ayni, minka en faena) en in dialoog met de Ayllu, de godenwereld en de natuur, om het leven in de wereld te verzorgen en te vernieuwen.

4. De kapitalistische opvatting van de arbeid mist elke religieuze motivatie en is louter economisch bepaald, dus één-dimensioneel. "Arbeid schept rijkdom en legitimeert eigendom", aldus J. Locke, die aan de oorsprong van deze opvatting staat, want al wat de mens door zijn inspanning en nijverheid aan de natuur ontrukt, behoort hem toe. A.

Smith, de geestelijke vader van het kapitalisme, beschouwt de arbeid louter als marktwaarde en definieert haar als een produktiefactor in de onderneming, welke op haar beurt winst als doel heeft. Arbeid is voor hem ook een bron van rijkdom en wordt in zijn systeem ook gereduceerd tot haar economische aspecten. Goederen worden bepaald door hun marktwaarde: zij zijn waard wat de arbeid die zij bevatten waard is. Zijn "homo economicus" is autonoom en niet aan ethiek onderworpen maar aan de wet van vraag en aanbod; dit is de onzichtbare hand die de economie regelt en de vooruitgang garandeert. Het doel van de "homo economicus" is rijkdom verzamelen, en deze wordt gedefinieerd als "geaccumuleerde arbeid". De leer van Taylor, een extreme vorm van industrieel kapitalisme, bewijst waartoe de één-dimensionele definitie van de arbeid kan leiden. De arbeider moet niet denken, maar alleen uitvoeren. Zijn eigen kennis is niet nuttig en vormt een hindernis. Hij is een radertje van het machinepark, dat tot doel heeft stereotypische voorwerpen te fabriceren. De arbeid begint en eindigt met de relatie tussen contributie en retributie, ofwel: prestatie en loon. Een groter verschil met de Indiaanse visie op arbeid is nauwelijks denkbaar. Daar staat de arbeid altijd onder ethische normen en in het kader van een godsdienstig wereldbeeld. Terwijl Smith de arbeid haar menselijke kwaliteit ontneemt, haar van de persoon van de arbeider scheidt en haar ontdoet van elke niet-economische zin, staat de indiaan nooit voor het probleem van de waardigheid en de menselijke zin van de arbeid. Deze is pluri-dimensioneel en heeft behalve economische zin ook sociale, ethische, religieuze, esthetische, affectieve en emotionele zin en waarde. De arbeid betekent voor hem de zin van het leven en is niet te scheiden van de persoon, van zijn familie en van zijn gemeenschap. Arbeid is geen voorwerp ("res") dat gekocht of gehuurd kan worden, maar een gemeenschapsfunctie in dienst van het leven. Loondienst blijft voor hem een vreemde zaak. Minka, ayni en faena, drie vormen van gemeenschapsarbeid, bepalen de sociale organisatie van de arbeid en laten geen vervreemding van de arbeid toe. Binnen zijn Ayllu is de Indiaan één met zijn werk en hij vindt erin zijn vervulling. Buiten de gemeenschap echter (waar hij de hacendado, de opkoper, de mesties, de rechter, de politie, de blanke tegenover zich treft) betekent arbeid voor hem doorgaans een onterende, degraderende exploitatie, als gevolg van een koloniale en racistische filosofie. Voor Taylor bestaat industrieel management in de juiste combinatie van alle mechanische elementen (inclusief de gestereotypeerde arbeid) om aan de norm van de grootst mogelijke winst te voldoen. Voor de Indiaan daarentegen is produktie "het leven verzorgen", en dat bestaat in een vruchtbare combinatie van organische en levende elementen uit het natuurlijk milieu en de menselijke arbeid, binnen het kader van zijn ethisch-religieuze normen. In de Indiaanse organisatie van de arbeid blijft de produktietechniek in haar beide dimensies, empirisch en symbolisch, in handen van de boer zelf, terwijl de planning van het produktieproces geschiedt vanuit de geritualiseerde traditionele kennis, die beheerd wordt door de gemeenschap als geheel. De niet-gespecialiseerde maar veelzijdige kennis van de Indiaanse boer gaat gepaard met zijn praktische arbeidservaring in de uitvoering van een produktieproces dat als organisch en biologisch wordt gezien. Het resultaat van zijn arbeid, het produkt, wordt gekenmerkt door originaliteit en enigheid, variatie, vakmanschap en menselijke schaal. Het draagt steeds de sporen van zijn natuurlijk milieu en is afgestemd op de economische, sociale en culturele behoeften van zijn gemeenschap.

5. Hegel en Marx definiëren de arbeid in meer positieve termen dan Smith en Taylor. Voor hen is arbeid niet louter een produktiefactor, bepaald door een marktwaarde, en ook niet een straf, maar een menselijke activiteit die een historisch, creatief en constructief proces voltrekt, intermenselijke relaties schept en de wereld vermenselijkt. Voor Hegel is een arbeidsobject niet een dood ding, maar een levende incarnatie van de arbeider, die er het zegel van zijn scheppend vermogen aan meegeeft. Marx hekelt fel de verwording van de menselijke arbeid die vervreemd is als gevolg van de industriële revolutie, de overmatige arbeidsdeling en de scheiding tussen kapitaal en arbeid, welke de arbeider tot slachtoffer maken van de produktieverhoudingen en van zijn eigen werk. Marx beschouwt de arbeid als het specifieke bestaansfundament van de mens. Wanneer de arbeider er in slaagt de vervreemding van zijn arbeid te overwinnen door de afschaffing van het kapitalisme, zal hij de oorspronkelijke zin van het bestaan herwinnen en zal de arbeid weer worden wat ze was: de menselijke activiteit waardoor de mens zijn vermogen ontplooit als schepper en omvormer van de wereld.

In de Indiaanse visie betekent de arbeid geen historie makende of wereld-herscheppende activiteit. Terwijl Marx zich laat leiden door een historische visie, een evolutietheorie en een utopie die geprojecteerd is in de toekomst, vindt de Indiaan zijn norm en zijn inspiratie voor een juiste opstelling bij zijn arbeid in een mythisch verleden en in een cyclische opvatting van de tijd waarbij het mythisch verleden periodiek hersteld wordt. Zijn oerbeeld van de arbeid is zuiver, is vastgesteld vanaf de grondlegging der wereld en is geldig voor altijd. Alleen gebrek aan verantwoordelijkheid en menselijk falen kunnen aan deze bestaanssituatie afbreuk doen, haar in gevaar brengen en zelfs laten instorten. Het gevaar van een breuk in de levensketen als gevolg van menselijk falen wordt bezworen door periodieke rituelen en offers aan Moeder Aarde, zoals de huilancha, het bloedoffer. Een van de doelen van deze produktierituelen is juist de correctie van de gemaakte fouten en het herstel van de zuiverheid in de relatie van de arbeidende mens met zijn natuurlijk en goddelijk milieu, ofwel, in meer indiaanse bewoordingen: door een offer aan de aarde zijn verhouding tot de akker, de Ayllu, de godheden en de natuur te zuiveren.

6. De opvatting van de arbeid volgens de katholieke kerk vinden we in de sociale encyclieken die steeds insisteren op de oude thema's: de bijbelse en thomistische uitgangspunten. Paus Leo XIII herinnert in *Rerum Novarum* (1891) aan het uitboetingskarakter van de arbeid, dringt aan op een harmonieuze samenleving van de christelijke gemeenschap en op het herstel van de waardigheid van de arbeid, die geheiligd is door het voorbeeld van Jezus, de arbeider van Nazaret. Paus Pius XI, in *Quadragesimo Anno* (1931), houdt vast aan de noodzakelijke ethische premissen tot oriëntatie van de arbeid en de economie. Paus Johannes XXIII herinnert er in *Mater et Magistra* (1961) opnieuw aan dat arbeid geen koopwaar is, maar uitdrukking van de menselijke persoon (een centrale stelling in de huidige arbeidstheologie) en stelt dat daarom de arbeid uitdrukking moet zijn van het initiatief van de arbeider en van zijn verantwoordelijkheidszin. Het tweede Vaticaans Concilie (1961-1965) herhaalt de personalistische opvatting van de arbeid, haar socialiserende en dienende functie. In zijn arbeid vervult de mens het gebod van Gen 1,28, "onderwerpt de aarde", en handelt hij in de lijn van de goddelijke scheppingsarbeid. Ook handelt hij in de lijn van het verlossingswerk van Christus, door zijn arbeidsinspanning als offer aan God op te dragen. In zijn encyclieken *Populorum Progressio* en *Octogesima adveniens* levert paus Paulus VI kritiek op de excessen van het privé-eigendom en stelt hij als hogere norm het gemeenschappelijk belang, terwijl hij ook de overmatige technificatie van de arbeid aanklaagt als ontmenselijkend en verwoestend voor de natuur. Paus Johannes Paulus II houdt vast aan de arbeid als motor van de technische en wetenschappelijke vooruitgang en van de culturele en morele ontwikkeling van de samenleving, dit met name in *Laborem Exercens* (1981). Hij interpreteert het gebod van Gen 1,28 ("onderwerpt de aarde") als een taak voor de mens om zich de aarde toe te eigenen, haar om te vormen en te controleren, en als de weg tot natuurlijke zelfrealisering van de mens. Hij waardeert het arbeidsvermogen van de mens (in *Sollicitudo Rei Socialis*, 1987) als een talent dat vrucht moet dragen in de vorm van ontwikkeling en vooruitgang (Mat 25,26-28). De laatste sociale encycliek van Johannes Paulus II, *Centesimus Annus*, die een herlezing en een actualisering is van de voorgaande documenten, verwerpt opnieuw het idee van de arbeid als koopwaar, de tegenstelling van kapitaal en arbeid, en de scheiding van de mens en zijn arbeid. De encycliek herhaalt ook de stellingen van het beperkte recht van privé-eigendom en de universele bestemming van de rijkdom van de aarde en klaagt de rampzalige schade aan die wordt toegebracht aan het natuurlijk en menselijk milieu door het misbruik van de rijkdom van de aarde en van het menselijk vermogen om haar te beheersen en om te vormen.

De bijbelse fundamenten die het meest worden genoemd in de sociale leer van de kerk zijn: Genesis (de natuur beheersen naar het voorbeeld van de Schepper; en de arbeid als straf voor de zonde) en de brieven van de apostel Paulus (verlossing en waardigheid van de arbeid in Jezus

Christus). De grondstellingen zijn: de arbeid is onvervreemdbaar eigen aan de menselijke persoon, heeft ethische premissen en is ondergeschikt aan het algemeen belang; arbeid is in wezen schepping, controle en omvorming van de natuur en zelfverwerkelijking van de mens. De punten in deze leer die het sterkst verschillen van de opvatting van de Hoogland Indianen, zijn: het uitboetingskarakter van de arbeid, het bijbels idee van de aarde te onderwerpen, het postulaat van het menselijk vermogen zich de natuur toe te eigenen met het doel haar om te vormen en te controleren. De Indiaan stelt daar tegenover de beschouwing (contemplatie) van de natuurlijke processen, het menselijk vermogen zich daarbij aan te passen en zijn roeping in harmonie te leven met zijn natuurlijk milieu. Uit zijn meditatieve benadering van het natuurlijk milieu ontstaat zijn twee-dimensionele technologie, zijn arbeidsethos en zijn wijsheid (of arbeidsfilosofie). De meest vertrouwde elementen uit de kerkelijke leer zijn voor de Indiaan: de harmonieuze samenleving van de mensenfamilie in de arbeid en de waardigheid van de arbeider die produceert in harmonie met Moeder Aarde, de geldigheid van een ethisch-religieus kader dat zijn normen oplegt aan de arbeid en de verwerping van het absoluut recht van het privé-eigendom, en, tenslotte, de eerbied voor het natuurlijk milieu (sallqa) dat onschendbaar is. Aan de top van zijn hiërarchie van natuurlijke waarden bevindt zich de "heilige Aarde"; het is echter geen "wereldse" waarde, want de aarde zelf is heilig en goddelijk, is een sacrament van Gods goedheid, en is vol van Gods aanwezigheid. De verantwoordelijkheid en de creativiteit van de Indiaan in zijn arbeid zijn niet gefundeerd in de opvatting van de menselijke persoon ("vrij en scheppend, als beeld van God") maar in zijn agrocentrische religie die hem radicaal en definitief verbindt aan de levensprocessen in het natuurlijk milieu, dat begrepen wordt als Moeder Aarde. Zijn arbeidsethiek en zijn twee-dimensionele technologie stemmen hem af op het natuurlijk milieu en zijn de reden waarom hij zich aanpast aan het milieu in plaats van het te schaden, geweld aan te doen of te verwoesten. Terwijl volgens de kerkelijke leer een kenmerk van de menselijke arbeid is (of moet zijn) de broederschap en de saamhorigheid van de mensenfamilie die zichtbaar wordt in de eucharistie, drukt de Indiaan het aspect van solidariteit uit door zijn communautaire arbeidsorganisatie en door de gemeenschappelijke feestelijke vertering van de produkten. Zijn gemeenschapssacrament (soms proto-eucharistie genoemd) is de huilancha bij gelegenheid van zijn voornaamste feesten.

Besluit

De Indiaanse opvatting van arbeid heeft als achtergrond een religieus wereldbeeld: een wereld die levend, heilig en goddelijk is; een wereld die ook moederlijk is en ongebroken door de tegenstelling tussen geest en stof, godsdienst en techniek, religie en economie, niet verscheurd door de scheiding tussen de mens en zijn arbeid. Uit deze visie op arbeid kon zich een technologie ontwikkelen die twee-dimensioneel is en naast een empirische dimensie ook een religieuze dimensie heeft. Arbeid zelf is voor de Aymara "het leven van de wereld verzorgen", maar dan leven in de volle zin: biologisch, ecologisch, menselijk en geestelijk. Arbeid is alleen zinvol als religieuze activiteit, in gemeenschapsverband, en als dialoog en uitwisseling met de wilde natuur en met het goddelijk milieu. Arbeid is daarom contemplatie, meditatie en viering, en convergeert steeds in de Chacra, welke de rang van tempel heeft: de akker is de eerste en de oudste cultusplaats en het voortdurend ontmoetingspunt tussen de drie gemeenschappen: Ayllu, Sallqa en Huacas. Arbeid en technologie zijn mens- en milieuvriendelijk dank zij het bewustzijn van de goddelijke immanentie en dank zij de visie van een ongebroken wereld. Arbeid en technologie kunnen niet voeren tot misbruik van de aarde of het leven, tot verbrassing van haar rijkdom of tot consumisme. Zij kunnen echter wel, blijkens de geschiedenis, een overvloedige voedselproduktie opleveren in een bijzonder karig en weerbarstig natuurlijk milieu, en dit zonder het spook van de vervreemding van de arbeid op te roepen. Dit alles betekent niet een suggestie om de geschiedenis vijfhonderd jaar terug te draaien, of om de Indiaanse cultuur over te nemen, maar wel een suggestie om onze enorme sociale, economische en ecologische problemen meer kritisch en radicaal te bestuderen en ons met nieuwe inspiratie te wijden aan de thematiek van de "heelheid der schepping".

Bibliografie

ALVARES, C., *Homo Faber: Technology and Culture in India, China and the West*, Den Haag, Nijhoff, 1980.

BERG, J. VAN DEN, *"La tierra no da así no mas". los ritos agrícolas en la religión de los aymara-cristianos*, Amsterdam, CEDLA, 1989.

GRILLO, E., *La cosmovisión andina de siempre y la cosmología occidental moderna* (Documentos de Estudio, 21), Lima, PRATEC, 1991.

HOPENHAYN, M., *El trabajo. Itinerario de un concepto*, Santiago, PET/CEPAUR, 1988.

IRARRÁZAVAL, D., *Teología aymara: implicancias para otras teologías*, Congrespaper, Segundo Encuentro de Teología Andina, Viacha-La Paz (Bol.) 4-8 nov. 1991.

IRARRÁZAVAL, D., *Sincretismo indígena, negro, mestizo, en la religión mariana*, Congrespaper, Segundo Encuentro de Teología Andina, Viacha-La Paz (Bol.) 4-8 nov. 1991.

KESSEL, J. VAN, *La pictografía rupestre como imagen votiva. Un intento de interpretación antropológica*, in *Homenaje al Dr. Gustavo le Paige, SJ*, Antofagasta, U. del Norte, 1976, 227-244.

KESSEL, J. VAN, *Holocausto al progreso: los Aymaras de Tarapac*, Amsterdam, Ed. CEDLA, 1980.

KESSEL, J. VAN, *El pago a la Tierra: porque el desarrollo lo exije*, in EL CANELO. *Revista Chilena de Desarrollo Local* 4 (1989) nr. 2, 20-25.

KESSEL, J. VAN, *Herwaarderen om te herleven: produktieritueel en technologisch betoog bij de Andesvolken*, in *Derde Wereld* 9 (1990) nr. 1-2, 77-97.
KESSEL, J. VAN, *Tecnologa aymara: Un enfoque cultural*, 2de ed., Puno, CIDSA, CICTEC nr. 3, 1991.
KESSEL, J. VAN, *Ritual de producción y discurso tecnológico andino*, Puno, CIDSA, CICTEC nr. 5, 1991.
KESSEL, J. VAN, en P. ENRÍQUEZ, *La expansión de la frontera agrícola andina hacia arriba: la lucha contra heladas y granizadas*, in *La Visión India* (Indiaanse Studies, 3), Leiden, Ed. Musiro – Rijks Universiteit Leiden, 1989, 345-379.
KUSCH R., *El pensamiento indígena americano*, Puebla, 1970.
LLANQUE, D., *La experiencia cosmológica de Dios en la religiosidad aymara*, Congrespaper, Segundo Encuentro de Teología Andina, Viacha-La Paz (Bol.) 4-8 nov. 1991.
LLANQUE, D., *Los ritos y las creencias aymaras*, Congrespaper, Segundo Encuentro de Teología Andina, Viacha-La Paz (Bol.) 4-8 nov. 1991.
MARCUSE, H., *One-Dimensional Man: Studies in the Ideology of Advanced Industrial Society*, Boston, 1964.
MONTES RUIZ, F., *La máscara de piedra. Simbolismo y personalidad aymaras en la historia*, La Paz, 1986.
RENGIFO, G., *Prueba y diálogo en la cultura andina; experimentación y extensión en Occidente moderno*, in PRATEC: *Cultura andina agrocéntrica*, Lima, 209-242.

Dalweg 26
NL-7122 BC Aalten

Joop VAN KESSEL

HUILANCHA

HET BLOEDOFFER VAN DE HOOGLAND INDIANEN AAN MOEDER AARDE

Inleiding

De acht miljoen Aymara Indianen van Bolivia, Noord-Chili, Noordwest-Argentinië en Zuid-Peru, zijn Hoogland Indianen, die een tijd lang deel uitmaakten van het Incarijk. Hun godsdienst was en is nog steeds sterk agrocentrisch. Hun belangrijkste godheid was Pachamama, Moeder Aarde. Tijdens de Inca-overheersing (1460-1534) werd zij gedomineerd door de zonnegod Inti. Zij kwam in de Inca-theologie op een tweede, eervolle plaats. Ze werd niet onderdrukt, en ze moest niet vluchten in de clandestiniteit. Nog later, vanaf 1534, moesten beiden de opperheerschappij van de christelijke God erkennen, die bij de verovering van Zuid-Amerika de sterkste bleek. Van belang is dat in de ogen en in de godsdienst van de Hoogland Indianen de autochtone godheden door de Conquista en de gedwongen kerstening wel onder toezicht werden gesteld, maar niet hun eigen terrein, hun competentie en hun functie verloren. Door de bloedige onderdrukking en de kerkelijke campagnes ter uitroeiing van de afgoderij kwam Pachamama met haar cultus wel in de clandestiniteit terecht. Na 1650 werd de term idolatrie steeds minder gebruikt voor de cultus aan Moeder Aarde: het werd bijgeloof genoemd en later onwetendheid of primitivisme. Voor de Aymara's zijn Moeder Aarde en heel het autochtone pantheon nog steeds "dienaren van de Heer". Op de vraag: "Wie is nu eigenlijk degene die alles geschapen heeft?", kreeg ik herhaaldelijk het antwoord: "El Señor ordena y la Santa Tierra da, entrega todo lo que tiene", "De Heer beveelt en de Heilige Aarde schenkt alles wat ze heeft (aan leven)".

Het hier beschreven ritueel is de variant die men kan aantreffen in de Hoogvlakte van Tarapac, Noord-Chili. Het floreo-feest en het bloedoffer voor Moeder Aarde is voor de Aymara even legitiem als het vieren van de verjaardag van de eigen ouders: God voelt er zich niet door tekort gedaan en vraagt het ons zelfs, blijkens het vierde gebod van de decaloog. Veel priesters, speciaal in Chili, zijn het daarmee echter nog altijd niet eens, en anderen tolereren het als onwetendheid, bijgelovigheid of als een kinderlijk geloof dat tot volwassenheid moet worden gebracht. Voor zeer velen, met name ook dorpsonderwijzers van Tarapac, is het geloof aan Pachamama, en de Aymara-cultuur als geheel, onverenigbaar met de "Chilenidad", de Chileense volksaard en cultuur. Niet-katholieke kerken en sekten beschouwen de huilancha doorgaans als duivelse afgoderij, evenals de eerste Spaanse missionarissen, bekend als de bloedige uitroeiers van de idolatrie. Het godsdienstig verleden van Amerika is een blinde vlek in de Latijnsamerikaanse theologie en wordt nog steeds niet relevant geacht voor de heilsgeschiedenis. Dit toont aan, volgens Suess[1], hoezeer de koloniale situatie met betrekking tot cultuur en godsdienst voor de inheemse volkeren voortduurt, en welke sociaal-culturele en theologische plaats zij innemen in de kerk (de plaats van licht onder de korenmaat!). Ik wil uw aandacht vragen voor de Indiaanse christenen, en tevens voor het probleem van de koloniale erfenis van de officiële Ibero-amerikaanse kerk die momenteel moeizaam enkele zwakke en sporadische pogingen doet tot daadwerkelijke inculturatie.

1. Het bloedoffer bij de Aymara's

Het cultuurvolk van de Hoogland Indianen omvat niet alleen acht miljoen Aymara's, maar ook vijftien miljoen Quechwas die in de bergen leven, en nog eens veertien miljoen die in grotere of kleinere steden wonen. Ik beschrijf hier het bloedoffer, of huilancha, zoals dat in Lirima, een van de vele gemeenschappen van lamaherders in Noord-Chili, gebruikelijk is. De opzet hiervan is, het godsdienstig syncretisme van de Andesvolkeren in praktijk te zien. De huilancha is een belangrijke religieuze viering onder de Aymara's. Het offer is vooral gebruikelijk bij gelegenheid van de jaarlijkse floreo, het feest "ter ere van de kudde". Het wordt gevierd in januari, de vruchtbare regentijd wanneer de lammeren geboren worden en Moeder Aarde overvloedig voedsel schenkt. Het is een hoogtepunt van het jaar in de herdersgemeenschap die doorgaans bestaat uit vijftien verwante gezinnen. Er worden ook familieleden en vrienden van andere gemeenschappen uitgenodigd. Het offer is een onderdeel van het feest en is verweven met tal van andere ceremonies die ruim twee dagen beslaan en o.a. een nachtelijke herdenking van de voorouders omvatten (die van Moeder Aarde de kudde hebben ontvangen om haar te hoeden en door te geven aan de huidige generatie); het oormerken van de eenjarige dieren; en de selectie van toekomstige fokstieren (in de vorm van een symbolisch huwelijk in de cancha). De cancha is de omheinde ruimte die als nachtverblijf, als "woonhuis", van de kudde geldt. Het is een van de belangrijkste cultusplaatsen.

Het offer wordt niet voltrokken door een priester of religieuze leider. Het betreft een roterende functie. De handelende personen zijn, in hiërarchische volgorde: 1. de herders of eigenaars van de kudde; 2. de

1. P. SUESS, *Mediaciones metodológicas de la teología cristiana como presupuestos para la práctica misionera*, in CENAMI (ed.), *Teología India. Primer Encuentro Taller Latinoamericano*, Mexico, Cenami-Abya-Yala, 81-128, p. 101.

offeraar, met zijn assistent en twee kinderen; 3. de herdersgemeenschap als geheel, waarvan velen met een actieve taak in de cultus; 4. de gasten, ook actief betrokken bij het offer. Het offerdier is een eenjarige witte hengst, daags tevoren afgezonderd en versierd met veelkleurige wollen bloemen.

's Morgens voor zonsopgang vertrekt er een muzikale processie in danspas, met witte vlaggen en met alle andere cultusbenodigdheden naar de cancha, de herder en zijn vrouw voorop, geflankeerd door twee witte vlaggen. In het midden van de cancha bevindt zich een offersteen die een kleine ondergrondse tabernakelruimte afdekt, en waarop copal, een geurig kruid met lamavet en suiker, wordt gebrand als hulde aan Moeder Aarde, aan de cancha (als baarmoeder en huis van de kudde) en aan de kudde zelf die er woont. Dan wordt er coca uitgewisseld en een slokje likeur gedronken, een ritueel op zich en een onmisbare sfeermaker voor dit intieme religieuze gebeuren. Coca is een heilig kruid met een profetische functie, als spreekbuis van Moeder Aarde. De blaadjes worden met veel respect gehanteerd en gebruikt. Muziek en dans gaan voort terwijl de offertafel wordt gereedgemaakt. Dit is een rituele, handgeweven wollen doek die op de grond, de "heilige Aarde" wordt uitgespreid aan de oostzijde van de offersteen. Daarop wordt de offermaaltijd voor Moeder Aarde (Pachamama) aangericht: vier kruikjes met verschillende offerdranken – cocktails, elk met tal van symbolisch geladen ingrediënten. De eerste is voor Moeder Aarde, de tweede voor de Heer, aanwezig in de zon, de derde voor de berggeesten en de vierde voor de heilige plaatsen in de omgeving waar het vee bij voorkeur graast, zoals bronnen of bofedales, zo heten de zompige graslanden langs de rivierbedding. Verder zijn er: bloemen, zilver- en goudpapier, enkele munten, cocablaadjes en suikergoed, een flesje met pure alcohol en een met wijn, en een zilveren bekertje, het slachtmes en een lepel, zo mogelijk ook van zilver.

Het offerdier wordt in geknielde houding naast deze tafel geplaatst en vervolgens besprenkeld met likeur en cocablaadjes, terwijl heilwensen en hoopvolle verwachtingen worden uitgesproken. Iedere deelnemer heeft daartoe zijn cocatasje, een fles wijn of likeur en een klein zilveren bekertje bij zich. Vervolgens wisselt elke gast coca en likeur uit met de gastheren, de eigenaars van de kudde; het is een belangrijke uitdrukking van respect, vriendschap en harmonie. Aan het einde van iedere fase is er een pauze met muziek en dans, waarbij de kudde wordt bezongen.

Het wachten is op de zonsopgang. Wanneer die aan de horizon verschijnt, knielt het herderspaar voor de offerdoek – en naast hen alle deelnemers – om wierook te branden voor de Heer en hem toestemming te vragen voor dit offer aan Moeder Aarde. Bedoeld is: Christus, of de Schepper van alle dingen. De zonsopgang is zijn beeld en het symbool van zijn aanwezigheid: een zeer heilig moment, en een ware theofanie. De vuurpot met wierook gaat van hand tot hand terwijl elk op zijn beurt, in diepe eerbied en halfluid, een geïmproviseerd gebed uitspreekt. Men vraagt toestemming tot het offer en vergiffenis voor mogelijke rituele tekorten en fouten; men bidt om zegen, bescherming tegen ziekten, om welzijn, regen, vruchtbaarheid voor de kudde. Het herderspaar laat twee kinderen, geknield, de cocktails offeren: een jongen schept drie lepels van de offerdrank bestemd voor de zon en de bergen en werpt ze in de richting van het oosten en van de bergen onder aanroeping van hun cultusnaam. Een meisje doet hetzelfde voor de Aarde en de heilige plaatsen. De cultusleider geeft vervolgens de kinderen een lepel van elk van de dranken in de mond, en daarna ontvangen de herders, en dan alle aanwezigen, hun "reliquia". Alcohol en wijn worden geplengd en de overige elementen worden eveneens in de richting van het oosten geworpen. Deze offer- en communieritus heeft geknield plaats.

Vervolgens wordt het offerdier geslacht. Keel en nekwervel worden doorgesneden en onmiddellijk daarna wordt heel snel het hart uit de borst gesneden. Het bloed wordt met het zilveren bekertje uitgesprenkeld onder het eerbiedig uitspreken van de namen van de Aarde, de bronnen en de bergen, terwijl de offeraar het bloedig en nog kloppend hart met beide handen omhoog heft naar het oosten. Alles gebeurt in geknielde houding en met de diepste eerbied. Het hart wordt in de tabernakelkuil geplaatst, samen met maïsmeel, cocablaadjes, lamavet en een ei, en vervolgens besprenkeld met alcohol en bloemblaadjes. Daarna verwijderen allen zich zo snel mogelijk uit eerbied voor de Heilige Aarde en de berggeesten die het offer tot zich nemen.

Na ongeveer vijf minuten keert men terug in de cancha en men omhelst elkaar opnieuw met een vredewens: een gelukkig en vreugdevol moment dat een diep religieuze en intens beleefde ceremonie van ongeveer twee uur besluit. De longen van het dier worden tevoorschijn gehaald en vol lucht geblazen, en er worden tekenen van aanvaarding gelezen in kleur en vorm van de gezwollen aderen. Na een kwartiertje vertrekt de karavaan met muziek naar het huis van de herder, terwijl twee jongens achterblijven om het dier te villen en verder te slachten zonder daarbij de botten te breken. De dag verloopt in een reeks van ceremonies, te veel om te vertellen. De vrouwen bereiden de offermaaltijd, een waar festijn, dat in de patio van de herderswoning gezamenlijk wordt genuttigd, op de grond gezeten aan een lange 'tafel' van wollen doeken die op de grond zijn uitgespreid. Alle vlees moet worden opgegeten; er mag niets overblijven. De botten worden zorgvuldig teruggelegd en bewaard, om de volgende dag ritueel te worden verbrand of begraven, in de vorm van een volledig skelet. Dood en begrafenis, ook van het offerdier, zijn het zaad in de Aarde en het begin van nieuw en overvloedig leven voor de kudde, dankzij de eeuwige vruchtbaarheid van Moeder Aarde.

Opmerkingen

1. Context en creativiteit

De huilancha is slechts een onderdeel, maar wel een hoogtepunt, van het jaarlijks lamafeest dat de herder viert uit dankbaarheid aan Moeder

Aarde, de bron van alle leven, en ter ere van zijn kudde. Het floreo-feest is op zijn beurt een onderdeel en een hoogtepunt van een jaarlijkse liturgische cyclus met tal van religieuze vieringen, grote en kleine. Het bloedoffer is algemeen gebruikelijk onder de Aymara-Indianen. Het wordt uitgevoerd in tal van rituele varianten, als gevolg van een grote vrijheid en buitengewone creativiteit in het hanteren van riten en symbolen; als gevolg ook van het belang dat men stelt in een cultus die aan de lokale ecologische situatie is aangepast, alsook aan de familietraditie en de zorgen en behoeften van de offerende gemeenschap. De gehanteerde symbolen zijn talrijk en algemeen bekend. De cultusleider heeft een zekere keuzevrijheid en ook voor de invulling van de concrete betekenis der symbolen bestaat enige marge van vrijheid naargelang de situatie. De symbolen vormen het vocabularium van de cultus. Maar de taal, het argument, het gebed is levend en wisselend en wordt bezield door de religieuze inspiratie van de cultusleider en van de cultusgemeenschap.

2. Huilancha voor Maria en voor de Heer

Lirima valt onder het kerkdorp Cultane. Evenals in alle grotere dorpen, waar een kerk is met een patroonheilige, is het patroonsfeest van Cultane – 2 februari, Maria-Lichtmis – een liturgisch hoogtepunt. Daarbij hoort eveneens een bloedoffer, in dit geval ter ere van Maria. Het algemeen moederschap van Maria wordt beschouwd in dezelfde lijn als het algemeen moederschap van de Aarde en het wordt gevierd met hetzelfde "vocabularium" van cultussymbolen en rituelen, die creatief gehanteerd worden om een welsprekende dialoog met Maria te voeren. De Uywiri, een van de vier beschermgeesten van het dorp Cultane, is een heilige plaats aan de rivier die de vruchtbaarheid van de Aarde symboliseert. In Cultane is deze Uywiri of "calvario" de cultusplaats voor de huilancha. Er staat een tempeltje en een kruis. Niet alleen Pachamama en Maria ontvangen hun bloedoffer. Ook de zonnegod Inti, de wereldmaker Pachakamak en de cultuurgod Wiracocha ontvingen bloedoffers. Zij zijn de hoofdfiguren van regionale scheppingsmythen. Zoals Maria door de Aymara's begrepen en vereerd werd vanuit de mythe en de riten rond Pachamama, zo ook werd de figuur van de Schepper en van Christus begrepen en vereerd vanuit deze scheppingsmythen en het ritueel dat eraan beantwoordde. Vandaar dat ook de patroonheiligen van de dorpsparochies hun huilancha kunnen ontvangen. In herdersgemeenschappen waar geen kerk is, kan Pasen ook gevierd worden met een bloedoffer ter ere van "de Heer", het "Lam Gods dat de zonden der wereld wegneemt", en wiens bloed, gestort op Golgotha, nieuw leven heeft geschonken aan de mensheid en aan de Aarde, fysiek en geestelijk. In dit geval wordt niet een lama als offerdier gebruikt, maar een wit lam. Er wordt uitsluitend wierook gebruikt, geen copal, en het kruis bevindt zich op de offertafel. Verder staan op de offertafel slechts twee cocktaildranken, bestemd voor de Heer en voor Maria. Omdat in de Andes alles paarsgewijs gebeurt en omdat niemand volledig is zonder zijn echtgenoot of "segundo", wordt Maria beschouwd als de begeleidster van de Heer, hetgeen overeenkomt met de johanneïsche kruistheologie: Maria staande onder het kruis, "als medeverlosseres", zoals wij nog niet zo lang geleden zegden. In het geval van Pasen en van het patroonsfeest heeft ook een zware penitentie-rite plaats op de calvarieberg, voorafgegaan door vasten, vergezeld van smeekbeden om barmhartigheid en vergeving van zonden, en besloten met een omhelzing als teken van vrede, verzoening en harmonie.

3. Pacha betekent wereld, of aarde, in dubbele zin: als universele ruimte en als universele tijd. Het is ook "tijdperk". De pacha omvat drie niveaus: 1. Arajpacha: de bovenwereld, dat is de eigen wereld van zon, maan en sterren, gezien als levende wezens. Arajpacha vormde tijdens het Inca-tijdperk de "hemel" van de opperste zonnegod, Inti, en later de christelijke hemel, het domein van God, Maria, engelen en heiligen; 2. Manqhapacha, de ruimte van de geesten die metalen en mineralen beheren, later als onderwereld en als hel geherinterpreteerd; 3. Akapacha: onze wereld hier, waar Pachamama de belangrijkste godheid vormt. Zij is een vrouwelijke figuur, een godheid die de schepping voltrekt, niet als maker, maar als moeder van alle dingen, en als maagdelijke baarster. Haar eigen naam is nog steeds "Santa Vergina". Pachamama is de levende Aarde, de natuur als ecologisch systeem, maar gepersonifieerd, gerespecteerd, vereerd en bemind als de moeder van alle leven. Hoewel er geen beelden van haar gemaakt worden, stelt men zich haar voor als een voedster, een Indiaanse vrouw, die een kind op haar rug draagt en voedt of die in haar draagdoek allerlei geneeskrachtige en voedzame planten draagt. De Aarde geweld aandoen, moedwillig beschadigen, verwoesten, is zichzelf verwoesten. De relatie tot haar is er een van kinderlijke aanhankelijkheid. Een gemeenschap zonder territorium bestaat niet. Een Aymara zonder land is een boom zonder wortels en zonder leven. Als hij land of vee heeft, is hij geen eigenaar maar verzorger, met vruchtgebruik en in opdracht van Moeder Aarde. Hij voelt zich mede-schepsel, of broer van de dingen en wezens in de natuur, maar geen eigenaar, zoals de westerse mens.

4. De Heer, of Wiracocha, is de aanspreektitel van de Zon en tevens de naam van de belangrijkste cultuurgod, die de mensen het landwerk, het wonen, weven en koken heeft geleerd. Wiracocha is door veel van de eerste missionarissen verworpen als afgod maar door anderen erkend als de christelijke schepper, die zou zijn verkondigd door de Heilige Thomas, de apostel die volgens de overlevering in Indië het evangelie zou hebben gebracht. Onder de Hoogland Indianen van het Andesgebied van Noord-Peru en Ecuador is Pachakamak, de maker van de wereld, een centrale mythologische figuur, die ook vanouds door de Spaanse missionarissen erkend werd als de bijbelse schepper. Hij wordt ook in de zon vereerd.

Men zegt nu: Wiracocha, Inti en Pachakamak zijn "zaden van het Woord".

5. Achachilas, berggeesten, zijn de behoeders van de gemeenschap en de beheerders van hun 'voorraadschuren', de natuurlijke hulpbronnen. Hun figuur en functie doet denken aan die van machtige en geduchte bewaarengelen en aan de Heerschappijen en de Machten waarvan St.-Paulus spreekt. Ook zij zijn onder de soevereine heerschappij van de Heer gesteld, zoals St.-Paulus schrijft. De Achachilas zijn emanaties en lokale verschijningen van Moeder Aarde, de bergen zowel als de heilige plaatsen in het veld, zoals bronnen en vruchtbare drassige weiden aan de lage rivieroevers, symbool van vruchtbaarheid. Deze heilige of "sterke" plaatsen hebben allemaal hun eigen naam en persoonlijkheid. Al deze geesten worden herdacht en geëerd ter gelegenheid van de huilancha, en eveneens bij het bloedoffer ter ere van de Heer en van Maria.

6. Nieuw leven
Het bloedoffer is een "pago a la tierra": een geschenk uit dankbaarheid aan Moeder Aarde volgens het principe van de wederkerigheidsplicht en de solidariteit die de Aymara bindt aan zijn natuurlijk milieu. Daarmee stimuleert de herder de vruchtbaarheid van de Aarde, hoopt hij dat de kudde zich vermeerdert en vrijblijft van ziekte en van verlies door condor, vos en poema. Leven en welzijn is een gunst om dankbaar voor te zijn. De levenscyclus van de kudde wordt voortgezet. Nieuw leven rijst op uit de rituele dood. Aardappelen poten, quinua zaaien, maar ook een bloedoffer brengen, evenzeer als een gestorvene begraven, is steeds: het leven vermeerderen, de vruchtbaarheid van de Aarde stimuleren, het zaad voor nieuw leven aan haar toevertrouwen in de verwachting van de verrijzenis. In deze context is "verrijzenis" geen eschatologisch begrip; het is een smeekoffer en een uitdrukking van vertrouwen in God en zijn Heilige Aarde dat een nieuwe aardse levenscyclus zal volgen. Dit gelovig vertrouwen op het natuurlijk wonder van het leven dat zich vernieuwt, is ontegenzeglijk een "preámbulo" voor het geloof in de verrijzenis van Christus, zijn wederkomst en de opstanding der doden.

7. Produktieritueel
De huilancha wordt een produktieritueel genoemd. Alle economische activiteiten van de Aymara's gaan in principe vergezeld van produktierituelen, zozeer dat men ze moet beschouwen als een onderdeel, liever nog een dimensie, van de Aymara technologie. "Symbolische technologie" is daarom een geschikte term voor deze produktierituelen. Arbeid en produktie betreffen steeds: het leven verzorgen en doen gedijen. Alles heeft leven: de Aarde en de akker, het vee en het huis, de rivier en het water, bomen, stenen en bergen. De arbeidende Europeaan definieert zichzelf als "homo faber": een maker van artefacten; de Aymara daarentegen beschouwt zich als "partero" van Moeder Aarde: als vroed-

man/vrouw, die het nieuwe leven helpt baren, om het te verzorgen met respect, liefde en dankbaarheid. Zijn begrip van arbeid is niet beperkt tot één dimensie, de economische. Werken is allereerst een religieuze activiteit, hoewel daarom niet minder vermoeiend en uitputtend en evenzeer gericht op een economisch produkt. Werk eindigt steeds in feest, dat is: herschepping, "re-creo". Het floreo-feest is de bekroning van een verzorging van het leven, van kudde en veld doorheen het jaar. Oogstfeest en zaaifeest komen erin samen. De huilancha vormt het mysterievolle begin van de nieuwe levenscyclus, is dankoffer voor het leven en tevens uitdrukking van verrijzenisgeloof.

Besluit

Bij wijze van omschrijving van de huilancha kan men zeggen dat het een plechtig collectief ritueel is waarin het bloed van een lama, symbool van leven, geofferd wordt aan Moeder Aarde, als dank voor het leven en ter verkrijging van nieuw leven en vruchtbaarheid voor land, vee en mensengemeenschap. Door Aymara christenen wordt deze cultus aan de Aarde beschouwd als "juist en nodig, terecht en heilzaam, en verenigbaar met het bijbels christelijk geloof". Het ritueel wordt voltrokken "met permissie van de Heer", die gesteld is boven de Aarde. De huilancha is ook te hanteren bij wijze van offer aan God, de Heer der schepping, met referentie aan Christus, zijn kruisdood en de Eucharistie. In de Aymara-gemeenschap bezit het bloedoffer een buitengewoon sterke uitdrukkingskracht als religieus symbool; symbool in de zin van 'sacrament' en met een sacramentele structuur: een zichtbare uitdrukking die verwijst naar een onzichtbare geestelijke werkelijkheid en die, gehanteerd in een geloofssituatie, het geestelijk effect heeft dat erdoor wordt uitgedrukt: communie met God – al of niet middels Moeder Aarde of Maria – en communie met de cultusgemeenschap van mede-christenen, in het perspectief van het kruisoffer. Dit 'perspectief' wil zeggen: niet als sacramentele vernieuwing/tegenwoordigstelling van het kruisoffer, maar als anticipatie erop in de zin zoals het oudtestamentisch paaslam, en als een paraliturgische herdenking van het kruisoffer. Vandaar dat men de termen proto-sacrament en proto-eucharistie hoort, in pogingen van lokale theologen en pastores om het godsdienstig leven van de Aymara christenen te evalueren en te waarderen. Ook wordt steeds vaker gesproken van de "eigen weg" of de "eigen heilsgeschiedenis" of het "eigen Oude Testament" van de Andesvolkeren, dat in de kerstening zijn vervulling vindt. Dit beeld legitimeert impliciet de autochtone mythologie en rituelen zoals de huilancha, evenals ook het Oude Testament zijn waarde als goddelijke openbaring behoudt voor christenen. Door de huilancha op te nemen in de christelijke cultus, behoudt de Aymara christen zijn identiteit en de kerk.

2. Theologische reflectie

Naar het gevoel van de betrokken Aymara's zijn hun "costumbres" (gebruiken – met dit eufemisme camoufleren zij nog steeds hun autochtone rituelen) al lang geïntegreerd in een eigen Aymara christendom. Vraag is evenwel: hoe kan de huilancha, en de autochtone godsdienst in het algemeen, gelegitimeerd worden, theologisch en kerkelijk? Wie zal de reflectie van de Aymara christenen over hun religieuze expressie theologisch begeleiden? De laatste vijf jaar hebben priesters en leken vanuit het Andespastoraat de reflectie over deze vragen ingezet, getuige een vijftal internationale ontmoetingen. Deze reflectie overziende kan men enige consensus en enige topics vaststellen en ook enige argumenten vernemen die met klem gehanteerd worden. Bekend is de leer van de drievoudige openbaring: in de natuur, in de geschiedenis van Israël en in de persoon van Jezus Christus. In deze visie zou de huilancha een authentiek religieus antwoord betekenen op de natuurlijke godsopenbaring. Steeds vaker tijdens de congressen over "Cultuur en Theologie van de Andes" verneemt men ook de theorie van het "eigen Oude Testament" van de Andesvolkeren: mythologie, ritueel en geschiedenis van deze volkeren wil men zien als een eigen weg naar de volheid van de openbaring in Christus, deels parallel aan de weg van Israël. Deze tendens blijkt ook uit het gebruik van teksten uit de Andesmythologie en de Popul Vuh, het heilige boek van de Maya's, in liturgische vieringen, als eerste lezing, voorafgaand aan de evangelieperikoop. Op deze wijze wil men de oorspronkelijke godsdienst beschouwen en waarderen als een eigen voorgeschiedenis ("preámbulo") die, evenals de geschiedenis van het volk van Israël, voert tot de volheid van het christendom. Het Oude Testament – het Boek van Israël – blijft daarbij, voor hen evenals voor ons, westerlingen, een spiegel ter bevestiging (wij bidden nog steeds de psalmen en lezen nog steeds de profeten), maar dat betekent niet dat de besnijdenis vereist is voor het doopsel. De kwalificering als 'eigen Oude Testament' zou in feite betekenen: de theologische erkenning van de vóórchristelijke Andesgodsdienst als het geheel van 'zaden van het Woord', en het einde van diskwalificatie als: "gevaarlijk syncretisme, afwijking van de waarheid en onzuiver christendom". Het zou de weg openen naar erkenning van het Andeschristendom als een legitieme variant van het universeel – 'katholiek' – christendom, in principe even rechtmatig en waardevol als de Oosterse riten en als de Romeinse variant van het katholicisme. Als voor de Romeinse christenen de besnijdenis niet vereist is voor het doopsel en de verlossing in Christus, dan is voor de Aymara christenen de Romeinse cultuur en liturgie ook niet vereist als noodzakelijke heilsweg ter verlossing in Christus. Daarentegen is het voor de verlossing van de Aymara christenen als volk wel een vereiste dat hun cultuur en hun natuurlijke religie 'opgenomen' worden, en niet vernietigd, noch gediscrimineerd, miskend of doodgezwegen, volgens het principe dat Ireneüs formuleerde en dat in het document van Puebla wordt toegepast op het pastoraat onder de autochtone volkeren van Latijns-Amerika: "Wat niet wordt opgenomen, wordt ook niet verlost". Gustavo Gutiérrez stemt in een congresbijdrage in met de waardering van de oorspronkelijke Andesgodsdienst als 'eigen Oude Testament', maar merkt op: "Deze voorstelling is waardevol maar stelt andere punten in de schaduw. De Andesreligie is méér dan alleen 'eigen Oude Testament', en 'preámbulo op het evangelie'. Ze bevat ook centrale evangelische waarden, als de relatie mens-milieu en de actieve aanwezigheid van God en Christus in natuur, samenleving en economie, en de verlossende kracht van hun sociale waarden van gemeenschap, vriendschap en familieband. Dit is niet slechts 'preámbulo'; het zijn centrale waarden van het christendom"[2]. Domingo Llanque is één van de vier of vijf Aymara priesters onder de zeven miljoen katholieke Aymara's. Hun getal is tekenend: na vijfhonderd jaar christendom is er, per miljoen katholieke Aymara's, minder dan één van hen door de kerk tot priester geroepen. Als vertegenwoordiger van de Aymara godsdienst en als priester, heeft Llanque herhaalde malen de Aarde in de religieuze beleving van de Aymara's geïnterpreteerd als sacrament van de godsontmoeting. Voor de Hoogland Indiaan met zijn zeer oude agrarische traditie is de aarde het sacrament van het leven dat van God komt. Het leven in en om hem heen is voor hem het grote mysterie, het heiligste dat bestaat. De historische godservaring van de Aymara's als agrarisch volk heeft zich voltrokken in direct, intiem contact met de Aarde, de akker en het vee. "De akker en de weidegrond is het sacrament, waar de intieme en rituele dialoog plaats heeft tussen God en de Aymara. 'Tatitu Kullana Awki' is voor hem tegenwoordig in de Pachamama en in het zaad dat hij de Aarde toevertrouwt. De liefde, het gelaat van God wordt concreet in de vruchten van zijn akker"[3]. De Aarde zelf is "vol van Gods aanwezigheid" en is zelf "goddelijk". De Heilige Aarde is voor de Aymara een bijbel, een open boek voor contemplatie en meditatie, een wegwijzer om een goed, geordend en geheiligd leven te leiden, om een geritualiseerd en arbeidzaam bestaan te voeren in permanente dialoog met zijn akker, met de sterren en de natuur, de gewassen en het vee.

In zijn behoefte aan legitimering interpreteert Llanque de Indiaanse visie op de relatie God-Pachamama-mens – alhoewel in een model dat misschien nog getoetst moet worden aan de werkelijkheid – als volgt. In de agrarische arbeid komen drie factoren samen die gezamenlijk het leven genereren: Pachamama die het zaad ontvangt, God de bevruchtende geest, en de mens die de materiële condities bevordert (bevloeiing, bemesting, verzorging). Zonder twijfel zou de Aymara zichzelf definiëren in een functie als die van vroedman/vrouw bij het geboorteproces van

2. G. GUTIÉRREZ, *Siete apuntes sobre teología andina*, Congrespaper, Primer Encuentro de Teología Andina, Chucuito-Puno (Peru) 6-12 aug. 1990.

3. D. LLANQUE, *La experiencia cosmológica de Dios en la religiosidad aymara*, Congrespaper, Segundo Encuentro de Teología Andina, Viacha-La Paz (Bolivia), 4-8 nov. 1991.

het nieuwe leven. Voor hem is agrarische techniek "saber criar la vida y saber dejarse criar por la vida"[4], dat ik bij gebrek aan beter wil vertalen als: "het leven weten te voeden en zichzelf door het leven laten voeden". De grootste zonde tegen God en tegen Moeder Aarde is elk vergrijp tegen het leven: in de samenleving, in het huwelijk (door abortus, gewild of ongewild) en in de natuur, door dieren zomaar te doden, planten zomaar te vernielen, het landschap, de stenen zomaar te verminken. De relatie met Pachamama is die van wederzijds dienstbetoon: de mens en de Aarde zijn solidair.

Pablo Suess vat de hoopvolle kerkelijke documenten over inculturatie samen als volgt[5]. De culturele identiteit van een volk dient gerespecteerd te worden door de predikers van het evangelie en erkend als de bodem waaruit de zaden van het woord ontspruiten. De cultuur is een tweede leefmilieu (naast het natuurlijk leefmilieu) en vormt de levenswortel van een volk (Puebla, 386; *Gaudium et Spes*, 53). Door de inculturatie, in navolging van Christus (Joh 17,18) en de "opname van de misvormde wereld" (*Lumen Gentium*, 8; Puebla 31-29), actualiseert de kerk het mysterie van de incarnatie. "Wat niet wordt opgenomen wordt niet verlost" (Puebla 400, cf. 188, 457, 469). In de incarnatie wordt de menselijke natuur opgenomen, niet vernietigd (aldus Ireneüs). Maar incarnatie betekent ook: solidariteit zonder gelijkschakeling (van het evangelie met enig volk of cultuur). Door zich niet te identificeren met enig volk of cultuur en door inculturatie van het evangelie in alle volkeren, eerbiedigen de predikers hun culturele identiteit en behouden zij de identiteit van de boodschap één van de andere culturen. Clodomiro Siller[6] geeft een uitstekend overzicht van deze en andere uitgangspunten voor een Indiaanse theologie uit de Bijbel en het kerkelijk leergezag, vanaf Vaticanum II. Domingo Llanque[7] erkent deze hoopvolle geluiden, maar klaagt terecht dat desondanks de kerk en de priesters de religieuze gebruiken van de Aymara's niet als authentieke religie beschouwen maar als een heidense curiositeit. Onbewust bestaat de houding van de koloniale en koloniserende kerk nog steeds voort in de mentale en institutionele structuur van de kerk.

Eenzelfde klacht vernemen we in de conclusies van het congres "500 jaar christendom in Latijns-Amerika", gehouden te Santiago in 1990: "De Kerk heeft haar koloniale houding ten opzichte van de inheemse culturen en godsdiensten niet opgegeven. Zij houdt zich – in een afstandelijke, formele en fiscaliserende opstelling – nog steeds op de eerste plaats bezig met de zuiverheid van de leer en eist uitzuivering van de volksreligiositeit

4. Aldus E. GRILLO, *La cosmovisión andina de siempre y la cosmología occidental moderna* (Documentos de Estudio, 21), Lima, PRATEC, 1991.

5. P. SUESS, *Presupostos sobre Evangelho e Culturas*, Congrespaper, Segundo Encuentro de Teología Andina, Viacha-La Paz (Bolivia), 4-8 nov. 1991.

6. C. SILLER, *El punto de partida de la teología india*, in CENAMI (ed.), *Teologia India. Primer Encuentro Taller Latinoamericano*, Mexico, Cenami-Abya-Yala, 45-61.

7. D. LLANQUE, *Los ritos y las creencias aymaras*, Congrespaper, Segundo Encuentro de Teología Andina, Viacha-La Paz (Bolivia), 4-8 nov. 1991

en van de religie van de inheemse volkeren". Gustavo Gutiérrez[8], mild, begrijpend, en met erkenning van de gunstige uitzonderingen, verklaart de teleurstellende praxis van de kerk in de Andeslanden als volgt. De Bijbel is het boek van een klein volk dat voortdurend op zoek is naar land (om te overleven). Het joodse volk stelt zich daarin sterk raciaal, cultureel en etnisch op, terwijl God zich steeds meer onthult als de universele God. Als christenen, levend uit het evangelie, kunnen wij ons daaraan spiegelen. Vraag is: hoe kan de kerk universeel zijn zonder haar identiteit te verliezen? Niets is meer syncretisch dan de boodschap van het christendom, die tweeduizend jaar lang wordt doorgegeven in zeer verschillende symbolen. De moeilijkheid is dat elk volk, eenmaal gekerstend, de neiging heeft te zeggen: dit is ONZE god. Wie onze cultuur niet aanneemt gelooft niet in deze God. Zo vervalt men in het joods nationalisme (van de eerste eeuw). Dit is de fout geweest van de missionarissen van de eerste evangelisering (de Conquista): vreemde symbolen en categorieën vonden zij niet alleen onverenigbaar met de westerse cultuur maar ook met het christendom. Een veelgehoorde klacht is dat de term syncretisme gewoonlijk pejoratief gebruikt en verstaan wordt, met name in kerkelijke documenten. Deze term wekt onmiddellijk verdenking, biedt een voorwendsel voor discriminatie en verwerping, is een hindernis voor elke dialoog en een spraakverwarring die schijnbaar moedwillig in stand wordt gehouden door de tegenstanders van een daadwerkelijke inculturatie. De term moet daarom goed omschreven worden en gevrijwaard tegen verdachtmaking. Diego Irarrázaval, directeur van het Instituut voor Aymara Studies in Chucuito (Peru) en actief in het Andespastoraat, stelt met Leonardo Boff dat het geloof in de Heilige Geest en de ethische opdracht van de kerk de criteria zullen aandragen om ware van valse vormen van syncretisme te onderscheiden[9]. Veelvormigheid is een karakteristiek voor het syncretisme onder de Andesvolkeren. Maar veelvormigheid is niet welkom in een centraliserende kerk. De pluriformiteit in de cultus van de Aymara christenen ontstaat uit de pluralistische bevestiging van de heilige symbolen en uit de praxis van de eigen culturele identiteit die tal van lokale variaties kent. Vanuit en door middel van zijn culturele identiteit treedt de mens in contact met God. De meest geslaagde vormen van syncretisme vindt men rond de dodencultus, de genezingsrituelen, de verering van het kruis, Maria en de heiligen. Maria is gepachamamiseerd en Pachamama is gemariaiseerd, aldus Irarrázaval. Dit is een winstpunt voor de volksgodsdienst, dat niet ongedaan gemaakt werd ondanks eeuwenlange pogingen van de kerk en haar blanke elite om de Bruine Maria ("Maria Morena") te "witten". Vijfhonderd jaar christendom in Latijns-Amerika overziend, is één van de belangrijkste successen de andinisering van het christendom,

8. G. GUTIÉRREZ, *Siete apuntes sobre teologia andina*.
9. D. IRARRÁZAVAL, *Sincretismo indígena, negro, mestizo, en la religión mariana*, Congrespaper, Segundo Encuentro de Teologa Andina, Viacha-La Paz (Bolivia), 4-8 nov. 1991.

de inculturatie van het evangelie, het Indiaans syncretisme als schepping van de Andesvolkeren. De taak van de theologie nu, is volgens Irarrázaval een gelovige reflectie in te zetten en te onderzoeken hoe dit syncretisme uitdrukking geeft aan de katholiciteit, maar wel een reflectie zonder vooroordelen en zonder het bekende westers etnocentrisme, dat met name in kerkelijke kringen van Latijns-Amerika steeds weer de inheemse elementen beschouwt als infiltratie van onzuiverheden en als primitivisme, dat dringend civilisering en culturele ontwikkeling vergt. Als bevrijdingstheoloog heeft Irarrázaval tenslotte oog voor het bevrijdingspotentieel van het syncretisme. Hij beschouwt het syncretisme, ook dat van de stedelijke volksmassa's, als een veelvoudige verborgen energie die het zelfbewustzijn van de armen en rechtelozen versterkt en hen het zelfvertrouwen schenkt dat noodzakelijk is om de strijd voor overleven en emancipatie met succes te voeren. Het verstrekt de armen een krachtige taal en geeft hen een rol als protagonist in hun overlevingsstrijd.

Conclusie

Samengevat: de huilancha is één van de zaden van het woord dat ontkiemd en gegroeid is in de ayllu, de Andesgemeenschap. Het ritueel wordt voltrokken door christenen, die vanuit hun culturele identiteit, hun traditie en hun eigen heilsgeschiedenis, vanuit hun verbondenheid met de Aarde en hun volk, een diep religieuze dialoog voeren met God en Christus. Vóórchristelijke symbolen en riten eindigen daarbij niet in de Aarde, noch in Maria of de heiligen maar krijgen een nieuwe, volle betekenis in Christus. Veel pastores erkennen de huilancha daarom als proto-eucharistie en de Indiaanse mythologie als proto-openbaring, en zij spreken, met betrekking tot het Aymara christendom, van een authentiek syncretisme, een geslaagde inculturatie van het evangelie. Veertig jaar geleden zeiden we: evangelisatie is implantatie van de kerk. Nu zeggen we liever: ware evangelisatie is inculturatie van het evangelie. Deze vond plaats in de Andes, niet vanaf het moment dat de evangelisator begon te spreken, maar toen de aangesprokene, de Indiaan, begon te antwoorden in zijn eigen cultuur en taal en toen hij het evangelie begon te beleven in zijn sociale organisatie, zijn feesten en zijn werk op het land, in zijn cultuur en godsdienst. Het inculturatieproces slaagt niet als gevolg van kerkelijke erkenning, evenmin als de heiligheid van een heldhaftig en voorbeeldig christen afhankelijk is van zijn canonisatie. De kerkelijke erkenning volgt, misschien pas veel later. Het inculturatieproces van het evangelie in de Andes is ook niet het werk van theologen, maar van Indianen. Dit heeft wel dringend behoefte aan discrete begeleiding van theologen. Doel van de beschrijving van de huilancha was niet de etnografie op zich (daarvoor is ze ook veel te onvolledig), maar de vertolking van de vraag van pastores en Aymara christenen aan de theologen; de wens om de autochtone godsdienstigheid die feitelijk al lang geïntegreerd is in de geloofsbeleving van de Andesvolkeren, ook op te nemen in de theologische reflectie, te verlossen van vijf eeuwen verdenking en beschuldiging van bijgeloof en onzuiverheid, "heidens syncretisme", onwetendheid en primitivisme; de hoop dat de theologie zich, na vijfhonderd jaar "theo-kolonialisme", gaat interesseren voor de godsdienstige waarden die de Andesvolkeren inbrengen in de kerk, de Una Sancta Catholica; het verzoek om ondersteuning bij de noodzakelijke zelfkritiek, om oriëntatie en om een garantie dat men niet afwijkt van de Weg; het verzoek hun godsdienst te legitimeren en te erkennen als een echte vorm van inculturatie van het evangelie, en als volwaardig christendom; het verzoek ook om de verdediging in te zetten van godsdienst en cultuur van de Andesvolkeren, die momenteel sterk onder druk staan van moderniserende en seculariserende stromingen en van sekten, maar ook van elitistische bewegingen binnen de nationale katholieke kerken, zoals de charismatici. De kerken zijn in veel opzichten paternalistisch en discriminerend ten opzichte van de Aymara christenen en lijden nog steeds onder hun koloniale oorsprong. Ze zijn nog steeds blank wat betreft cultuur, hiërarchie en kader. Incarnatie, inculturatie van Gods Woord betekent in dit verband dat de authentieke godsdienstige waarden van de Andesvolkeren worden erkend en opgenomen.

Ik eindig met een lichtpunt, een citaat uit de confessie van de missiebisschoppen van de CELAM (1986): "De Aarde – de grond – is voor de inheemse volkeren niet alleen hun territorium of een produktiemiddel; zij is vooral een religieuze ruimte waarmee zij mystieke banden hebben, de plaats van hun mythen, hun geschiedenis en hun voorouders, van hun vieringen en feesten, de plaats van hun hoop en hun identiteit. ... Wij erkennen in de opleving van de inheemse volkeren als subject van hun geschiedenis, een teken van God in onze tijd die onze kerken ondervraagt. Wij zijn ervan overtuigd dat de inheemse volkeren een hoopvolle belofte voor de hele kerk en voor de toekomst van de mensheid betekenen. Dit is ons geloof en onze hoop, waarop wij ons gezamenlijk beroemen"[10].

Dalweg 26
NL-7122 BC Aalten

Joop VAN KESSEL

10. Voor verdere literatuur zie P.J.M. VAN DEN BERG, *"La tierra no da así no mas": los ritos agrícolas en la religión de los aymara-cristianos*, Amsterdam, CEDLA, 1989; J. VAN KESSEL, *La Iglesia Católica entre los Aymaras de Tarapac*, Santiago, Ed. Rehue, 1989; ID., *Los mitos de Origen de los Santuarios Marianos de Tarapac, Chile*, in *Reflexión y Liberación* 3 (1991) nr. 9, 29-41; D. LLANQUE, *La cultura aymara: desestructuración o afirmación de identidad*, Lima-Chucuito, IDEA-Tarea, 1990.

INCULTURATIE EN BEVRIJDING IN LATIJNS-AMERIKA

DE BIJDRAGE VAN PAULO SUESS

Sinds het einde van de jaren zeventig is 'inculturatie' een centraal thema geworden in de theologie van de Derde Wereld[1]. Terwijl vooral Azië en Afrika in deze discussie de aandacht getrokken hebben, is op wereldvlak weinig aandacht geschonken aan wat op dat stuk verwezenlijkt wordt in Latijns-Amerika. De indruk overheerst dat de 'bevrijding' de exclusieve uitdaging is voor de evangelisatie in Latijns-Amerika, en dat dit continent er nog niet toe gekomen is de specifieke problematiek van evangelisatie en culturen te formuleren.

Nochtans beantwoordt die indruk niet helemaal aan de realiteit. In feite doet, sinds het eind van de jaren zestig, de katholieke kerk in Latijns-Amerika een ernstige poging om deze problematiek te verhelderen, vanuit haar aanwezigheid onder de indigene en Afro-amerikaanse volkeren[2]. Sinds de voorbereiding van de CELAM-conferentie in Puebla van 1979 is dat thema overigens een steeds belangrijker plaats gaan innemen in de theologische en pastorale reflectie[3].

In onderhavige studie willen we een betekenisvolle bijdrage bespreken die de Latijnsamerikaanse theologie op dit stuk geleverd heeft. We kiezen daarvoor het veelzijdig oeuvre van de Braziliaanse missioloog van Duitse afkomst, Paulo Suess. Als secretaris van de 'Conselho Indigenista Misionária' (CIMI) en later als directeur van het post-graduaat programma Missiologie aan de Faculteit 'Nossa Senhora da Assunção' in São Paulo, heeft Suess zich twee decennia gewijd aan de indigene pastoraal en aan de historische en systematische missiologie. P. Suess heeft tot dusver in

1. Uit de overvloedige literatuur die over dit thema bestaat, vermelden we: K. MÜLLER, *Die Welt setzt die Tagesordnung. Akzentverschiebungen im Missionsverständnis*, in *Zeitschrift für Missionswissenschaft und Religionswissenschaft* 70 (1986) 128-139; F. FREI, *Inkulturation*, in G. COLLET (ed.), *Theologien der Dritten Welt*, Immensee, 1990, 162-182; A. SHORTER, *Toward a Theology of Inculturation*, Londen, 1988.

2. Cf. J.F. GORSKI, *El Desarrollo histórico de la Misionología en América Latina*, La Paz, 1985, 326 p.

3. Cf. J.A. VELA, *Evangelización y Cultura. Bibliografía*, in *Theologica Xaveriana* 40 (1990) 107-132; J.F. GORSKI, *La Evangelización de la Cultura y de las Culturas en el Documento de Puebla* (Tesis licenciatura, Gregoriana), Roma, 1982; CNBB/CIMI, *Inculturação e libertação*, São Paulo, 1986; ILADES, *Cultura y Evangelización en América Latina*, Santiago, 1988; F. TABORDA, *Da inserção à inculturação*, Rio de Janeiro, 1988; *Evangelización de la Cultura e Inculturación del Evangelio*, Buenos Aires, 1989; F. DAMEN, *Hacia una Teología de la Inculturación*, La Paz, 1989; *Evangelização e cultura*, in *Revista Eclesiástica Brasileira* 49 (1989) nr. 196.

Latijns-Amerika de meest systematische en interessante bijdrage geleverd aan de reflectie over de problematiek van evangelisatie en culturen in het algemeen, en die van de inculturatie in het bijzonder[4].

Het denken van P. Suess heeft zich ontwikkeld binnen de stroming van de bevrijdingstheologie. Sinds geruime tijd tracht hij echter het perspectief van die theologie te verruimen en de missionaire reflectie af te stemmen op de multiculturele en multireligieuze realiteit van het Latijnsamerikaans continent. Hij wil met name de fundamentele problematiek aan de orde stellen en bespreken, die de aanwezigheid van de vele indigene culturen en godsdiensten voor de evangelisatie en theologische reflectie stellen. Daarbij doet hij onder meer een systematische poging om de relatie uit te klaren die volgens hem bestaat tussen 'inculturatie' en 'bevrijding'.

1. Historische erfenis

De concrete realiteit waarop de problematiek van de evangelisatie in Latijns-Amerika betrekking heeft, sleept een allesbehalve bemoedigende historische erfenis met zich mee van koloniale integratie, van etnocentrische en racistische uitsluiting en modernistische aanpassing[5].

Vandaag de dag zijn in Latijns-Amerika vele indigene volkeren, die de uitroeiing overleefden, in hun bestaan bedreigd. Alleen al in de twintigste eeuw werden meer dan zestig indigene volkeren van de kaart geveegd, doordat zij fysisch uitgeschakeld werden of omdat ze slachtoffer werden van een socio-culturele integratie[6]. Toch is Latijns-Amerika geen monocultureel continent geworden. Vooral de 45 miljoen indígenas en de 100 miljoen Afro-amerikanen die het continent bevolken geven het een fundamenteel multicultureel karakter. Wel leveren vele volkeren een dramatische overlevingsstrijd tegen het kapitalisme en de nefaste politiek van nationale integratie[7].

Nog dramatischer is echter de godsdienstige situatie. Sinds het begin van de Europese kolonisatie heeft de relatie tussen evangelie en indigene culturen vooral haar beslag gekregen in een politiek van "uitroeiing van

4. De aansluitende Selectieve Bibliografie van P. Suess bevat de publikaties waarnaar we verwijzen in de loop van onze studie. Verscheidene daarvan zijn in andere Europese talen toegankelijk.

5. "Historisch gesehen war Lateinamerika (wie die Dritte Welt überhaupt) stets Opfer von *kolonialer Integration* an den Rändern des Weltwirtschaftssystems, war Objekt *ethnozentrischer und rassistischer Aussperrung*, Markt für *modernistische Anpassung* und schließlich Ort *solidarischer Wandlung und Bekehrung*. Daran hat sich bis heute nicht viel geändert. Kolonialistische, rassistische und modernistische Zuhälterei dauert an". P. SUESS, *Junger Wein und alte Schläuche. Zum Theologietransfer aus und nach Lateinamerika*, in E. SCHILLEBEECKX (ed.) *Mystik und Politik*, Mainz, Grünewald, 1988, 44-56, p. 49.

6. P. SUESS, *Igreja indígena – um novo jeito de ser Igreja*, in *Revista Eclesiástica Brasileira* 46 (1986) 620-630, p. 624.

7. Voor een evocatie van wat de multiculturele werkelijkheid in Latijns-Amerika betekent, zie D. RIBEIRO, *Het Latijns-Amerikaans volk*, in *Concilium* 26 (1990) nr. 6, 19-30.

de afgoderij" en vernietiging van de cultureel-religieuze systemen van de autochtone volkeren, en in de substitutie ervan door een 'normatief' Europees christendom. Vaak fungeerde de evangelisatie als mechanisme om de indigene volkeren te integreren in de monoculturele en monoreligieuze horizon van het koloniaal systeem of van de nationale staten[8]. Dit heeft de evangelisatie ongetwijfeld zwaar benadeeld: "Na 500 jaar evangelisatie hebben we nog steeds geen autochtone kerk met indigeen gelaat, met een eigen ministeriële structuur en met eigen economomische middelen"[9].

P. Suess heeft zich uitvoerig met de vraag bezig gehouden, waarom het christendom een 'Fremdkörper' gebleven is voor de autochtone volkeren van Latijns-Amerika. Onder de vele oorzaken die daarvoor aan te wijzen zijn, moet toch met nadruk het cultureel kolonialisme van de kerk aangegeven worden[10]. Dit kolonialisme, dat tot op vandaag voortduurt, vertegenwoordigt voor Suess de fundamentele problematiek van de christelijke aanwezigheid in Latijns-Amerika. "Indien we niet dezelfde fouten willen maken, kunnen we twee complementaire wegen bewandelen: de weg doorheen een radicale inculturatie, en de andere doorheen een theologie van de niet-christelijke godsdiensten"[11]. De tweede weg, die van de dialoog met de indigene godsdiensten, heeft men in Latijns-Amerika nog maar recent geopend[12].

Wat de inculturatie betreft, heeft P. Suess zich vanaf 1980 aangesloten bij de systematische reflectie die toen op wereldvlak begonnen was, met name bij de bijdragen van P. Arrupe[13]. Daarbij heeft hij echter, vanaf

8. P. SUESS, *Inculturação: desafios – caminhos – metas*, in *Revista Eclesiástica Brasileira* 49 (1989) 81-126.

9. *Cálice e cuia. Crônicas de pastoral e política indigenista*, Petrópolis, Vozes-CIMI, 1985, p. 21.

10. "500 Jahre christlicher Kulturkolonialismus – zuerst im Bündnis mit den Kolonialmächten und dann auf den Schultern einer sog. Weltzivilisation –, das kann nicht folgenlos bleiben. Darin ist wohl eine der Hauptursachen zu suchen für die indianische Verweigerung christlichen Umarmungsversuchen gegenüber", *Junger Wein und alte Schläuche* (1988), p. 51. "Die Geladenen stehen schon 500 Jahre vor den Türen einer sich immer noch sehr westlich gebenden Grosskirche, ausgesperrt durch sozio-kulturelle Schranken und Tabus. Die Kontinuität eines kircheninternen kulturellen Kolonialismus belastet die Glaubwürdigkeit jeder noch so 'neuen Evangelization'". *Katholischer Kontinent ohne autoktone Kirche. Missionarische Präsenz in Lateinamerika vor den Herausforderungen ihrer 500jährigen Geschichte*, in *Ordenskorrespondenz* 30 (1989) 385-408, p. 400.

11. *Cálice e cuia* (1985), p. 28.

12. In 1985 werd dit proces op gang gebracht in Centro de Teología Popular te La Paz, Bolivia, met een dialoog tussen christenen en priesters (yatiris) van de Aymara-godsdienst. Zie: *Fe y Pueblo* 3 (1986) nr. 13, en 4 (1987) nr. 18. Intussen heeft dit proces zich uitgebreid over heel het continent. Cfr. *Teología india*, Mexico-Quito, Cenami/Abya-Yala, 1991.

13. P. Arrupe definieerde "Inculturation" als: "The incarnation of Christian life and of the Christian message in a particular cultural context, in such a way that this experience not only finds expression through elements proper to the culture in question (this alone would be no more than a superficial adaptation) but becomes a principle that animates, directs and unifies the culture, transforming it and remaking it so as to bring about a 'new creation'". P. ARRUPE, *Letter to the Whole Society on Inculturation*, in J. AIXALA (ed.) *Other Apostolates Today: Selected Letters and Addresses of Pedro Arrupe SJ*, St. Louis, 1981, dl. 3, 172-181, p. 172. Cfr. P. SUESS, *Inculturação: desafios – caminhos – metas* (1989), p. 97.

het begin, eigen Latijnsamerikaanse prioriteiten en accenten gelegd[14]. Deze weerspiegelen duidelijk de problematiek van de inculturatie zoals die zich in dit continent stelt.

2. De arme en de 'ander'

In Latijns-Amerika heeft de katholieke kerk de 'optie voor de armen' gemaakt. Daarin wordt zij gesteund door de bevrijdingstheologie, die het christelijk geloof wil verdiepen en systematiseren vanuit de concrete realiteit van armoede, onrechtvaardigheid en uitbuiting waarin de grote massa's leven. Het gebruik van de analyse-instrumenten van de sociale wetenschappen heeft de kerk wel in belangrijke mate geholpen om dichter te komen bij de wereld van de armen, die er de sociologische basis van vormen. Nochtans is de kerk er nauwelijks in geslaagd wortel te schieten in de indigene volkeren, en is zij niet een kerk van de Indios geworden[15]. Een feit dat te denken geeft.

Het is merkwaardig te zien dat de kerk gewoonlijk meer sensibel blijkt te zijn met betrekking tot de 'arme' dan tot de 'andere', degene die etnisch en religieus 'anders' is. En de verdediging van de universele kwestie van de arme lijkt haar beter te liggen dan de vermeende 'particuliere' kwesties van de 'andere' volkeren en de 'andere' godsdiensten[16]. Wat dat betreft, heeft de bevrijdingstheologie geen substantiële verandering of vernieuwing gebracht, omdat zij zich tenslotte ontwikkelde binnen een christelijke en westerse wereld[17].

De sociale analyse van de bevrijdingstheologie is overigens van weinig nut geweest om de realiteit van de indigene volkeren in het oog te krijgen, noch om de specifieke problematiek te interpreteren die zij stelt ten aanzien van de evangelisatie. Veeleer heeft die klassenanalyse er toe bijgedragen de Indios en de negers onder de categorie 'armen' onder te brengen. Suess bekritiseert scherp deze reductionistische analyse, die de etnische kwestie ondergeschikt maakt aan de socio-economische kwestie. Het is een benadering die leidt tot stellingen als: "De Indio is een arme" en "De indígenas kunnen beschouwd worden als de armsten onder de armen" (Puebla, nr. 34). Dit is een ontluisterende reductie die de 'ander'

14. Cf. P. SUESS, *Culturas indígenas e evangelização: pressupostos para uma pastoral inculturada de libertação*, in *Revista Eclesiástica Brasileira* 41 (1981) 211-249, p. 219.

15. *Ibid.*, p. 215; *Alteridade – integração – resistência: apontamentos sobre libertação e a causa indígena*, in *Revista Eclesiástica Brasileira* 45 (1985) 485-505, p. 488.

16. *Questionamentos e perspectivas a partir da causa indígena*, in C. BRANDAO e.a., *Inculturação e libertação*, São Paulo, Paulinas, 1986, 160-175.

17. "Omdat zij meer een reflectie is op de eigenheid van het christelijk volk dan de bevraging van het feit zelf christen te zijn als zodanig, is het uitgangspunt van de bevrijdingstheologie tot nog toe niet de mogelijk religieus-culturele differentiatie geweest, noch de alliantie met andere geloofsovertuigingen of godsdiensten als mogelijke bondgenoten in de bevrijdingsstrijd; wél de universaliteit van de zaak van de armen – tegelijk een christelijk en sociaal thema – die men hoopt te dienen door een verbetering van de praxis van het christelijke geloof". *Alteridade – integração – resistência* (1985), p. 500-501.

niet kan en wil aanvaarden. Zijn armoede is maar één facet van de conditie waartoe hij veroordeeld werd, en die tast overigens zijn historische identiteit niet fundamenteel aan[18].

Deze gemarginaliseerde 'ander', die eist in zijn eigenheid erkend en gerespecteerd te worden, is reeds tastbaar aanwezig in Suess' eerste systematische geschriften over de problematiek van de evangelisatie[19] en heeft zijn hele latere werk en missiologische reflectie georiënteerd en gestructureerd. Voor Suess is de 'ander' geen concurrerende, noch een subcategorie van de 'arme'. Het is wel een categorie die een ruimere en diepere realiteit evoceert: met name die van de niet-geïntegreerde en niet-integreerbare 'alteriteit', de onschendbare culturele en religieuze eigenheid van de indigene en andere onderworpen volkeren. Die werkelijkheid heeft het christendom in Latijns-Amerika eigenlijk niet ernstig genomen en gewaardeerd, maar veeleer als een "ontologische deficiëntie"[20] beschouwd en behandeld. Daarom is het nooit tot een ontmoeting en dialoog gekomen tussen het evangelie en de indigene culturen.

Deze in zijn culturele en religieuze identiteit miskende, ontrechte en ontluisterde Indio, die vandaag van uit de hem opgelegde 'algemeenheid' en clandestiniteit in de geschiedenis 'doorbreekt', vraagt nu onomwonden waarom hij in zijn particuliere eigenheid genegeerd en gemarginaliseerd werd en wordt, ook door de kerk. De 'doorbraak' van de 'ander' is voor de kerk veel irriterender en onrustwekkender dan de 'doorbraak van de arme'. Want de 'ander' stelt de monoculturele en cultuur-koloniale kerk fundamenteel in vraag, dwingt haar tot een fundamentele reflectie over haar pretenties en haar culturele en religieuze vormgeving in hun continent. De arme, die vrij goed opgevangen wordt door de christelijke

18. "De meerderheid van de indigene en de negerbevolkingen die de Amerikaanse bodem bewonen willen, hoewel zij arm zijn, noch historisch noch sociologisch behandeld worden als een subcategorie van de armen. Zij voeren aan dat de eigenheid van hun menselijke conditie ontsnapt aan het prisma van de armoede. De specificiteit van de slavernij van de neger, en van de fysische en culturele vernietiging van de Indios die tot op vandaag voortduurt, betekent eigenlijk maar een voortzetting van de koloniale situatie. De armoede is reeds een gevolg of een aspect van die koloniale situatie. (...) Indios en negers die verpauperd zijn... beschouwen hun armoede alleen maar als één facet van hun menselijke conditie, het beschamend gelaat dat hen werd opgelegd... Het andere gelaat van de autochtone volkeren en hun nakomelingen is dat van de herinnering aan de rijkdom van hun verleden die aan hun actuele conditie van armoede voorafgaat. Deze herinnering vertegenwoordigt de utopische kern van hun historisch project. In hun strijd putten zij niet alleen kracht uit de schaamte over datgene wat getransformeerd en vernietigd moet worden, maar ook en vooral uit de herinnering, de trots en de affirmatie van hun verleden. Dat verleden, dat gecodificeerd is in mythen, gevierd wordt in riten en verteld in hun recente geschiedenis, functioneert als de motor voor de opbouw van hun toekomst". *Inculturação: desafios – caminhos – metas*, in *Revista Eclesiástica Brasileira* 49 (1989) 113-114.

19. *Culturas indígenas e evangelização* (1981), p. 216-217.

20. *Companheiro-peregrino na terra dos pobres, hóspede-irmão na casa dos outros. Desafios para uma missiologia a partir da América Latina*, in *Revista Eclesiástica Brasileira* 48 (1989) 645-671, p. 657.

kerken, stelt deze niet fundamenteel in vraag. Maar de 'ander' is dat intussen wel beginnen doen vanuit zijn alteriteit[21].

3. Christendom en de culturen

Meer dan de 'arme', is het de 'ander' die de vinger legt op het neuralgische punt van de relatie tussen culturen en het christendom, en ertoe dwingt een aantal evidenties te herzien.

1. *Christelijk monoculturisme*: Vooreerst herinnert de 'ander' eraan dat godsdienst nooit los staat van een concrete cultuur, ook het christendom niet. Het christendom heeft weliswaar in de eerste eeuwen van zijn bestaan een grote capaciteit ontwikkeld om te incultureren in diverse culturen. Maar toen het zich sinds de vierde eeuw bond aan de politieke macht, ging het steeds meer lijden aan een 'monoculturisme'. Het werd massief en langdurig geïncultureerd in de westerse cultuur die zich op haar beurt autoritair als 'model-cultuur' oplegde aan de zgn. 'perifere culturen'. Het is dit westers 'model-christendom' dat in Latijns-Amerika normatief werd opgedrongen aan de autochtone en andere volkeren en culturen[22].

Het kolonialisme creëerde verder een fundamentele asymmetrie in de relatie tussen de dominante westerse cultuur en de indigene culturen. Geklemd in de westerse asymmetrische relatie met de niet-geïntegreerde 'andere', was het christendom onbekwaam om in contact en dialoog te treden met de indigene volkeren en culturen. Deze culturele en religieuze in-communicatie maakte echte evangelisatie onmogelijk[23].

In Latijns-Amerika is het christendom nog altijd nauw verbonden met het Europees kolonialisme en het neokolonialisme van de westerse mogendheden en de nationale staten. Met deze deelt het de hardnekkige tendens tot een 'monoculturisme', het postulaat van de mestiese 'Latijns-amerikaanse cultuur' die verondersteld wordt een 'radicaal katholiek

21. *Ibid.*, p. 557. "De 'ander' creëert een psychologisch en sociologisch conflict, omdat hij een herverdeling van de macht en een verdeling van de ruimte eist om te kunnen leven. In de kerk zal de 'ander' ook een symbolische en reële herverdeling van de ruimte en van de macht eisen. Dit conflict, dat zich in de kerk zal doorzetten omwille van de 'ander', zal veel radicaler en langduriger zijn dan het conflict dat momenteel in de kerk bezig is vanuit de bevrijdingstheologie. De arme kan geïntegreerd worden en tegelijk arm blijven, zonder te verdwijnen, zoals ons de klassenmaatschappij toont. De 'ander' verzet zich tegen de integratie, ofwel verliest hij zijn alteriteit door die integratie en verdwijnt" (*ibid.*, p. 666). Zie ook *Auf dem Wege zu einer indianischen Kirche*, in *Orientierung* 51 (1987) 121-124, p. 123.

22. *Inculturação: desafios – caminhos – metas* (1989), p. 97-106.

23. "Missie en indigene volkeren leefden in een intrinsiek antagonisme. De Indios betekenden de 'nederlaag' voor de missies die, bij gebrek aan roepingen, nooit hun pastoraal personeel onder de indigene volkeren vernieuwden. Anderzijds betekenden de missies de nederlaag voor de indigene volkeren, omdat die hen reduceerden en transformeerden in 'algemene' Indios en geciviliseerde christenen". *Culturas indígenas e evangelização* (1981), p. 216.

substraat'[24] te bezitten. De kerk, die zich geamalgameerd heeft met de dominante westerse cultuur, heeft er nog steeds de grootste moeite mee om de onherleidbare culturele en religieuze 'alteriteit' van de indigene en Afro-amerikaanse volkeren te erkennen, en lijkt een toenadering uit de weg te willen gaan.

2. *'Evangelisatie van de cultuur'*: Het is wellicht de verregaande identificatie met de westerse cultuur – en de 'Heimholung' van het zogenaamde 'radicaal christelijke continent' – die in Latijns-Amerika de missionaire praktijk en reflectie met betrekking tot de niet-westerse culturen fel vertraagd heeft. Die maken zich inderdaad slechts moeizaam los uit het traditioneel integrationistisch perspectief. Sinds *Evangelii Nuntiandi* wordt in Latijns-Amerika het thema van evangelisatie en culturen bij voorkeur besproken in termen van 'evangelisatie van de cultuur'[25]. Na Puebla wordt die term vaak gewoon als synoniem van 'inculturatie' gebruikt. Suess wijst er echter op dat, gezien vanuit de 'ander', er aan het model 'evangelisatie van de cultuur' een aantal aspecten vastzitten die tot een grondige herziening ervan nopen.

Vooreerst lijkt het paradigma van de 'evangelisatie van de cultuur' niet voldoende recht te doen aan de concrete culturen. De noodzaak van de 'evangelisatie van de cultuur' beoogt vaak een reeds vooraf geplande en voluntaristische re-articulatie tussen het christendom en de culturen, zonder zich veelal rekenschap te geven van de complexiteit van de respectieve samenlevingen. Bovendien eist het voor een religieus systeem het beslissende woord op over de cultuur[26].

Verder lijkt dit paradigma te vertrekken van de vooronderstelling dat er een evangelie zou bestaan vóór de culturen, dat het a-cultureel zou zijn en in feite ook een gelijke afstand zou bewaren tegenover alle culturen. Welnu, historisch is dat nooit het geval geweest. Het evangelie en de evangelisatie zijn evenmin cultureel neutraal. In Latijns-Amerika werd en wordt geëvangeliseerd vanuit de dominante westerse cultuur; wat eraan herinnert dat in de ontmoeting van evangelie en cultuur, het altijd ook gaat om een ontmoeting (of confrontatie) tussen twee culturen.

De evangelisatie is trouwens steeds gericht op volkeren die reeds hun eigen cultuur hebben. In feite betekende en betekent dit een interventie

24. Cf. Document van Puebla, nrs. 1, 7, 412. Puebla spreekt verder over Latijns-Amerika als "een radicaal christelijke continent" (nr. 1300). Zijn cultuur "is doordrongen van geloof, ... (en) manifesteert zich in de eigen houdingen van de godsdienst van ons volk" (nr. 412) en in "diep-christelijke waarden en symbolen" (nr. 1047). Deze monoculturele tendens zet zich nog versterkt door in de voorbereidende documenten van de CELAM-Conferentie van Santo Domingo van oktober 1992.

25. Dit paradigma heeft overigens duidelijk zijn stempel gedrukt op de reflectie van de Asamblea van Puebla van 1979. Het concept 'inculturatie', dat pas gelanceerd was in Europa, bereikte Latijns-Amerika net te laat om de reflectie in Puebla nog te kunnen beïnvloeden. De term wordt één keer vermeld in het voorbereidend *Documento de Trabajo*, Parte II, n. 146 (cf. J.F. GORSKI, *La Evangelización de la Cultura*, p. 47).

26. *Cultura e religiao*, in *Revista Eclesiástica Brasileira* 49 (1989) 778-798, p. 778.

in hun culturen. Het paradigma van 'evangelisatie van de cultuur' lijkt deze interventionistische tendens enigszins te bestendigen.

Verder moet gesteld worden dat de Goede Boodschap niet gericht is op culturen als zodanig, noch op structuren of op menselijke verwezenlijkingen, maar op mensen. Het zijn de mensen en de volkeren – in dit geval, de armen en de 'anderen' – die zich evangeliseren vanuit hun culturen[27]. Niet de missionaris die van buiten komt behoort de cultuur te veranderen, maar wel de subjecten, de dragers zelf van die cultuur.

De culturen bevinden zich in een permanente verandering, en de evangelisatie gebeurt in confrontatie met deze veranderingen, die het hart van de mens en de structuren van de maatschappij raken. Maar de verandering van de cultuur als zodanig kan niet beschouwd worden als een specifieke opdracht van de evangelisatie. Veeleer dient zij zich te laten leiden door het adagium van Ireneüs van Lyon: "Wat niet opgenomen is, kan niet verlost worden": 'Opnemen om te verlossen' duidt op een culturele continuïteit, gearticuleerd door het mysterie van de incarnatie. Anderzijds drukt het de eerbied uit voor de alteriteit. In de incarnatie werd de menselijke natuur "opgenomen, niet vernietigd" (*Gaudium et Spes*, nr. 22)[28]. Deze assumptie-theologie kan worden beschouwd als de brug naar de inculturatie-theologie: incultureren om te bevrijden[29].

4. Inculturatie

De 'ander' die, in het spoor van de 'arme', begint 'door te breken' in de geschiedenis, doet scherp de noodzaak aanvoelen van een nieuw paradigma van evangelisatie, dat recht doet aan de 'ander'. Voor Suess is dat het model van de 'inculturatie', dat hij gaandeweg ontwikkeld en verrijkt heeft in tientallen publikaties. In deze paragraaf releveren we bondig enkele grondstellingen van Suess' inculturatie-theologie, in zover die nog niet aan bod kwamen in het voorgaande. Daarna bespreken we zijn bijdrage betreffende de problematiek van 'inculturatie en bevrijding'.

1. *Antropologische kwestie*: Volgens Suess gaat het bij de inculturatie vóór alles om een antropologische kwestie en een 'mensenrecht': het recht van de volkeren die het evangelie aannemen, om erkend en bejegend te worden in hun culturele en religieuze eigenheid[30]. Vandaar dat de inculturatie als theologische kwestie en missionaire methode een duidelijke verbinding vergt van de theologie met de antropologische kennis, en een duidelijke conceptuele afbakening van het veld van de 'cultuur'[31].

27. *Pressupostos sobre Evangelho e Cultura* (manuscript), 1991, p. 7-8.
28. *Inculturação: desafios – caminhos – metas* (1989), p. 117.
29. *Companheiro-peregrino na terra dos pobres* (1989), p. 662.
30. *Inculturação: desafios – caminhos – metas* (1989), p. 84.
31. *Ibid.*, p. 84, 115.

2. *'Cultuur'*: Suess opteert voor een inductief 'integraal begrip' van de cultuur, dat vertrekt van de etnologische diversiteit van de humane groepen en van de globaliteit van de culturele activiteit die de cultuur vertegenwoordigt, van de concrete en gedifferentieerde sociale praktijken en de betekenis die zij bezitten voor het levensproject van een specifieke groep[32]. Die werkelijkheid omvat de produktie en reproduktie van 'betekenaars en betekenissen' op alle niveaus: op het materiële niveau (het adaptief systeem), op het sociale niveau (het associatief en politiek systeem) en het ideologische niveau (het interpretatief of communicatief systeem). Deze systemen zijn onderling verbonden en passen zich aan de veranderende historische condities aan[33].

3. *Incarnatie*: Theologisch berust de inculturatie op de funderende mysteries van de incarnatie en de verlossing. In analogie met het mysterie van de incarnatie, definieert Suess de inculturatie als de nabijheid bij en de aanvaarding van de 'ander' voor een integrale en universeel bevrijdende evangelisatie. Dit is geen vrijblijvende weg, maar een opdracht: door 'te aanvaarden om te verlossen' of 'te incultureren om te bevrijden' wordt het mysterie van de incarnatie geactualiseerd[34]. Het gaat om "de praktische aankondiging van het mysterie van de incarnatie"[35].

4. *Nabijheid*: Als missionaire methode wil de inculturatie een authentiek instrument zijn, "dat toelaat de sociaal-culturele nabijheid te beleven in analogie met de incarnatie van Jezus van Nazaret, dat een aanwezigheid mogelijk maakt die de alteriteit eerbiedigt, kritisch is tegenover de zonde en solidair in het lijden"[36]; een methode die vooral de concrete wegen en wijzen ter harte neemt waarop de abstracte doeleinden van de verlossing, de integrale bevrijding en het Rijk Gods naderbij gebracht worden[37]. Daarom is inculturatie steeds een proces 'in meervoud'[38]. Deze nabijheid heeft niets intimistisch: zij heeft socio-economische, politieke, religieuze en culturele dimensies[39].

5. *Continuïteit*: De inculturatie wil de particuliere culturen van de 'ander' positief benaderen, in de overtuiging dat die in staat zijn het evangelie

32. *Ibid.*, p. 89-91.

33. *Ibid.* Hier volgt Suess R. KEESING, *Theories of Cultures*, in *Annual Review of Anthropology* nr. 3, 73-97, en P. MENEZES, *As origens da cultura*, in *Síntese* 15 (1988) nr. 42, 13-24. Daarmee preciseert Suess zijn concept van cultuur tegenover een aantal cultuur-concepten die de discussie over inculturatie verduisteren of desoriënteren. Zie *Inculturação: desafios – caminhos – metas* (1989), p. 91-96; *Pressupostos sobre Evangelho e Cultura* (1991), p. 4-5; *Revolução cultural na sociedade e na Igreja: exigências de uma nova prática cultural a partir da Instrução 'Libertatis conscientia'*, in *Revista Eclesiástica Brasileira* 46 (1986) 315-324.

34. *Pressupostos sobre Evangelho e Cultura* (1991), p. 9.

35. *A nova evangelização e a causa indigena* (manuscript), 1990, p. 8.

36. *Inculturação: desafios – caminhos – metas* (1989), p. 126.

37. *Ibid.*, p. 95.

38. *Katholischer Kontinent ohne autoktone Kirche* (1989), p. 405.

39. *Queimada e semeadura*, Petrópolis, Vozes, 1988, p. 64.

te incultureren. Omdat zij consequent 'het verschil opneemt'[40], neemt zij ook heilshistorische relevantie van de geschiedenis en de cultuur van de 'ander' op[41]. Dat impliceert een versterking van en een historische verbondenheid met die cultuur en met de religieuze geschiedenis van de volkeren[42].

De cultuur en het proces van de culturele produktie zijn echter nooit 'onschuldig': zij zijn altijd ook doorweven met relaties van rechtvaardigheid/onrechtvaardigheid, van humanisering en aliënatie (zonde)[43]. Inculturatie sluit de ogen niet voor culturele aliënatie, "zoekt geen identiteit tussen evangelie en cultuur, maar wil de alteriteit waarderen, en beoogt een catalogiserende aanwezigheid van het evangelie in de culturen"[44].

6. *'Evangelische breuk'*: De kwestie van de "nieuwheid van het evangelie" is voor Suess geen abstracte 'theologische materie', maar dient in directe verbinding te staan met de concrete historische en culturele realiteit. De evangelisatie zoekt steeds een zeker impact uit te oefenen op de culturen door kritisch en creatief in het cultureel proces te participeren. Maar veranderingen zullen altijd moeten gebeuren binnen een beweging van continuïteit van de cultuur. En in het religieus systeem kunnen die enkel verantwoord worden "vanuit de vragen en impasses die zich presenteren in het levensproject van de volkeren. De inculturatie creëert de voorwaarden om deze impasses aan te voelen, om nieuwe horizonten voor te stellen en nieuwe onderscheidingscriteria te suggereren"[45]. De inculturatie verzet zich tegen alle 'cultuurvandalisme' ook tegen de zogenaamde 'uitzuivering van de cultuur' die al te vaak met etnocentrische criteria uitgeoefend wordt op niet-westerse gedragspatronen die een authentiek beleven van het christelijk geloof in eigen cultuur mogelijk maken.

7. *Communicatie*: Een fundamenteel probleem in de evangelisatie is dat van de communicatie. De inculturatie wil de communicatie opbouwen die in Latijns-Amerika nooit tot stand kwam tussen christendom en de

40. *Alteridade – integração – resistência* (1985), p. 499.

41. "Der Andere ist nur als Anderer anerkannt, wenn die heilsgeschichtliche Relevanz seiner Geschichte und Kultur anerkannt ist". *Conquista und Evangelisation. Christliche Präsenz in Lateinamerika vor den Herausforderungen ihrer 500jährigen Geschichte*, in *Umkehr und Prophetie*, Münster, Christliche Initiative Romero, 1990, p. 15. "In de inculturatie tracht het geloofsgetuigenis, dat van een andere socio-culturele context komt, in de vreemde cultuur binnen te treden en deze te aanvaarden als de basis waar het 'zaad van het woord' al kiemt en waar de verrezen Jezus al mysterieus aanwezig kwam". *Auf dem Wege zu einer indianischen Kirche* (1987), p. 11. Voor de dialoog met de indigene godsdiensten, zie *Religiões dos povos indígenas*, in *Guia para o diálogo inter-religioso*, São Paulo, Paulinas, 1987, 67-78.

42. *Alteridade – integração – resistência* (1985), p. 497. "De historische herinnering van elk volk, de herinnering aan zijn strijd en zijn lijden, is 'materia prima' voor een geïncultureerde evangelisatie, die haar centrum vindt in de aankondiging en viering van de herinnering aan de passie en verrijzenis van de Nieuwe Mens, Jezus Christus". *Inculturação: desafios – caminhos – metas* (1989), p. 122.

43. *Cultura e religião* (1989), p. 797.

44. *Pressupostos sobre Evangelho e Cultura* (1991), p. 9.

45. *Inculturação: desafios – caminhos – metas* (1989), p. 121.

niet-westerse volkeren. Daartoe benadert de boodschapper van het evangelie de culturele wereld van de 'ander' in eerbied en solidariteit, zonder diens alteriteit en vrijheid op te heffen of aan te tasten. In dit proces van communicatie zal de boodschapper, de missionaris, een 'luisteraar' moeten zijn, want de 'Goede Boodschap' is altijd reeds een antwoord op een 'slecht nieuws' dat hij vernomen heeft[46]. Deze opbouw van communicatie vraagt een permanente inculturatie, zowel van de boodschapper van het evangelie als van de boodschap zelf[47]. "Door zich met geen enkele cultuur te identificeren, respecteren het evangelie en de missionaris de alteriteit en bewaren zij de identiteit van de boodschap, van de boodschapper en van de culturen"[48].

8. *De boodschapper:* Inculturatie voltrekt zich steeds in een bepaalde cultuur, in een heel bepaalde context. Daarom vraagt zij van de 'buitenlandse' missionaris, die een 'ander' volk benadert om de 'Goede Boodschap' te brengen, dat hij zich integreert in de sociale wereld van de armen en zich daarin – als gast – onderwerpt aan een levenslang en langzaam inculturatie-proces. Het is een bewuste en solidaire insertie in de sociale leefwereld van de armen en verdrukten, die echter betrokken moet zijn op de culturele plaats van de 'anderen'. En dat impliceert een proces van "diepe en ruime veranderingen in de manier van denken en handelen (van culturele redenering en logica!), in het waarnemen en geven van zin"[49]. Dit proces vraagt veel meer tijd dan alleen maar de insertie in de wereld van de armen. Daar zal de missionaris leren "rekenschap geven van eigen hoop" (1 Petrus 3,15), in betrokkenheid op de concrete socio-culturele realiteit van het levensproject van de volkeren[50]. Voor Suess is de inculturatie van de missionaris-gast essentieel. Zonder haar zou hij 'het missionair principe van de kerk' ontkennen en de volkeren veroordelen tot een sectair narcisme zonder levende communicatie[51].

46. "Het geloof van de kerk wordt geboren in het luisteren naar Christus die aanwezig is in de armen en de 'anderen'. In navolging van Hem, wordt het nieuwe luisteren de voorwaarde voor een nieuwe evangelisatie. Het gelovig beluisteren van het woord van God, is een communitair en solidair luisteren naar de schreeuw, de klacht en het lied van de 'anderen'". *Katholischer Kontinent ohne autoktone Kirche* (1989), p. 401. "De inculturatie graaft een kanaal waardoor de wateren van het Evangelie het culturele terrein van de verschillende volkeren en sociale groepen kan bevloeien (en niet overstromen!). De constructie van dat kanaal begint vanuit en met de volkeren en groepen, om een antwoord te zijn op de problemen van hun 'dorre aarde'". *Inculturação: desafios – caminhos – metas* (1989), p. 117.

47. *Inculturação: desafios – caminhos – metas* (1989), p. 118-119.

48. *Ibid.*, p. 117.

49. *Ibid.*, p. 118.

50. *Culturas e Evangelização*, São Paulo, Ed. Loyola, 1991, p. 9.

51. *Inculturação: desafios – caminhos – metas* (1989), p. 119. "Indien het 'Woord' geen vlees werd onder de indigene volkeren, was dat omdat de communicatiekanalen niet aangepast waren". *Alteridade – integração – resistência* (1985), p. 504.

9. *De boodschap*: De volheid van Gods mysterie kan in geen enkele cultuur volledig uitgedrukt worden. Daarom maakt ook de boodschap deel uit van het 'toenaderingsproces'[52]. Vandaar dat het bij de inculturatie niet gaat om een vertaling en ook niet om een aanpassing, maar wezenlijk om een proces van communicatie, om een symmetrische dialoog tussen particuliere culturen en godsdiensten, vanuit het principe van de ontologische gelijkheid van de culturen[53]. Inculturatie op dit niveau betekent dat "de onderscheiding van het geloof zal moeten gecontextualiseerd worden met behulp van de culturele codes van de respectieve volkeren"[54].

De inculturatie van de christelijke boodschap zal het werk zijn van alle generaties, en de missionarissen die van buiten komen kunnen dat werk enkel helpen inzetten. Van beslissend belang daarbij is de overtuigde participatie en receptie door de dragers/subjecten van de culturen aan wie de boodschap gebracht wordt[55]. Zij helpen het geloof bevrijden uit het dominerend cultureel patroon waarin het gevangen zit[56]. Anderzijds vraagt dit van de kerk nieuwe en aangepaste communicatiestructuren[57].

10. *Indigene kerk*: Bevorderen dat er een indigene kerk groeit, dat is het doel van de inculturatie[58]. Die zal eerst voltooid zijn, wanneer de indigene kerk volledig geïncultureerd is, zowel op materieel, sociaal vlak (ministeries, organisatie) als op symbolisch vlak (liturgie, theologie)[59]. Dit zal vóór alles het werk zijn van de dragers van de cultuur, die in creatieve dialoog treden met het evangelie en zijn boodschappers. Door de meervoudige inculturatie-processen gaan er lokale kerken groeien met een eigen culturele identiteit, die de universele kerk haar eigenlijke universaliteit zullen geven. "De inculturatie is een voorwaarde voor de universaliteit van de kerk. Voor haar eenheid, betekent de inculturatie van de geloofsboodschap een veel kleiner gevaar dan de afwezigheid van inculturatie"[60].

52. *Inculturação: desafios – caminhos – metas* (1989), p. 118.
53. *Pressupostos sobre Evangelho e Cultura* (1991), p. 13.
54. *Culturas e Evangelização* (1991), p. 9.
55. *Inculturação: desafios – caminhos – metas* (1989), p. 119.
56. *Pressupostos sobre Evangelho e Cultura* (1991), p. 13.
57. "Solidarität mit den Armen und Anderen erfordert für die Kirche der Zukunft eine doppelte Kommunikationsstruktur: eine spezifische Verständigung vor Ort und länderübergreifende Kommunikation zur Verfügung universaler Erlösung und zur Partizipation an Prozessen weltweiter Solidarität". Deze 'tweetaligheid' houdt in dat lokale kerken in de toekomst minstens tot twee riten zullen behoren: "einen Lokalritus ethnischer Prägung und regionaler Evidenz, unter der Verantwortlichkeit des jeweiligen Ortsbischofs, und einen von der Weltzivilisation eingefärbten Universalritus, unter römischer Zuständigkeit". *Katholischer Kontinent ohne autoktone Kirche* (1989), p. 407.
58. *Igreja indígena – um novo jeito de ser Igreja*, in *Revista Eclesiástica Brasileira* 46 (1986) 620-630.
59. *Revolução cultural na sociedade e na Igreja* (1986), p. 319.
60. *Companheiro-peregrino na terra dos pobres* (1989), p. 669.

5. Inculturatie en bevrijding

Voor Suess is inculturatie reeds een bevrijdende act, omdat zij een belangrijke bijdrage is tot de dekolonisatie van de gemarginaliseerde volkeren, van de evangelisatie en van het christendom[61]. Het is belangrijk dat de bevrijdingstheologie zich bezint op de nauwe band die er bestaat tussen de optie voor de armen en de inculturatie, en dat zij de dialectische relatie tussen bevrijding en inculturatie ontdekt[62]. Suess brengt daarvoor enkele substantiële elementen aan.

1. *Incarnatie en verlossing*: Een eerste precisering brengt Suess aan door de analogie terug op te nemen die volgens hem de inculturatie verbindt met de mysteries van incarnatie en verlossing. Het doel van de incarnatie van Christus is de verlossing van alle mensen: zij is de voorwaarde en de weg naar de verlossing, en brengt de verlossing tegenwoordig. Diezelfde intrinsieke band ontdekt Suess tussen inculturatie en bevrijding. Zoals de menswording van Christus, die elke mens en alle mensen opneemt, verlossend is, zo ook is de inculturatie, als navolging van Christus, bevrijdend[63]. Zoals de incarnatie de weg en de beginnende realisatie is van de verlossing, zo ook de inculturatie met betrekking tot haar doel: de bevrijding. Inculturatie maakt de bevrijding mogelijk en stelt ze reeds beginnend tegenwoordig.

Het gaat om de verhouding tussen middel en doel, met name om het doel dat reeds aanwezig is op de weg die er naartoe leidt. Vandaar dat er in de inculturatie "een nauwe en normatieve band bestaat tussen de missionaire methodologie en de theologische inhoud"[64]. De inculturatie is de voorwaarde, de concrete weg en een modaliteit van de bevrijding.

2. *Methode*: Dezelfde methodologische voorrang van de incarnatie/inculturatie ten aanzien van de verlossing/bevrijding meent Suess te ontdekken in de historische bevrijdingsprocessen. Het is een feit dat de bevrijdingsprojecten wel eens steriel bleven omdat zij de culturele identiteit van de betrokken volkeren niet respecteerden[65]. De ervaring leert dat bevrijding

61. *Ibid.*, p. 669.

62. Suess wijst er uitdrukkelijk op dat de inculturatie geen alternatief is voor de bevrijding of de bevrijdingstheologie, maar wel haar noodzakelijke begeleidster. *Ibid.*, p. 669. Zie ook *Katholischer Kontinent ohne autoktone Kirche* (1989), p. 406.

63. *Inculturação: desafios – caminhos – metas* (1989), p. 116. "Inkulturation ist selbst schon ein befreiender Akt, weil sie das dem Anderen verweigerte, grundsätzliche Ja bedeutet. Inkarniertes Christentum buchstabiert universale Transzendenz partikular-historisch und öffnet partikulare Immanenz diaphanisch auf einen solidarischen Befreiungshorizont hin". *Junger Wein und alte Schläuche* (1988), p. 55.

64. *Companheiro-peregrino na terra dos pobres* (1989), p. 669.

65. "Eens de economische uitbuiting overwonnen, is het classistische bevrijdingsproject niet vrij gebleken van culturele aliënatie en bevoogdend autoritarisme tegenover de autochtone groepen en hun etnische alteriteit". *Alteridade – integração – resistência* (1985), p. 501. Het is bekend dat de 'ander' – de indigene volkeren – een viscerale achterdocht toont tegenover voorstellen van verlossing en bevrijding die de dominante 'zelfde' uit andere contexten aanbrengt. Want geen enkel bevrijdingsproject lijkt leven en kracht te wekken,

van de volkeren alleen maar radicaal kan zijn, als ze wortels heeft in de culturele context van het volk, als zij de weg van het volk gaat[66].

3. *De etnische kwestie*: Voor Suess is het duidelijk dat de etnische kwestie "in de geschiedenis doorbreekt op voet van gelijkheid met de klassenkwestie, als een teken des tijds, als een komeet die de geboorte van een nieuw subject aankondigt"[67]. Nochtans zijn de sociale wetenschappen er tot nog toe niet in geslaagd op overtuigende wijze hun etnisch-sociale en socio-economische analyses af te stemmen op de realiteit van de etnische perspectieven en de sociale klassen. Dit is dringend nodig, want de etnische kwestie, hoewel die doorkruist wordt door de sociale kwestie, is ruimer dan de klassenkwestie en mag daarom niet gereduceerd worden tot een overwegend economisch bevrijdingsproject. De identiteit van de 'ander' is fundamenteel in het bevrijdingsproces, en die alteriteit is in de grond cultureel[68].

4. *Micro- en macrostructuur*: Suess wil niet toegeven aan een 'culturalisme' dat de visie op de cultuur en haar problematiek beperkt tot de concrete leefwereld en de 'microstructuur' van een volk. De culturele kwestie kan niet gereduceerd worden tot die van identiteit van een etnische groep of van een volk, zoals ook de inculturatie geen 'culturele eilanden' wil redden. Beide hebben integendeel alles te maken met de politieke kwestie, en zijn betrokken op het ruime veld van verdrukking en verlossing[69]. Het proces van inculturatie moet daarom verbonden zijn met het ruimer en complexer proces van bevrijding.

Vandaar het belang van de relatie tussen de lokale 'microstructuur' van een volk en de politieke 'macrostructuur' van de nationale of internationale maatschappij. Wat cultureel veroverd werd in de microstructuur van een volk kan irrelevant worden, wanneer er geen verbinding tot stand komt tussen beide structuren in de vorm van een dialoog die een horizontalisering van de machtsrelaties beoogt, via uitwisseling en communicatie[70]. Het indigene project is maar leefbaar in de mate dat ook de grote maatschappij getransformeerd wordt. Daarom gaat het in de inculturatie niet om lokale eisen, maar om een proces dat betrokken is op de poli-

zolang zijn weg het doel al niet enigszins actualiseert en zijn methode en universele horizon niet opgenomen worden "in het hier en nu van de concrete en beperkte ruimte van zijn historische en geografische leefwereld. Gelijk welke strijd voor bevrijding of geluksaanbod begint alleen maar een overtuigende en een mobiliserende kracht te wekken, vanuit de tijd, de ruimte en de culturele logica van het betrokken volk". *Inculturação: desafios – caminhos – metas* (1989), p. 115.

66. "De strijd voor de bevrijding van de verdrukten heeft alleen maar consistentie vanuit de erkenning van de etnisch-culturele identiteit van zijn componenten. De reconstructie van de eigen identiteit is deel van het bevrijdingsproces. De constructie van identiteit – de alteriteit – is een cultureel wapen in de strijd voor bevrijding". *Culturas e Evangelização* (1991), p. 8.

67. *Cálice e cuia* (1985), p. 6.

68. *Alteridade – integração – resistência* (1985), p. 500-501.

69. *Inculturação: desafios – caminhos – metas* (1989), p. 105.

70. *Culturas indígenas e evangelização* (1981), p. 249.

tieke strijd die gevoerd wordt op het vlak van de macrostructuren en met de universele horizon van de bevrijding[71].

5. *Wijde solidariteit*: De waardering van het anders-zijn van de 'ander', het proces van inculturatie in een concrete en welbepaalde context – de microstructuur van een volk – is altijd reeds een bevrijdende act. Maar de contextuele inculturatie kan niet los staan van de ruime en collectieve solidariteit, van de universele zaak van de armen en de anderen, de zaak van hun bevrijding[72]. De raciale en etnische kwesties hebben tenslotte steeds een verborgen klassen-karakter[73]. Daarom is het nodig dat de strijd van de indigene volkeren kadert in het bevrijdingsproject van alle verdrukten, dat het steunt op een alliantie met de boeren, de dagloners, de arbeiders en allen die geëngageerd zijn in de globale reconstructie van de nationale maatschappij[74].

Al deze klassen vechten met eigen chronogrammen, logica's, middelen en utopieën, en de zaak van de 'anderen' zal nooit helemaal samenvallen met die van de 'armen'. Maar het is belangrijk dat men de gemeenschappelijke wortels ervan ontdekt en de complementariteit van hun projecten en utopieën cultiveert[75]. Zowel de uitgebuite klasse als het verachte en gemarginaliseerde ras vechten voor een klassenloze samenleving[76]. De inculturatie verdeelt en verzwakt niet de zaak van de bevrijding. Integendeel, de veelvoudige culturele wortels versterken en radicaliseren het proces en het project van bevrijding[77].

6. *'Evangelische breuk'*: In deze context brengt Suess een verdere precisering aan met betrekking tot een van de centrale thema's van de inculturatie: de vervlechting van de historische continuïteit van de cultuur en van haar radicale transformatie. De evangelisatie heeft primordiaal de continuïteit en versterking van de culturen op het oog. Vandaar dat Suess meent dat het thema van de 'evangelische breuk' "gecontextualiseerd hoort te worden in een geschiedenis van sociale strijd, van volkerenmoord en cultuurvernietiging"[78]. Hij vindt dat die radicale transformatie of breuk

71. *Pressupostos sobre Evangelho e Cultura* (1991), p. 11.
72. *Inculturação: desafios – caminhos – metas* (1989), p. 110.
73. *Culturas indígenas e evangelização* (1981), p. 248; *Queimada e semeadura* (1988), p. 15.
74. *Culturas indígenas e evangelização* (1981), p. 249. De noodzaak van allianties voor de indigene volkeren is een thema dat Suess intens bezig gehouden heeft (cf. *Cálice e cuia*, 1985, p. 221-233). Hij stelt een drievoudige alliantie voor, op verschillende niveaus: een economisch-sociale alliantie met andere gemarginaliseerde sectoren in de maatschappij, een etnische met alle indigene volkeren, en een oecumenische met de verschillende credo's die betrokken zijn in de indigene kwestie (p. 224). Zie verder: *Alteridade – integração – resistência* (1985), p. 502-503.
75. *Culturas e Evangelização* (1991), p. 8-9.
76. *Culturas indígenas e evangelização* (1981), p. 231.
77. *Ibid.*, p. 211; *A evangelização dos povos indígenas: acenos históricos e desafios atuais*, in *Convergência* 23 (1988) 176-192, p. 188; *Companheiro-peregrino na terra dos pobres* (1989), p. 670.
78. *Inculturação: desafios – caminhos – metas* (1989), p. 121-122.

betrekking moet hebben, niet op de cultuur als zodanig, maar op het economisch en politiek systeem dat geen plaats voorziet voor de indigene alteriteit. Zij moet het concrete antwoord zijn op de zondige structuren die de culturen doorkruisen en op de klassenstrijd die zij veroorzaken[79]. Veranderingen dienen gepland te worden vanuit een globale visie, opdat het integraal levensproject van de respectieve volkeren leefbaar zou zijn[80].

7. *Het christendom*: De geïncultureerde kerk, met haar boodschap van Gods nabijheid en bevrijding, heeft een belangrijke rol te vervullen in het proces van bevrijding van de 'anderen'. Haar geïncultureerde aanwezigheid is een 'luisterende aanwezigheid', die de onvervreemdbare identiteit van de 'ander' ontwaart, respecteert en versterkt. Haar geloof wordt gevoed door het 'geïncarneerd luisteren' naar Gods woord dat aanwezig is in de armen en de 'anderen'. Niet alleen haar geloof, maar ook haar zin voor rechtvaardigheid groeit vanuit dat 'geïncarneerd luisteren'[81].

Verder kan het christendom, als universele godsdienst, een levensreddende bijdrage leveren door de etnische groepen een verruimende verlossings-universaliteit aan te bieden en een zin voor grensoverschrijdende solidariteit, die levensnoodzakelijk is voor hun integrale bevrijding[82]. De kerk bezit namelijk een groot convocatief potentieel en kan een bondgenoot zijn van de indigene volkeren om hun interne organisatie en participatie in de gemeenschappelijke bevrijdingsstrijd aan te moedigen en te begeleiden[83].

8. *Optie voor de arme en de 'ander'*: Tenslotte vindt de band tussen inculturatie en universele bevrijding haar evangelische grond in de nauwe band die bestaat tussen de incarnatie van het Woord en de menselijke solidariteit. Men kan niet op solidaire wijze de 'optie voor de armen' maken, zonder zich radicaal te solidariseren met hun cultuur. De inculturatie is een eis van de optie voor de armen zoals, in een continent waar de grote meerderheid leeft in een "veralgemeende extreme armoede"

79. *Pressupostos sobre Evangelho e Cultura* (1991), p. 12. "De culturele kritiek, vanuit het evangelie, wil de culturen versterken en de uitbuiting, overheersing en marginalisering overwinnen die veroorzaakt worden door de klassenstructuur. De Goede Boodschap heeft terzelfdertijd de historisch-culturele continuïteit op het oog en de breuk met de sociale structuren die de klassenstrijd veroorzaken". *Questionamentos e perspectivas a partir da causa indígena* (1986), p. 173.

80. *Pressupostos sobre Evangelho e Cultura* (1991), p. 12.

81. "... bei der Legitimation kirchlicher Präsenz in Lateinamerika geht es heute unter anderm um die der soziopolitischen Gerechtigkeit vorgelagerte – diese jedoch einschließende – identitätsstiftende ganzheitliche kulturelle Gerechtigkeit". *Bekehrungsauftrag und Conquista. Zur missionarischen Identität und Legitimität gestern und heute* (manuscript), 1991, p. 1. Suess herinnert er graag aan dat de eerste gerechtshoven in Latijns-Amerika "Audiencias" genoemd werden, dat het plaatsen waren waar de 'ander' aanhoord werd. De eerste rechters noemden zich "Ouvidores": "Hoorders". *Katholischer Kontinent ohne autoktone Kirche* (1989), p. 401.

82. *Cálice e cuia* (1985), p. 98; *Conquista und Evangelisation* (1990), p. 15.

83. *La nueva Evangelización. Desafíos históricos y Pautas culturales*, Quito, Abya-Yala, 1991, p. 11; *A evangelização dos povos indígenas* (1988), p. 191.

(Puebla, 31), de voorkeursoptie voor de armen een eis van de inculturatie is. "Alleen door sociaal en cultureel van plaats te veranderen, zullen de kerk en de theologie communicatiekanalen vinden om aan de armen en aan de anderen de Blijde Boodschap van hun bevrijding te verkondigen"[84]. De twee grote opgaven waarvoor de wereldkerk staat zijn inculturatie en bevrijding: "Sie sind Stand- und Sprungbein radikaler Solidarität"[85].

Besluit

Als buitenlands missionaris is Suess sterk onder de indruk gekomen van het kolonialistisch en integrationistische karakter dat de kerk in Latijns-Amerika tot op vandaag kenmerkt en dat nefast is voor de ontwikkeling van de niet-westerse volkeren en hun evangelisatie. Als missioloog spant hij deze fundamentele problematiek op tussen de polen van de universaliteit van de verlossing/bevrijding en de particulariteit van de incarnatie/inculturatie. Zodoende verrijkt hij ongetwijfeld in belangrijke mate de reflectie op evangelisatie en culturen. Daarmee ontgint hij ook een wezenlijke dimensie van de werkelijkheidsbeleving en de systematische reflectie, die de bevrijdingstheologie nieuwe impulsen kunnen geven.

Hij doet dat vanuit een bijzondere gevoeligheid voor de uitdaging van de alteriteit van de indigene volkeren. De steeds meer tastbare en hoorbare aanwezigheid van deze traditioneel zwijgzame of gemaskerde 'ander' doet fundamentele vragen stellen omtrent de geschiedenis van de aanwezigheid van het christendom in Latijns-Amerika, over wat die vandaag betekent en wat de toekomst van haar vraagt.

De 'ander' was vanaf het eerste begin een sleutelbegrip in Suess' analyses van de evangelisatie-problematiek. Toch heeft hij dit concept als zodanig niet uitvoerig en systematisch uitgewerkt[86]. Het draagt nog de sporen van het directe contact met de gemarginaliseerde en geïsoleerde indigene volkeren, van de pijn veroorzaakt door falende communicatie, van de passie ook van zijn persoonlijke inzet voor hun zaak. De 'ander' is voor Suess het historische oordeel en criterium van de evangelisatie. Hij zet een nieuw evangelisatie-perspectief uit, waarvan hij – met de armen – de belangrijkste acteur zal zijn, zoals Suess voortdurend herhaalt.

Toch valt het op dat de 'ander' in de inculturatie, zoals Suess die bespreekt, nog maar nauwelijks actief aanwezig is: hij is vooral aanwezig

84. *Revolução cultural na sociedade e na Igreja* (1986), p. 324.
85. *Junger Wein und alte Schläuche* (1988), p. 55.
86. Niets wijst erop dat hij het zou ontleend zou hebben aan Enrique Dussel, die zelf het begrip aan Emmanuel Levinas ontleende en er zijn kerkhistorische en bevrijdingsfilosofische werken mee verrijkte. Cf. F. DAMEN, *De Latijns-Amerikaanse bevrijdingsethiek en Emmanuel Levinas*, in *Kultuurleven* 52 (1985) 913-927.

als de getuige van het falen van de evangelisatie door anderen, van de afwezigheid van de inculturatie. Hoe is dit te verklaren?

Vooreerst ontleedt Suess niet uitvoerig het concrete proces van de inculturatie[87]; hij bespreekt veeleer de fundamentele problematiek. Ook richt hij zich in zijn geschriften in de eerste plaats tot de buitenlandse missionarissen, die hij wil sensibiliseren voor een nieuw missionair perspectief. Verder weigert hij te spreken in de plaats van de 'ander' – daarvan staat de missioneringsgeschiedenis bol. Tenslotte is hij er zich van bewust dat het proces van inculturatie nog nauwelijks begonnen is, en dat er daaromtrent nog een lange strijd zal moeten gestreden worden. Het subject-worden van de 'ander' lijkt door de Latijnsamerikaanse kerken meer gevreesd dan gewenst te zijn[88].

In die zin weerspiegelt Suess' werk ook de tragiek van de evangelisatie en de theologie in Latijns-Amerika. Na vijfhonderd jaar evangelisatie kruipt de 'ander' nog maar heel moeizaam onder de ruïnes van het cultureel en religieus kolonialisme vandaan. Suess helpt ons daarvan bewust te worden: "Gesprächspartner und Subjekt lateinamerikanischer Befreiungstheologie sind ... die Armen und – mit historisch bedingter Verzögerung – die Anderen, die zum Überleben, eine ganz andere, im Ozean der Möglichkeiten noch verborgene Welt, brauchen"[89]. Die wereld vangt hopelijk aan onmiddellijk nà de 'vijfhonderd jaar'.

Selectieve bibliografie van P. Suess

Culturas indígenas e evangelização: pressupostos para uma pastoral inculturada de libertação, in *Revista Eclesiástica Brasileira* (Petrópolis) 41 (1981) 211-249.

A caminhada do Conselho Indigenista Missionário/Cimi: 1972-1984, in *Revista Eclesiástica Brasileira* 44 (1984) 501-533.

Alteridade – integração – resistência: apontamentos sobre libertação e a causa indígena, in *Revista Eclesiástica Brasileira* 45 (1985) 485-505.

Cálice e cuia. Crônicas de pastoral e política indigenista, Petrópolis, Vozes-CIMI, 1985, 247 p.

Evangelische Präsenz unter indianischen Völkern, in *Orientierung* (Zürich) 49 (1985) 98-100.

Igreja indígena – um novo jeito de ser Igreja, in *Revista Eclesiástica Brasileira* 46 (1986) 620-630.

Questionamentos e perspectivas a partir da causa indígena, in C. Brandao e.a., *Inculturação e libertação*, São Paulo, Paulinas, 1986, 160-175.

Revolução cultural na sociedade e na Igreja: exigências de uma nova prática cultural a partir da Instrução 'Libertatis conscientia', in *Revista Eclesiástica Brasileira* 46 (1986) 315-324.

87. Zie daarvoor: M. Azevedo, *Evangelización inculturada*, in *Misiones Extranjeras* (1985) nr. 87, 197-221; F. Taborda, *Da Inserção à Inculturação*, Rio de Janeiro, CRB, 1988; F. Damen, *Hacia una Teología de la Inculturación*, La Paz, CBR, 1989.

88. *Junger Wein und alte Schläuche* (1988), p. 52.

89. *Ibid.*, p. 47.

Auf dem Wege zu einer indianischen Kirche, in *Orientierung* 51 (1987) 121-124.
Religiões dos povos indígenas, in *Guia para o diálogo inter-religioso*, São Paulo, Paulinas, 1987, 67-78.
A evangelização dos povos indígenas: acenos históricos e desafios atuais, in *Convergência* (Rio de Janeiro) 23 (1988) 176-192.
(Org.). *Queimada e semeadura*, Petrópolis, Vozes, 1988, 268 p.
Junger Wein und alte Schläuche. Zum Theologietransfer aus und nach Lateinamerika, in E. SCHILLEBEECKX (ed.) *Mystik und Politik. Theologie im Ringen um Geschichte und Gesellschaft. Johann Baptist Metz zu Ehren*, Mainz: Grünewald, 1988, 44-56.
Companheiro-peregrino na terra dos pobres, hóspede-irmão na casa dos outros. Desafios para uma missiologia a partir da América Latina, in *Revista Eclesiástica Brasileira* 48 (1989) 645-671.
Cultura e religião, in *Revista Eclesiástica Brasileira* 49 (1989) 778-798.
Inculturação: desafios – caminhos – metas, in *Revista Eclesiástica Brasileira* 49 (1989) 81-126.
Katholischer Kontinent ohne autoktone Kirche. Missionarische Präsenz in Lateinamerika vor den Herausforderungen ihrer 500jährigen Geschichte, in *Ordenskorrespondenz* 30 (1989) 385-408.
Conquista und Evangelisation. Christliche Präsenz in Lateinamerika vor den Herausforderungen ihrer 500jährigen Geschichte, in *Umkehr und Prophetie*, Münster, Christliche Initiative Romero, 1990, 9-16.
A nova evangelização e a causa indigena (manuscript), 1990, 10 p.
Bekehrungsauftrag und Conquista. Zur missionarischen Identität und Legitimität gestern und heute (manuscript), 1991, 21 p.
(Ed.) *Culturas e Evangelização*, São Paulo, Ed. Loyola, 1991, 259 p.
Desafios da Igreja Missionária ao Encontro de outras Culturas, in *Memorias del COMLA-4*, Lima, OMP, 1991, 139-144.
500 Jahre Christentum in Lateinamerika. Herausforderungen einer nach-kolonialen Evangelisierung, in *Orientierung* 55 (1991) 207-211.
La nueva Evangelización. Desafíos históricos y Pautas culturales, Quito, Abya-Yala, 1991, 235 p.
Pressupostos sobre Evangelho e Cultura (manuscript), 1991, 16 p.

Frans DAMEN

Calle Potosí 814
Casilla 7857
La Paz
Bolivia

DOGMA EN KETTERIJEN TUSSEN DE NIEUWE EN DE OUDE WERELD

TERRA NOSTRA VAN CARLOS FUENTES

Een voorstelling van Carlos Fuentes als Mexicaans auteur met internationale bekendheid, tevens diplomaat en universiteitsprofessor, en daarenboven meerdere malen voorgedragen als Nobelprijskandidaat, is ongetwijfeld overbodig. Maar wellicht wel interessant is hier de fundamentele rol in herinnering te brengen die hij gespeeld heeft in de Spaanse, en in het bijzonder de Latijnsamerikaanse letterkunde, in het verleden maar ook nu nog.

Fuentes' literaire carrière vangt aan in 1954 met de publikatie van de verhalen *Los dias enmascarados*. Sinds dit debuut heeft hij een uitgebreid oeuvre voortgebracht dat zowel verhalende fictie (romans en verhalen), theater, filmscenario's, literaire kritiek als politieke essays omvat. Samen met Julio Cortázar, Gabriel García Márquez en Mario Varga Llosa hoort Fuentes thuis in de periode van de "boom" van de Latijnsamerikaanse roman in de jaren zestig. Hij was er de belangrijkste internationale vertegenwoordiger van, en ook de meest polemische onder de vermelde auteurs. Zijn persoon en zijn werk zijn het voorwerp geweest van scherpe veroordelingen, gaande van communist tot liberaal. Hij steunde zonder voorbehoud de Cubaanse Revolutie gedurende de eerste jaren, maar brak even radicaal met Fidel Castro in 1971.

De dramatische gebeurtenissen van de zeventiger jaren betekenden het doodvonnis voor de Latijnsamerikaanse democratieën. Bloedige militaire dictaturen kwamen aan de macht en ontelbare intellectuelen gingen in ballingschap. We zien hoe het optimisme van het gouden decennium verdwijnt en de opvattingen over narrativiteit veranderen. Onder de romans van de jaren zeventig, die de naam "post-boom" of "postmodernistisch" meekregen, zijn er twee die in dit kader bijzonder interessant zijn: *Yo el Supremo* (1974) van de Paraguayaan Roa Bastos en *Terra Nostra* (1975) van Carlos Fuentes. Ze hebben beide het thema gemeen van de zoektocht naar de historische wortels van Latijns-Amerika om zo een identiteit, opgebouwd uit brokstukken van verschillende culturen, te kunnen vatten onder de gemeenschappelijke noemer van de hispaniciteit. Beide auteurs stellen daarbij de homogeniteit van dit concept sterk in vraag. De twee romans zijn opgebouwd aan de hand van een verscheidenheid aan documenten, bij voorkeur documentair materiaal die de traditionele geschiedschrijving pleegt te verwaarlozen. Deze alternatieve geschiedschrijving werd in de Latijnsamerikaanse fictionele literatuur – en in het bijzonder bij Borges – heel wat vroeger in praktijk gebracht dan in de Europese Histoire Nouvelle of mentaliteitsgeschiedenis. Een van de redenen voor het internationale succes van deze Latijnsamerikaanse fictionele geschriften, en wellicht ook van de Europese navolging in de jaren tachtig, is ongetwijfeld hier te zoeken.

Terra Nostra is een roman waarin Carlos Fuentes zich tot doel stelt, net zoals duizenden andere schrijvers, historici en filosofen, inzicht te verwerven in de grootste culturele confrontatie van het Westen: de "ontdekking" en verovering van Amerika. Verschillend evenwel van de traditionele onderzoekingen, die vooral interesse betoonden voor de gevolgen van de schok voor het veroverde continent, analyseert *Terra Nostra* het trauma in de andere richting: het gaat de gevolgen na voor Spanje en daardoor ook voor het katholieke Europa, dat zich op dat moment van zijn geschiedenis triomfator achtte op de heterodoxie na zestien eeuwen strijd. Op het ogenblik zelf van de duur bevochten dogmatische zekerheid, die in de roman wordt voorgesteld door koning Filips II en diens abdij van het Escorial, doet de Nieuwe Wereld alle zekerheden op hun grondvesten daveren. En wanneer de wallen instorten ontdekt Spanje met ontzetting dat een andere wereld in de diepte van zijn eigen schoot is blijven doorleven. Het is dit Spanje dat met zijn conflicten naar Amerika zal komen: een Spanje met stukgeslagen overtuigingen en geloof, een Spanje met een dubbel gezicht: het officiële Spanje dat de macht en de geschiedenis wil controleren, en het Spanje van de heterodoxie.

Fuentes analyseert deze twee Spanjes, één en toch meervoudig, vanuit verschillende perspectieven. Een van de meest interessante gezichtshoeken hierbij, althans voor ons opzet, betreft het religieuze aspect. *Terra Nostra* voert in drie delen het historische drama ten tonele van de menselijke strijd voor het eeuwige leven, het zij onder de naam verlossing of kennis. Deze strijd woedt in het geweten zelf van de meest katholieke van alle vorsten, Filips II, aan wie wij allen, Vlamingen zowel als Latijnsamerikanen, een niet zo goede herinnering bewaren. Hij was de koning die macht en kerk wist te vereenzelvigen; die beter dan wie ook voor zijn macht het belang inzag van de bevestiging van de bemiddelende institutie tussen God en de mensen. Op zijn verjaardag – een belangrijke dag omdat hij op die dag de pas afgewerkte grafkelder in zijn nieuw paleis zal inhuldigen en er zijn overleden familieleden ten grave zal bijzetten – analyseert Filips voor zichzelf de triomf van het dogma op de ketterijen, de verschillende interpretaties. Zoals de doden de gevangenen zijn van de stenen van zijn paleis, zo moeten de woorden die de macht van de kerk hebben doen beven, door hem, en voor hem alleen, geschreven worden om dode letter te worden in het papier van zijn testament. Op die wijze ontwikkelt de vorst in het eerste deel van de roman de twee wegen die de mens heeft bewandeld om op te gaan naar het eeuwige leven: binnen de kerk of tegen haar, zich verlatend op Gods hulp ofwel enkel steunend op menselijke kracht.

De laatste optie kan in het kader van de kerkelijke polemieken en schisma's als volgt worden samengevat: indien de mens zichzelf alleen en op eigen krachten kan redden, is dat enkel omdat hij deel heeft aan de goddelijke kracht. Hij kan het bijgevolg stellen zonder de kerk, de instelling, als bemiddelaarster. De eerste optie is die van de dogma's, van de genade en de hypostatische vereniging, het antwoord van de instelling aan de ketterij: zo de mens een contingent wezen is, moet hij zijn verlossing afsmeken van een Opperwezen, dat zelf eigenmachtig kan beslissen om zijn genade te verlenen. Toribio legt in hoofdstuk 56 (Aurora) uit dat de erfzonde en de hierbij horende menselijke verdorvenheid en goddelijke vergeving de bouwstenen van de kerk zijn. Het sleutelelement van de verlossing, Jezus Christus, is het verbond tussen God en de mensen: de God-mens en de mens-God, de Middelaar.

Het tweede deel van de roman behandelt de invloed van de geloofsopvattingen van de Azteken binnen de goed gecontroleerde wereld van het dogma. In hun opvattingen is er een totale verstrengeling van de principes van goed en kwaad. Twee goden, Quetzalcóatl en Tezcatlipoca, vormen het dubbele aangezicht van de menselijke lotsbestemming: leven en dood. Maar rondom hen, en dank zij het geschreven woord dat de conquista met zich heeft meegebracht, wordt een derde element geweven: het geheugen, de stem die beide integreert en het mogelijk maakt in te zien dat goed en kwaad een eenheid vormen. Dit geheugen reisde terug met de karvelen van de veroveraars en verstoorde de structuur van het paleis van de koning. Noch de nieuwe mythen, noch de activering van de ketterse woorden die de koning voor altijd als dood in zijn testament bewaarde, zouden het dogma vernietigen. In de maalstroom zal nochtans de herinnering aan de tot zwijgen gebrachte stemmen in de Oude Wereld onweerstaanbaar binnenbreken in de heiligdommen en eindelijk opnieuw weerklinken dank zij de nieuwe woorden die gesproken en geschreven werden in de Nieuwe Wereld.

In het derde deel van de roman verdwijnen zo de dogma's en de ketterijen. In hun plaats komen een hele reeks esoterismen (vooral de *Kabbala* en de *Zohar*) die handelen over de verlossing door de transmigratie van zielen en lichamen. Deze reeks veronderstelt de voorgaande. *Terra Nostra* bespreekt gnostische doctrines en ketterijen die, dank zij het geheugen van de Nieuwe Wereld, symbolisch heropduiken in het gedachtengoed dat het christelijke Europa vernietigd achtte, met name de joodse godsdienst. De transmigratie betreft echter ook de stemmen: ze beheersen het geheugen en zodoende ook de geschiedenis.

Terra Nostra is opgebouwd uit citaten: het geheugen bevindt zich in de teksten en in een essay (*Cervantes o la crítica de la lectura*, 1976) dat parallel loopt met de roman. Hier publiceert Fuentes zijn bibliografie, zijn referentiewerelden. De leerstellige citaten stammen uit drie verschillende werelden: a) de gewijde teksten, in het bijzonder de evangeliën, de brief aan de Korintiërs, de Apocalyps, de polemieken van de kerkvaders en het dogma; b) de esoterische doctrines en het millenarisme (die ik van de vorige onderscheid omdat ze meer uitgesproken bedoelingen in verband met politieke en sociale veranderingen vooropstellen); c) de godsdienst der Azteken. De eerste referentiewereld stelt niet onmiddellijk problemen, want het dogma betekent hetzelfde voor ons en voor elke lezer die deelheeft aan de joods-christelijke traditie. Hij staat in *Terra Nostra* voor wat hij is, en om op eenzinnige wijze te worden geïnterpreteerd. De uitgekozen evangeliën zijn evenwel het Matteüs- en het Lucasevangelie, de twee herschrijvingen van het oudste Marcusevangelie. Zij ook zijn het voorwerp geweest van ketterse controversen, vooral in verband met discussies over de goddelijke en menselijke natuur van Jezus Christus. Ebionisme, docetisme, arianisme, apollinarisme en nestorianisme zijn zovele constitutieve elementen van deze referentiewereld met als antwoord vanwege de kerk: het dogma. Het werk dat Fuentes aangeeft in zijn bibliografie is de *Encyclopédie* van Migne. Het is een enorm en ambitieus werk van het einde van de negentiende eeuw. Het omvat 168 volumes en valt vandaag vooral op door zijn verouderde karakter en zijn gebrek aan filologische ernst. Voor wat de textuele citaten en interpretaties van de ketterijen betreft heb ik vooral de volumes 11 en 12 geraadpleegd, de *Dictionnaire des Hérésies* van l'abbé Claris. Ik gebruik zijn lectuur van het pelagianisme en het origenisme, die bol staat van vooroordelen wanneer men ze vergelijkt met andere eigentijdse werken. Maar het is mij om een interpretatie, eerder dan om de waarheid te doen. Om de dogma's te beschrijven heb ik gebruik gemaakt van de *Dictionnaire de théologie catholique* van Vacant-Mangenot (1903-1950) en de *Histoire des Conciles* van Hefele-Leclercq (1907-1917), omdat een samenvatting van Migne op dit stuk mij werkelijk ondoenbaar leek.

De esoterische leerstelsels en het millenarisme zorgden voor ernstige referentieproblemen omwille van het orale karakter van hun overdracht. De vervolgingen, het hermetisme en het elitisme waren hinderpalen voor een schriftelijke bewaring. Bijgevolg werden slechts enkele fragmenten van vernietigde teksten gevonden, zonder enige contextuele aanduiding van de lectuur, tenzij die welke hun vijanden eraan hebben willen verlenen, namelijk onbegrip en afschuw. Gelukkig bezorgde Fuentes zelf in zijn bibliografie de referenties voor *Terra Nostra*: *L'Histoire des doctrines ésotériques* van Jean Marques Rivière[1] en *The Pursuit of the Millenium* van Norman Cohn[2]. Het eerste werk is bijzonder interessant want het bevat heel weinig auteurstekst: bijna de totaliteit van de tekst staat tussen aanhalingstekens en toch ontbreekt nagenoeg elke bibliografische verwijzing. Maar net zoals voor Migne zoek ik geen filologische waarheid. Wat ik nodig heb voor mijn lectuur van Fuentes is de interpretatie van Marques Rivière en niet van andere, veel "wetenschappelijker" experten.

Betreffende de godsdienst der Azteken kan ik meerdere interessante

1. J. MARQUES-RIVIÈRE, *Histoire des doctrines ésotériques*, Parijs, Payot, 1971.
2. N. COHN, *The Pursuit of the Millenium*, Londen, Mercury, 1962.

werken aanwijzen voor *Terra Nostra*: in het bijzonder *Historia de la literatura náhuatl* van Angel María Garibay[3] en *Historia general de las cosas de Nueva España* van Bernardino de Sahagún[4].

De lezer wordt geleidelijk doorheen heel de roman geleid via de referenties. De tekst geeft hem aanvankelijk vage elementen, onnauwkeurig nog, om dan plotseling uit te komen bij een eenduidig teken, een textueel citaat, een eigennaam, een duidelijk herkenbaar anathema. Deze zekerheid wordt echter onmiddellijk teniet gedaan door de juxtapositie van een ander eveneens slechts vaag herkenbaar element, dat dan opnieuw een keten van nieuwe preciseringen aanbrengt. Zodra het nieuwe teken geconstrueerd is, creëert de nevenstelling met het eerste teken een vertaalregel. Er worden zonder verwijl nieuwe elementen toegevoegd die een derde teken vormen. Zo komen er steeds nieuwe schakels tot stand. Ik zal deze schakels volgen om het geheugen te beschrijven dat volgens Fuentes zijn intrede doet en definitief de wereld constitueert die sinds 1492 de onze is, aan beide zijden van de Atlantische Oceaan.

De menselijke optie

Parijs 1999: een massa stroomt over de Seinekaaien terwijl hun leider zonder ophouden een citaat herhaalt van Caesarius von Heisterbach, lid van de millenaristische sekte der Amauriciërs. Zij waren aanhangers van een pantheïstische doctrine en beschouwden zichzelf als de eerste vergeestelijkte wezens, de eersten die de tijd van de Geest op aarde incarneerden. Zij namen zich voor goddelijk en stelden dat de zonden niet bestraft zouden worden. Nauwkeurige referenties ontbreken vooralsnog om dit alles te kunnen situeren. Slechts verderop in de roman zullen wij de naam van Joachim de Fiore aantreffen, een monnik uit Zuid-Italië die probeerde om de geschiedenis te verstaan door middel van de gewijde geschriften. Hij ontdekte een "sleutel" die, wanneer hij werd toegepast op de gebeurtenissen en de figuren van de twee Testamenten, en vooral op de Apocalyps, het hem mogelijk moest maken om de zin van de geschiedenis te vatten en de komende etappes te voorzien. Hij zag de geschiedenis als een opstijgende beweging in drie etappes die elk getekend waren door een van de drie personen van de heilige Drievuldigheid; een visie die in duidelijke tegenspraak was met de augustiniaanse leer. De invloed van het joachimisme manifesteert zich duidelijk in drie volkse bewegingen uit de dertiende en zestiende eeuw: het millenarisme, de flagellanten en de broeders van de Vrije Geest[5].

Vanaf het tweede hoofdstuk bevinden we ons in de zestiende eeuw.

3. A.M. GARIBAY, *Histoire de la literatura Náhuatl*, Mexico, Porrúa, 1953.

4. B. DE SAHAGÚN, *Historia general de las cosas de la Nueva España*, Mexico, Porrúa, 1956.

5. JOACHIM DE FIORE, *L'Évangile Éternel*, Parijs, Rieder, 1928, geciteerd door COHN, p. 101 e.v. Voor de referentie betreffende de Amauriciers zie COHN, p. 128.

De koning, uitziende over de verwoeste velden van Vlaanderen, geniet van zijn overwinning op "les hérétiques réfugiés à proximité des mers glacées du Nord, contre les derniers Vaudois et Cathares dissimulés maintenant sous le nom du père Adam et qui, se dénommant Adamites, croyaient pouvoir vivre comme la première créature de Dieu, avant la chute"[6]. Het credo van de ketters luidt als volgt: "Adam, le premier commandement de ta religion est: tu pécheras aujourd'hui par ta chair pour demain purifier ton âme et triompher de ta mort. Ton corps ne ressuscitera pas. Mais si tu l'as épuisé dans le plaisir, ton âme pure s'unira à celle de Dieu, elle sera Dieu, et à l'instar de Dieu, ton âme n'aura pas mémoire du temps vécu sur la terre. Par contre, si tu n'as pas forniqué, ton enfer sera de te réincarner sous forme animale, encore et encore, jusqu'à ce que tu aies épuisé par l'instinct animal ce que tu n'as pas su vaincre avec ton intelligence d'homme" (TN, 63).

De informatie waarover we hier beschikken en die het katharen, de waldenzen en de broeders van de Vrije Geest samenbrengt, is viervoudig: de niet-heropstanding van het vlees, de vergoddelijking, het vergeten van de vorige zielstoestanden in geval van zuivering en de reïncarnatie in het lichaam van een dier in het tegenovergestelde geval. Het eerste en het laatste punt behoren tot de leer der katharen, het tweede stamt van de Vrije Geest en werd reeds gesuggereerd in het citaat uit von Heisterbach, het derde en vierde tenslotte hoort thuis in de Orfico-Pytagoreïsche tradities en de leer van Basilides van Alexandrië. Verderop geeft Fuentes letterlijk een tekst weer van de katholieke mysticus Heinrich Suso, geschreven te Keulen omstreeks 1330, die een dialoog beschrijft tussen de katholiek Suso en een ketterse geest. Dit citaat bevat ondubbelzinnig millenaristische referenties. Maar het werd reeds vroeger voorbereid door andere suggesties[7].

Vervolgens brengt de koning, die reeds in zijn paleis verblijft, een reeks herinneringen opnieuw tot leven in verband met jeugdervaringen met allerlei ketters van verschillende leerstelsels: katharen, waldenzen, millenaristen. Hij voegt er het adjectief "iluminados" aan toe, een Spaanse benaming voor de broeders van de Vrije Geest, maar met een zekere connotatie van verdenking van kathaarse en lutherse besmetting. Hij noemt hen ook "de tahur koningen", een anachronisme dat teruggrijpt op de eerste kruistocht en de kruistochten van de Pauperes[8]. Zo kunnen wij nu ook een vroegere referentie in hoofdstuk drie begrijpen. De intrede van de koning in de tempel, waar de ketters hun toevlucht hebben gezocht, wordt beschreven als de intocht van de kruisvaarders in Jeruzalem, en het bloedbad in de tempel (textueel door Cohn aangehaald) wordt in verband gebracht met de intocht van andere kruisvaar-

6. *Terra Nostra*, p. 63. Ik verwijs naar de Franse vertaling van de roman door Céline ZINS, Parijs, Gallimard, 1979, die m.i. de beste vertaling is.
7. COHN, p. 180.
8. COHN, p. 54-56.

ders, de Fransen, in de Aya Sofia. De herinnering komt bij de koning op tijdens een typisch taboristisch nachtelijk feest in het woud[9]. De mannen en vrouwen, die naakt ronddansen in het bos, zingen een zin uit het ketters Traktaat van de Rijn: "l'essence divine est mon essence et mon essence est l'essence divine, car toute l'essence divine est mon essence et mon essence est l'essence divine, car toute chose créée est divine et la réincarnation sera universelle"[10]. Na dit feest treft de jonge Filips zijn eerste beslissing: hij neemt zijn vrienden mee naar het kasteel van zijn vader om hen om te brengen. De groep die hem vergezelt bestaat uit "kruisvaarders van het millennium", "navolgers van Christus", "profeten van de derde joachimitische tijd", arabieren en joden. Uiteindelijk verschijnt dan de naam van Joachim de Fiore, die reeds meerdere malen werd aangekondigd.

In zijn crypte strijdt de koning met zichzelf. Daar meent hij zijn belangrijkste overwinning te kunnen behalen. Tegen het kathaarse mysticisme dat hem doet geloven dat hij in zijn ziel rechtstreeks met God kan praten, en tegen de doctrine van de transmigratie. "Je ne veux pas que le monde change. Je ne veux pas que mon corps meure, se désintègre, se transforme et renaisse sous forme animale. (...) Je veux la promesse éternelle: monter dans le royaume des cieux et là oublier totalement le monde (...) mais pour arriver au ciel, pour que le ciel même puisse exister, ce qui est mon monde actuel ne doit pas changer car seule de son infinie horreur peut naître, par contraste, l'infinie bonté du ciel. Oui, oui, le contraste est nécessaire; c'est pour cela que jeune homme, obscurément, sans bien savoir ce que je faisais, j'ai assassiné ceux qui osaient offrir le ciel sur la terre (...) et maintenant que je vieillis c'est pour cela que j'édifie consciemment le mal sur la terre afin que le ciel continue à avoir un sens" (171). Alhoewel hij de kathaarse ketterij en zijn vals mysticisme afwijst, vervalt hij er opnieuw in, wanneer hij de reïncarnatieleer ontkent. Net als de katharen beschouwt Filips deze wereld als zondig en wil hem duidelijk onderscheiden van de hemel. Dit is een redenering van de carpocraten, een Egyptische sekte, wier leer Basilius aanpaste aan de Pytagoreïsche zielsverhuizing[11]: men moet elke mogelijke zonde in deze wereld bedrijven. De koning is zelf het slachtoffer van zijn lucediteit en zijn twijfel: wanneer is het God die spreekt in zijn ziel, en wanneer is het de duivel? Deze twijfels worden verderop in de roman ontvouwd en roepen de centrale geloofsproblematiek op: de goddelijke optie.

9. COHN, p. 184; TN, p. 119.
10. COHN, p. 176.
11. MARQUÈS RIVIÈRE, p. 177-178.

De goddelijke optie

Het achtste hoofdstuk is een aaneenschakeling van evangelieteksten, vooral uit het Matteüs-en Lucasevangelie, betreffende de boodschap, de geboorte, het doopsel in de Jordaan, de verdrijving van de kooplui uit de tempel, de bergrede en de kruisweg. Ook het laatste avondmaal, de bekoringen in de woestijn, de twijfels van Pilatus en de verrijzenis van de dochter van Jefta komen ter sprake[12].

Deze citaten zouden kunnen dienen als grond van de heilige waarheid; zij hebben immers een definitieve interpretatie gekregen in het dogma. Maar de expliciete revelatie van het dogma van de hypostatische vereniging staat in het Nieuw Testament te lezen bij Johannes en Paulus[13]. Men mag bijgevolg veronderstellen dat de teksten uit Matteüs en Lucas die over de menswording handelen niet van de duidelijkste zijn. *Terra Nostra* citeert hen in het bijzonder, en vooral de meest betwiste passages in de geschiedenis van het dogma. Men mag evenmin de studie van Origenes over de evangelies van Matteüs en Lucas uit het oog verliezen, noch het feit dat ze de voorkeur wegdroegen van de gnostici. *Terra Nostra* zorgt er trouwens verderop in de tekst wel voor dat dit niet gebeurt. Er zijn slechts twee citaten die niet overeenkomen met deze problematiek, met name die over de verdrijving van de kooplui uit de tempel en die van de bergrede. Maar zij zijn zinvol binnen het perspectief van de menselijke optie. Zij vormen het geliefde argument van de katharen en de millenaristen tegen de verdorvenheid van de clerus en voor de verlossing van de armen.

In het veertiende hoofdstuk treffen wij de ondubbelzinnige elementen aan van de twee dogma's, de hypostatische vereniging en vooral de genade. Een augustijnermonnik herhaalt de "heilige waarheid": "l'homme est condamné par essence car sa nature fut à jamais corrompue par le péché d'Adam: nul ne peut échapper aux limites de cette nature sans l'assistance divine: et pareille grâce ne peut être accordée que par l'Église catholique, apostolique et romaine" (TN 121). De antwoorden van een student hernemen de woorden van Pelagius en verwijzen naar de *apokatastasis* van Origenes: "Il lui demanda de considérer la pensée

12. TN, p. 98: Lc 1,26-33; TN, p. 99: Lc 2,4-10 en Mt 2,3.13-15; TN, p. 100: Mt 3,13-17; TN, p. 101: Mt 21,12-13; 23,23; het volgende vers, Mt 23,24: "Ay de vosotros, escribas y fariseos" schijnt een interpolatie te zijn van Mc 12,40 en de critici oordelen dat het niet thuishoort in Matteüs. Fuentes, als filoloog een volgeling van Marcion, ignoreert het 'toevallig' en gaat over naar Mt 22,27; Mt 27; Mt 10,34-39; TN, p. 103: Mt 5,1-6.10; 6,24; 27,32-37; Lc 23,35.44-46; TN, p. 105: Mt 26,26; Lc 22,19-21; Joh 13,26. Het volgende vers, "No beberé el fruto de la vida hasta llegar al reino de Dios", in TN op p. 105, komt uit Mt 26,29, Mc 14,25 en Lc 22,18. TN, p. 108: Lc 23,13-21; Mt 27,24-26; TN, p. 111: Mt 9,18-19.

13. Deze informatie ontleen ik aan *Dictionnaire de théologie catholique*, vol. XI/2, 1932, art. "Origenes", col. 1498. De commentaar op het Matteüsevangelie van Origenes omvatte 25 boeken, waarvan in het Grieks de boeken X tot XVIII bewaard bleven. Er bestaat een anonieme Latijnse vertaling van hoofdstuk XI. Van de Lucascommentaar, die 15 boeken zou omvat hebben, is er geen spoor meer.

de l'héresiarque Pélage, qui estimait que la grâce de Dieu, étant infinie, est un don directement accessible à tous les hommes, sans qu'il soit besoin de passer par des pouvoirs intermédiaires; que le professeur examine également la doctrine d'Origène qui avait suffisamment confiance en la très grande charité de Dieu pour croire que celui-ci finirait par pardonner au Démon" (TN 121). Om uitleg te geven bij deze ideeën reproduceert de student woordelijk de aanklachten die werden ingebracht door Paulinus, diaken van de Carthaagse kerk, niet tegen Pelagius zelf, maar tegen zijn leerling Celestius[14]. De monnik riposteert: de wet is de synode van Carthago, het concilie van Efese en de geschriften van Augustinus. Aldus verschijnt, tussen twee zeer expliciete elementen – de synode en Augustinus –, een nieuw element, het concilie van Efese, synthese van het antwoord van de kerk op de pelagiaanse ketterij. Er wordt hier geen andere informatie gegeven, alhoewel de geïnformeerde lezer kan raden dat het over het concilie van Efese van 413 gaat, dat de theologische discussie tussen Nestorius en Cyrillus over het dogma van de hypostatische vereniging bezegelde. Maar tot nu toe doet de roman niets anders dan het aankondigen.

Verderop gaat een andere monnik te keer tegen de massa "iluminados" die Filips naar het kasteel meevoert. In zijn discours verenigt hij in een reeks weerleggingen en anathema's de patristiek en de *doctor angelicus*. In één zin synthetiseert hij het antwoord van de kerk aan de gnose: "Il n'y a pas d'autres cieux que ceux définis par l'Élucidaire" (TN 144). Nadien weerlegt hij ook de millenaristen en Pelagius: "Ce n'est pas vrai que nous sommes libres parce que le sacrifice du Christ nous a lavés du péché d'Adam; ce n'est pas vrai que la grâce de Dieu est à la portée de tous, sans la médiation des pouvoirs ecclésiastiques; ce n'est pas vrai que le corps humain rédimé peut jouir de lui-même, de la douceur de sa propre peau, de son contact joyeux avec d'autres corps semblables, sans craindre le péché" (TN 145). Hij stelt het nog explicieter: "anathème soit l'enseignement de l'hérétique Pélage, anéanti en son temps par saint Augustin d'Hippone; anathème également celui du suspect Origène qui fit culminer sa pensée en se livrant à l'acte atroce de la castration, ainsi que celui du ténébreux moine italien Joachim de Fiore; car l'homme n'est pas naturellement doté d'une grâce qui puisse le dispenser de l'obtenir par l'intermédiaire de l'Église comme le prétendait l'hérésie pélagienne; il n'y aura pas de royaume de mille ans réalisable dans l'âme des croyants, comme le spéculait Origène; il n'y aura pas non plus, comme le prophétisait la folie joaquimite, de troisième âge qui serait le dimanche et le repos de l'humanité souffrante, époque où le Christ et son Église n'auraient plus de raison d'être puisque l'esprit régnerait pleinement à leur place" (TN 145). Niets nieuws tot zover, slechts wijdlopigheid, tenzij dat kleine teken: "les hérétiques qui parlent de Jésus-Christ comme d'un homme purement humain, pareil à nous" (TN 146). Dit kleine teken

14. MIGNE (CLARIS), vol. XI, col. 1080-1107.

spreekt over een ander dogma, dat van de hypostatische vereniging.

Het probleem betreffende de kennis van God wordt door de koning ontwikkeld, waarbij hij zijn twijfels toont om ze beter te kunnen beheersen in zijn testament. De twee problematische dogma's zijn de genade, de verlossing door de goddelijke vergeving, en de hypostatische vereniging, de goddelijke en menselijke natuur van de Verlosser. Maar het allereerste probleem voor de vorst is het bestaan van God. Hij heeft slechts de absolute materie gezien en een heel klein gedeelte, het meest nabije, van de hemel. Op die wijze ontvouwt hij de gnostische theorie van de intermediaire hemelen, en noemt de gnostische ketterijen op die over de schepping van de mens handelen: "nous sommes le fruit du caprice désenchanté de quelques anges pétris d'ennui à qui il restait tout juste la force et l'imagination nécessaire à l'invention de la misère humaine" (TN 208). Hij vraagt zich af hoe uit de oneindige volmaaktheid de oneindige verdorvenheid kan voortkomen (Marcion). We zijn bijgevolg de kinderen van een boosaardige god. Volgens de vorst is deze god Satan. Zodoende vertaalt hij meteen Marcion in kathaarse schemata. De aanvankelijke vrees van Filips wordt daardoor versterkt: wanneer wij met iemand spreken in een mystieke eenheid, is dat dan God of de Duivel?

De enige weg tot godskennis is de menswording van het woord. Het is de grootste zekerheid die de kerk verleent, het bewijs van de goddelijke genade en de verlossing. Welnu, indien men werkelijk wil twijfelen, moet dit alles in vraag gesteld worden. Daarom komt een hele reeks ketterse theorieën over de natuur van Christus aan bod zonder expliciete benaming: a) de twee redders, Christus de God en Christus de mens, b) de onwerkelijke natuur van het menselijk lichaam van Christus, c) de verwisseling van Christus aan het kruis door Simon van Cyrene, d) de slechts voorbijgaande aanwezigheid van Christus de God in het lichaam van Christus, e) Christus als zoon van een kameeldrijver uit de woestijn, f) de sodomietische bruiloft van Jezus en de Doper, g) het verraad van Sint-Jozef. Nadat hij dat allemaal vernoemd heeft, reciteert de koning het symbolum van Nicea, het ultieme antwoord op alles. En hij verschaft de volgende uitleg aan zijn bediende: "Mieux vaut que les choses restent comme elles sont, mieux vaut que je détienne seul le pouvoir, mieux vaut un seul dogme plutôt que mille doutes et débats. Tâche de comprendre la démarche raisonnée de mon apparente déraison, Guzmán: les doutes demeurent consignés sur le papier, dictés par moi, écrits par toi. Ils existent parce qu'ils sont écrits, mais ils restent miens, ma possession propre – comme envers noir de la vérité lumineuse de la Foi; ils ne se promènent pas à l'air libre, portés et ballotés au gré du vent de la tentation et de la rumeur incohérente de la farce. Intégrons le mal à notre savoir, Guzmán, il servira de faire-valoir et d'avertissement salutaire à la vérité et au bien" (TN 223).

Niet lang nadien vindt Julian dit testament van de koning en herkent de verschillende ketterijen: het docetisme, het Syrisch gnosticisme van Saturnilus, het Egyptisch gnosticisme van Basilides, het judaïserende gnosticisme van Cerintio en de ebionieten, het patripassianistisch monarchisme, Sabellius, Apollinarius, Nestorius, Pelagius. De uiteindelijke vaste naamgeving begraaft deze meervoudige visies in de geschiedenis van de kerk aldus onder een gemeenschappelijke en definitieve noemer: ketterij. Het geestelijke probleem van de koning, dat hij manifesteert en ontwikkelt aan de hand van verschillende ketterse stelsels en waartegen het antwoord van het dogma zich afzet, is tenslotte te herleiden tot dat ene: het probleem van het middelaarschap, de mediatie. Hieruit vloeit rechtstreeks voort de noodzaak van het Instituut, de Instelling, één en machtig, als enig mogelijke bemiddelingsinstantie tussen God en de mensen. Het vraagstuk van de genade (de goddelijke vergeving) is op deze wijze verbonden met dat van de hypostatische vereniging. Christus, mens en God, was uniek, en de kerk, zijn dochter, erft de unieke rol van de mediatie. Dat is de as van het gezag, de macht van Rome en van de koningen die door haar in hun macht gelegitimeerd werden. Zolang de koning tegenover zijn twijfels een unieke en definitieve versie kan plaatsen, deren zij hem niet. Hij heeft getriomfeerd over de ketterijen en het Escorial is hiervan het symbool.

Het tweede deel van de roman – de Nieuwe Wereld – ridiculiseert deze overwinning. De Azteekse godheden in dubbelvoud Tzecatlipoca, het kwaad, de vernietiger, en Quetzalcoatl, de verlosser, zijn slechts verschillende aangezichten van één enkel probleem: de strijd binnenin de mens, net zoals in de vorst. Maar dit gevecht kan niet gewonnen worden met het dogma, want in de Nieuwe Wereld begint deze strijd elke dag opnieuw. Ontzet vertelt Filips II bij het begin van het derde deel aan zijn dienaar: het is "le vaste et terrifiant hasard d'un nouveau monde où tout pourrait recommencer de nouveau" (TN 532). De koning roept uit: "je n'ai jamais entendu raison que se moque aussi férocement de la mienne: un monde (...) que meurt à chaque crépuscule et doit être reconstitué à chaque aurore; non non non; la fin de mon univers, figé à jamais, à jamais ordonné par le pouvoir le crime l'héritage mon univers semblable à mon palais le nouveau monde totalement dissemblable: l'autre, l'incompréhensible, le proliférant, fleur d'un jour, mort chaque nuit, réssurrection chaque matin (...) tout change, rien ne meurt complètement, rien ne se perd, tout ressuscite transformé, tout s'alimente de tout, l'extinction est impossible..." (TN 535).

De koning heeft de nederlaag geleden, want buiten zijn paleis en in geheel het Middellandse-Zeegebied overleven allerlei geloofsovertuigingen die de basis voor zijn zekerheid afwijzen, nl. het bestaan van Instituut, de Instelling. Andere stemmen klinken door in zijn crypte: de stemmen van de joden, het meest nabij, want ze zijn reeds in Spanje. Het zijn de stemmen van de *Kabbala* en de *Zohar*, de stemmen van de parallelle traditie, die spreken over schepping door emanatie en over transmigratie van lichamen en zielen. De woorden van joodse teksten vertolken talrijke andere nuances. De transmigratie vormt ook het centrale idee van andere esoterische doctrines, en de emanatie manifesteert zich in de dromen, het bewijs dat de godheid zich bij de mensen bevindt.

We kunnen dit boek evenwel niet dichtklappen na lectuur alsof het een doodgewone historische roman is die over problemen handelt die ver van ons af liggen. Dit is een tekst uit de jaren zeventig die bulkt van de verwijzingen naar onze eigen tijd. Het is geschreven door een klaarziend Latijnsamerikaans intellectueel, een expert in de politieke en sociale wetenschappen die getuige is van de uitbuiting van het Zuiden door het Noorden, en ontgoocheld is door de Cubaanse Revolutie en de hoop die ze had laten opbloeien. *Terra Nostra* is een boek dat geschreven is door een schrijver die constateert hoe terzelfdertijd militaire dictaturen en communisten hun eigen waarheid opleggen net als de kruisvaarders dat voorheen deden in de Aya Sofia. Fuentes ziet ook hoe de Europese kerk grote vragen stelt ten aanzien van de keuze van de kerken van de Derde Wereld voor de armen. De theologische discussies vormen slechts één van de boodschappen van *Terra Nostra*, maar zij springen het meest in het oog voor de katholieken van de tweede helft van de twintigste eeuw die dergelijke twistpunten uit hun geheugen hebben gebannen als totaal uit de tijd. Ze zijn er echter nog steeds, onder andere gedaanten. De aanklacht van Fuentes richt zich onbarmhartig hard tegen die mensen die de instellingen – zelfs de democratische – gebruiken, niet om het lot van de mensheid te verbeteren, maar om hun eigen macht en heerschappij over hun medemensen te vestigen. Niemand ontsnapt uiteindelijk aan de innerlijke strijd van koning Filips: "Délivre-moi, Seigneur, de la vaine complaisance et de l'orgueil caché, des pénitences désordonnées, des révélations et des visions imaginaires. Comment puis-je distinguer les véritables paroles intérieures qui viennent de Dieu, les extases et les ravissements divins par lesquels Dieu aimant communique avec mon âme, des façons de faire du Démon dont la figure simiesque cherche à imiter et à contrefaire les œuvres de Dieu? Que mon âme ne soit point trompée par l'illusion que Dieu lui parle et lui offre des visions alors que les paroles et les visions n'émanent pas de Lui mais de ma propre imagination fertile" (TN 168).

Centro de Estudios hispánicos
Faculteit Letteren en Wijsbegeerte
Blijde Inkomststraat 21
B-3000 Leuven

Luz RODRÍGUEZ

DE PSALMEN VAN ERNESTO CARDENAL

ACTUALISATIE VAN EEN THEO-LOGISCH DISCOURS EN EEN THEO-PRAXIS

De *Salmos* (1959-1964)[1] van de Nicaraguaanse priester-dichter-politicus Ernesto Cardenal (°1925) zijn herhaaldelijk heruitgegeven[2] in hun oorspronkelijke taal; zij zijn in verschillende vreemde talen vertaald[3], overvloedig geciteerd en gebruikt, maar totnogtoe nauwelijks bestudeerd[4]. Het ontbreekt nochtans niet aan interessante invalshoeken. Vanuit algemeen literair standpunt kan men bijvoorbeeld hun specifieke plaats onderzoeken binnen het genre van de *mester de rebeldía* (opstandslyriek) die de Centraal- en Zuidamerikaanse poëzie vooral gedurende de laatste decennia heeft gekenmerkt[5]. Literair-technisch gezien zou men anderzijds hun trouw aan de typisch bijbelse uitdrukkingsvormen, als bijvoorbeeld het parallellistisch dubbelvers kunnen bestuderen. Een heel ander, eveneens

1. 1964 is de datum van de eerste uitgave. Volgens G. BELLINI, *Historia de la literatura hispanoamericana*, Madrid, Castalia, 1986, p. 437, werden de *Salmos* geschreven tussen 1959 en 1964. Deze chronologische gegevens zijn belangrijk voor de juiste historische contextualisering van de bundel, niet alleen binnen het persoonlijk curriculum vitae van de auteur (de jaren van zijn priesteropleiding en kloosterleven), maar vooral t.o.v. enkele grote historische gebeurtenissen in Latijns-Amerika en in Nicaragua in het bijzonder, zoals bv. de Cubaanse revolutie (1.1.1959) (psalm 57 maakt duidelijk allusie op de Castristische revolutie) of nog de Sandinistische revolutie (19.7.1979). In dit verband, zie Teófilo CABESTRERO, *Nicaragua. Priesters in de politiek*, 's-Hertogenbosch, Stichting Gezamenlijke Missiepubliciteit, 1983. Of ook nog binnen het kader van de opkomende bevrijdingstheologie: zie o.a. Leonardo & Clodovis BOFF, *Wat is theologie van de bevrijding?*, Averbode-Apeldoorn, Altiora, 1986, vooral het hoofdstuk: "Beknopte geschiedenis van de theologie van de bevrijding", p. 78-90. Voor een uitvoeriger historiek van de bevrijdingstheologie, zie Alfred T. HENNELLY (ed.), *Liberation Theology. A Documentary History*, Maryknoll, NY, Orbis Books, 1990.

2. De hier gebruikte uitgave is: Ernesto CARDENAL, *Salmos*, Madrid, Ediciones Endymion, 1990.

3. Gemakkelijk te consulteren zijn de vertalingen in het Nederlands: E. CARDENAL, *Protest achter prikkeldraad. Moderne Zuidamerikaanse psalmen*, Baarn, Ten Have, 1970; in het Frans: E. CARDENAL, *Cri. Psaumes politiques*, Parijs, Cerf, 1970; in het Engels: E. CARDENAL, *The Psalms of Struggle and Liberation*, New York, Herder and Herder, 1971; in het Duits: E. CARDENAL, *Zerschneide den Stacheldraht: Südamerikanische Psalmen*, Wuppertal, Jugenddienst-Verlag, 1967. Voor dit artikel heb ik de geciteerde psalmen en psalmfragmenten zelf in het Nederlands vertaald. Omwille van het studieobject is de vertaling meer letterlijk gewild dan stijlvol.

4. Verspreide en fragmentaire gegevens in bv. Mario BENEDETTI, *Los poetas comunicantes*, Montevideo, Biblioteca de Marcha, 1972, p. 79-123: "Ernesto Cardenal: evangelio y revolución"; José Miguel OVIEDO, *Ernesto Cardenal: un místico comprometido*, in *Casa de las Américas* IX, 53 (1969) 29-48. Het proefschrift van Eduardo URDANIVIA, *Poesía y Cristianismo. La obra de Ernesto Cardenal*, Lima, Latinoamericana Editores, 1986, heb ik niet kunnen inzien.

5. Zie Ramiro LAGOS, *Mester de rebeldía de la poesía hispanoamericana*, Madrid-Bogotá, Ediciones Dos Mundos, 1973.

leerzaam studieveld ware het onderzoek naar de kerkelijke praxis van deze collectie hedendaagse psalmgebeden, hun bruikbaarheid en effectief gebruik in de liturgie van de basisgemeenschappen[6], en hun kerygmatische betekenis en invloed in de lokale kerk. Naast het boek *Exodus*, bepaalde profetische teksten en het boek *Job*, behoren de *Psalmen* tot het veelvuldig gehanteerd oud-testamentisch materiaal binnen de gebeds- en homiletische praktijk van de basisgroepen en de nieuwe evangelische bewegingen in Latijns-Amerika en daarbuiten[7]. Een nieuw en specifiek theo-logisch en theo-praktisch spreken (discours), binnen een nieuw en specifiek ecclesio-logisch en ecclesio-praktisch bestel, vindt in de her-lezing en actualiserende her-interpretatie van die traditionele kerkelijke canonieke teksten een geschikte uitdrukkingsvorm.

Het fenomeen van de actualisering van canonieke kerkelijke teksten zoals gebeden, bijbelteksten, geloofsformules, catechetische modellen enz.[8], is natuurlijk niet nieuw. Een vluchtige blik op de eeuwenoude traditie van de psalmberijmingen en psalmparafrasen (ik heb het hier uitsluitend over het Spaanse taalgebied) leidt ondermeer tot de twee volgende observaties. Ten eerste: wat meestal met termen als *paráfrasis, aclaración, traducción, versión, exposición, declaración, translación*, enz. wordt aangeduid, is een min of meer vrije vertaling en adaptatie van de originele psalmtekst naar eigentijdse culturele of volkse literaire en/of muzikale modellen. Al is hier en daar een kleine marge tekstuele nieuwigheid niet uitgesloten, de trouw (expliciet of impliciet) aan de grondtekst of aan een canonieke versie, is in die adaptaties de regel of minstens toch een betrachting vanwege de vertaler of de bewerker. De uiteindelijke bedoeling is in elk geval een nieuwe liturgisch-bruikbare en volgens de kerkelijke normen aanvaardbare lezing. De woordelijke her-duiding, de actualisatie, de concretisering, de parenetische of moraliserende her-lezing gebeurt in de regel (bv. bij homilie of persoonlijke meditatie) wel uitgaande van de tekst, maar staat als het ware *boven-op-de-tekst*. De particuliere of collectieve actualisatie gebeurt mentaal of oraal, maar de

6. Zie Antonio REISER & Paul Gerhard SCHOENBORN (ed.), *Basisgemeinden und Befreiung. Lesebuch zur Theologie und christlichen Praxis in Lateinamerika*, Wuppertal, Jugenddienst-Verlag, 1981.

7. Over de hermeneutische bemiddeling van de Bijbel in de bevrijding(stheologie), zie o.a. L. & C. BOFF, *Wat is theologie van de bevrijding?*, p. 41-45; Elsa TAMEZ, *La Biblia en los oprimidos*, Costa Rica, San José, Dei, 1979; Dietrich SCHIRMER (ed.), *Die Bibel als politisches Buch*, Stuttgart, Kohlhammer, 1982; Norman K. GOTTWALD (ed.), *The Bible and Liberation. Political and Social Hermeneutics*, Maryknoll, NY, 1983; Robert MCAFEE BROWN (ed.), *Unexpected News. Reading the Bible with Third World Eyes*, Philadelphia, Westminster Press, 1984. Voor een geactualiseerde lezing van het boek *Job*, zie Gustavo GUTIÉRREZ, *Gerechtigheid om niet. Reflecties op het Boek Job*, Baarn, Ten Have, 1987. Een homiletisch-liturgische actualisatie van de zondagse evangelieperikopen in: Ernesto CARDENAL, *El Evangelio en Solentiname*, Salamanca, Ediciones Sígueme, 1978.

8. Moderne Latijnsamerikaanse actualisaties van gebeden en andere kerkelijke canonieke teksten vindt men bv. in het in noot 6 geciteerde leesboek *Basisgemeinden und Befreiung* (bv. *Ave Maria*, p. 219, *Magnificat*, p. 224, *Credo*, p. 337, een volledig misrituaal p. 341 en ss.). Ook in *Vamos caminando*, Lima, Centro de Estudios y Publicaciones, 1977 (Engelse versie *Vamos caminando. A Peruvian Catechism*, Londen, SCM Press, 1985).

psalmtekst zelf wordt in zijn canoniciteit, in zijn fundamentele integriteit, onaangeroerd gelaten. Ten tweede: wil een of ander dichter dan toch, bij uitzondering, nieuwe, persoonlijke, originele psalmen schrijven, dan gebruikt hij de algemene term *psalm* wel, bv. in de titel, of een gekende psalmtekst als uitgangspunt of model, maar in feite gaat het om heel eigen, individuele nieuwe gedichten[9], al dan niet van dicht of van ver geïnspireerd op het psalm-genre. Ze zijn zeker niet bedoeld om de canonieke psalmen in collectief-kerkelijk verband liturgisch te vervangen.

De *Salmos* van Ernesto Cardenal onderscheiden zich duidelijk van de traditionele praktijk. Meestal uitgaande van een inleidend vers (incipit), gelijklopend aan het begin van de bijbelse psalm, ontwikkelt Cardenals psalm zich zeer spoedig opvallend autonoom. Her en der zijn kortere of langere coïncidenties met de oorspronkelijke tekst te bemerken, maar wat vooral opvalt zijn de vele verkortingen, specifieke toevoegingen en uitweidingen, om naar het einde toe in de meeste gevallen min of meer op het bijbels eindvers (explicit) te sluiten. Deze micro-techniek van identiek startpunt en eindpunt, met losse opeenvolgende vergelijkbare steunpunten binnen het verloop van iedere psalm afzonderlijk, vindt men terug in de macrostructuur en de opbouw van de hele bundel. Zo zitten de 26 *Salmos*[10] besloten tussen versies van psalm 1 en psalm 150 van het bijbelboek, maar binnen dit uitwendig strakke kader is een vrije keuze gemaakt van psalmen, weliswaar in de volgorde van het traditionele psalmboek. Zowel deze paradigmatische keuze van de reeks psalmen[11] binnen het psalterium, als de precieze parafrasetechniek binnenin iedere psalm, zouden een uitgebreide microanalyse vergen die hier natuurlijk niet mogelijk is.

De actualisatie van de tekst gebeurt bij Cardenal niet boven-op-de-tekst of naast-de-tekst, maar onmiddellijk *binnen-in-de-tekst*: zijn actualiserende interpretatieve lectuur treedt in de tekst binnen; zijn her-lezen leidt tot het her-schrijven van de psalm. Het is dat herlezen-herschreven psalterium dat aan de lokale gemeenschap wordt aangereikt als gebedsboek, als theo-/ecclesiopraxis.

Om de originaliteit van Cardenals psalmbewerking en zijn eigen discursieve praktijk kort aan te tonen, suggereer ik hier twee analyselijnen. Het gaat telkens maar om een fragmentaire benadering, een eerste aanloop naar een geplande vollediger en grondiger aanpak van het geheel. Eerst tracht ik binnen een enigszins aangepast actantieel schema, één van de relationele termen wat preciezer te omschrijven dankzij een confrontatie van twee *salmos* van Cardenal met hun bijbels origineel

9. Illustratief in dit verband zijn bv. de klassieke psalmen van Francisco de QUEVEDO, *Heráclito cristiano o segunda arpa a imitación de David* (26 psalmen) en de meer recente *Salmos* van Miguel de Unamuno, León Felipe of Ricardo León.

10. De hier gebruikte uitgave bevat 26 psalmen. Alle geconsulteerde vertalingen geven er slechts 25. Steeds ontbreekt dezelfde extreem gepolitiseerde psalm 57 (zie noot 12).

11. Cardenals selectie is de volgende: de psalmen 1 - 4 - 5 - 7 - 9 - 11 - 15 - 16 - 18 - 21 - 25 - 30 - 34 - 36 - 43 - 48 - 57 - 78 - 93 - 103 - 113 - 129 - 130 - 136 - 148 - 150. De nummering is de Latijnse.

(primair contrastief model). Daarna zet ik een *salmo* zowel tegenover de bijbelse versie als tegenover een andere contemporaine proeve tot actualisatie van de psalmen (secundair contrastief model).

Zoals in de meeste bijbelse psalmen schuilt in de *Salmos* van E. Cardenal een actantieel basisschema dat grosso modo tot de volgende bijzonderste interrelationele lijnen kan worden teruggebracht:

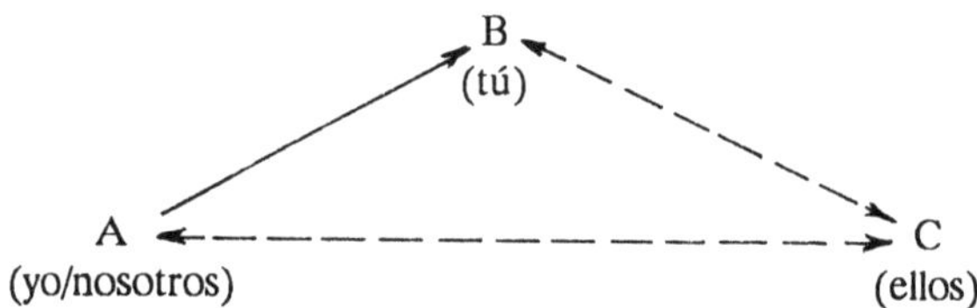

a) Het overgrote deel van de psalmen (meer dan 3/4) is rechtstreeks tot een enkelvoudige tweede persoon *tú* gericht (B: God/Heer). In de regel gebeurt dit door een enkelvoudige eerste persoon *yo* (A: ik), die evenwel in de loop van heel wat psalmen tot een meervoudig *nosotros* (A^n: wij) wordt uitgebreid. Typische voorbeelden zijn ondermeer *salmo* 15 en *salmo* 30:

> En *ik* sprak:
> er is geen geluk voor *mij* buiten u!
> *Ik* vereer geen filmsterren
> geen politieke leiders
> *ik* aanbid geen dictators
> *Wij* nemen geen abonnement op hun tijdschriften
> *wij* zijn geen lid van hun partijen... (Psalm 15)

In geen enkele psalm wordt de directe discursieve relatie A>B omgekeerd tot B>A. Een zeldzame keer neemt B het woord (bv. *salmo* 11) om te spreken niet *tot* A^n maar *over* A^n.

b) De relatie tussen A en C (derde personen meervoud: *ellos, los que*/zij, die) is, op één merkwaardige uitzondering na[12], nooit rechtstreeks discursief: A spreekt in de regel *niet tot* C, wel *altijd over* C, en dat binnen de relatie A-B. De relationele pool C wordt aldus *altijd genoemd, nooit aangesproken.* De discursieve breuk tussen A en C is volledig. De vaste rol die deze derde personen meervoud in het actantieel schema innemen is dermate gefixeerd binnen de psalmenreeks, dat vanaf de vijfde psalm

12. Het betreft *salmo* 57, precies die psalm die in alle vertalingen (en bijgevolg in bepaalde uitgaven) ontbreekt. Cardenals *salmo* bezingt in triomfantelijke bewoordingen de komst van de proletarische Revolutie. De allusies op de Cubaanse Revolutie zijn duidelijk. Wellicht omwille van de té concrete actualisatie en historiserende her-lezing en her-schrijving van de bijbelse psalm 57, en misschien ook omwille van bepaalde krasse verzen, als bv. het slotvers ("De levende God is die van de proletariërs") is de psalm uit de reeks gelicht.

(*salmo* 9) het relationeel bezitsadjectief *sus* (hun) in de psalmtekst probleemloos betekenisvol opduikt nog voordat de betreffende personen zijn genoemd:

Bezingen zal ik Heer uw wonderwerken
Psalmen zal ik voor u zingen
Want *hun* Legers zijn verpletterd

Een analoog fenomeen doet zich voor in bv. *salmo* 36, waar *los* (hen, ze) als voorwerpsvorm zonder voorafgaande voorwerpsbepaling onmiddellijk verwijst naar de vertegenwoordigers van pool C en hun (*sus*) attributen:

Verlies je geduld niet als je *hen* miljoenen ziet verdienen
Hun aandelen zijn als hooi op het veld

c) De actantiële basisverhouding tussen de drie hoofdpolen A-B-C is eenvoudig: A vraagt aan B tussenbeide te komen in de oppositionele relatie $A(A^n)<>C$.

Dwars door dit simpel en vast relationeel schema zijn enkele bijkomende secundaire discursieve relaties geweven. Zo bv. in *salmo* 1 waarin een individu, blijkbaar uit de groep A, als generieke derde persoon A^x, in oppositie wordt gebracht met de groep C, zonder vermelding van de relatie A-B:

Gelukkig de man die de wachtwoorden van de Partij niet volgt
niet deelneemt aan hun meetings
niet met de gangsters aan tafel gaat zitten
...
Hij zal zijn als een boom geplant naast de bron

In de boven geciteerde verzen van *salmo* 36 richt A (*yo*) zich tot zichzelf (A')[13] of tot een ander niet nader bepaalde component van A^n, sprekend in termen van oppositie over C. In zo'n geval fungeert B dan als derde persoon enkelvoud (*él, el Señor*, de Heer). Dankzij een paar psalmen als bv. *salmo* 48 ziet men dat het gesloten binnenkader van de driehoek A-B-C in feite ruimer moet worden gelezen, binnen een open complex, waarin de *Salmos*, alhoewel die primair door A tot B zijn gericht, daarenboven nog een algemener bestemmeling hebben. Er speelt namelijk ook een pool D (*vosotros*, jullie) mee:

Dat alle volkeren mij aanhoren
Luistert alle bewoners van de aarde

13. Een andere theoretisch mogelijke, maar in de context totaal uitzonderlijke discursieve relatie ware $B>A$.

Enkele psalmen als bv. 148 en 150 zetten een relatie A>D>B vooruit: A doet een beroep op D om B te loven:

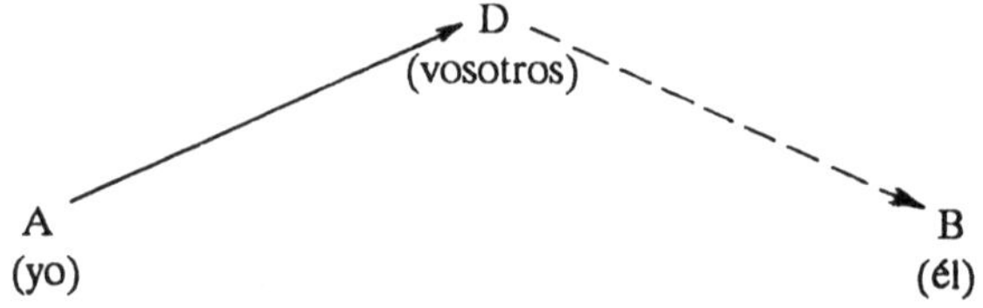

Looft de Heer in de kosmos
Zijn heiligdom
in een straal van 100 miljarden lichtjaren
...
looft Hem met blues en jazz
en met symfonische orkesten
en met negro-spirituals (*salmo* 150)

Alleen binnen dit ruimer kader kunnen de binnentextuele vermeldingen van "*mis salmos/mis poemas*" (psalmen 7-9-18-34-136 enz.) worden begrepen en neemt de pool A ook de rol aan van auteur van de psalmen[14].

Binnen dit traditioneel bijbels discursief schema is de originaliteit van Cardenals psalmen, vooreerst t.o.v. de bijbelse psalmen maar eveneens t.o.v. andere contemporaine psalmadaptaties, in hoofdzaak te vinden in de oppositionele beschrijving van de pool C en van daaruit ook in de relaties met de polen A, B en D. Enkele uitgesproken lofpsalmen die zich vooral toespitsen op de relatie D>B, bevatten eveneens een stuk actualisatie van het scheppingsaspect in B (*él*). Over dit aspect van de actualisatie zal ik het hier niet hebben. Ik wil hier alleen de amplificatie en specificiteit van de pool C kort belichten met de implicaties die deze transformatie van C inhoudt voor A en B. Ter illustratie twee korte typische voorbeelden: *salmo* 11 en *salmo* 25. Vooraf citeer ik de vertaling van de bijbelse psalmen[15].

14. Men kan een parallel trekken tussen:
A = de bijbelse auteur (David) – het volk van Israël
A = de moderne auteur (E. Cardenal) – het Latijnsamerikaanse volk.

15. De vertaling van de bijbelse psalmen is genomen uit *De Boeken van het Oude Testament* (red. W. GROSSOUW en J. VAN DER PLOEG), *Psalmen I-II*, vert. J. van der Ploeg, Roermond, Romen en zonen, 1971-1974. De versnummering van de originele psalm is hier gemakshalve en voor zover mogelijk ook ingevoerd in de tekst van Cardenals *salmos*.

PSALM 11(12)

2 Help, Jahwe! want er zijn geen vromen meer,
want de getrouwen zijn verdwenen onder de mensen.
3 Leugen spreekt elk tot zijn naaste,
dubbelhartig spreken zij geslepen taal.
4 Jahwe zal al die geslepen lippen wegnemen,
de tong, die grote woorden spreekt,
5 hen die zeggen: Met onze tong zijn wij sterk,
onze lippen hebben wij mee, wie is onze meester?

6 "Om het beroven der armen, om het gekerm der behoeftigen,
sta Ik nu op – zegt Jahwe –,
Ik schenk heil aan wie ernaar smacht".

7 Jahwe's woorden zijn zuivere woorden,
zilver, gesmolten in een smeltbak in de grond,
zevenmaal gelouterd.
8 Gij, Jahwe, doe ze gestand,
bescherm ons tegen dit geslacht, voor eeuwig!
9 De zondaars lopen rond
terwijl het gepeupel der mensen het hoofd opsteekt!

PSALM 25(26)

1 Beoordeel mij, Jahwe, want ik heb mij deugdzaam gedragen;
op Jahwe verliet ik mij, ik wankelde niet.
2 Onderzoek mij, Jahwe, en keur mij,
doe mijn nieren en mijn hart in de smeltkroes.
3 Want uw goedheid stond mij voor ogen
en ik gedroeg mij volgens uw waarheid.

4 Nooit heb ik bij slechte mensen gezeten,
en met sluwen ga ik niet om.
5 Ik haat de bijeenkomst der boosdoeners,
ik ga niet zitten bij zondaars.

6 Ik kan mijn handen in onschuld wassen
en ik wil rond uw altaar gaan Jahwe,
7 om luid lof te doen horen,
en al uw wonderen te verhalen.
8 Jahwe, ik heb lief het huis waar Gij woont,
de plaats, waar uw glorie verblijf houdt!

9 Neem mij niet weg met de zondaars,
mijn leven niet met de moordenaars,
10 in wier handen misdaad is,
en wier rechterhand vol omkoperij.

11 Maar ik blijf mij deugdzaam gedragen,
bevrijd mij en wees mij genadig!
12 Mijn voet staat op de rechte weg,
Ik zal Jahwe prijzen in de samenkomsten!

ERNESTO CARDENAL: SALMO 11

2 Libértanos tú
porque no nos libertarán sus partidos
3 Se engañan los unos a los otros
Y se explotan los unos a los otros
4 Sus mentiras son repetidas por mil radios
sus calumnias están en todos los periódicos
Tienen oficinas especiales para hacer Mentiras
5 Esos que dicen:
"Dominaremos con la Propaganda
La Propaganda está con nosotros"
6 Por la opresión de los pobres
por el gemido de los explotados
ahora mismo me levantaré
dice el Señor
les daré la libertad porque suspiran

7 Pero las palabras del Señor son palabras limpias
y no de Propaganda

9 Por todas partes están sus armamentos
Nos rodean sus ametralladoras y sus tanques
Nos insultan los asesinos llenos de condecoraciones
Y los que brindan en sus clubs
mientras nosotros lloramos en tugurios
Los que se pasan la vida en coctail-parties

Vertaling (CDP)

2 Bevrijd Gij ons
want hun partijen zullen ons niet bevrijden
3 zij bedriegen de een de ander
en zij buiten de een de ander uit
4 Hun leugens worden door duizend radios herhaald
hun lasterpraatjes staan in alle kranten te lezen
Zij beschikken over gespecialiseerde bureaus om Leugens te maken
5 Zij die zeggen:
"Wij zullen heersen met de Propaganda
De Propaganda is met ons"
6 Om de verdrukking van de armen
om het geschrei van de uitgebuiten
zal ik opstaan nu onmiddellijk
zegt de Heer
ik zal hun de vrijheid schenken waar zij om zuchten

7 Maar de woorden van de Heer zijn zuivere woorden
en geen Propaganda

9 Overal zijn hun wapens
Hun mitrailleurs en tanks omringen ons
De zwaar gedecoreerde moordenaars beschimpen ons
En die op hun gezondheid drinken in hun clubs
terwijl wij wenen in krotten
Die hun leven slijten in cocktail-parties

De psalm van Cardenal volgt in grote lijnen het bijbels voorbeeld, met een vormelijk identieke start (2a1), een opmerkelijk groot aantal parallelle steunverzen (3a,5,6,7a) en een omstandige vrije ontwikkeling van het eindvers 9. Alhoewel de algemene betekenis van de originele psalm duidelijk is bewaard – gebed om hulp van een vrome arme die vast op Jahwe zijn vertrouwen stelt –, is toch van bij de aanvang A als meervoudig (A^n: *nos*) gegeven. De klacht dat er maar weinig echte vromen overblijven, is afgezwakt door de suppressie van 2a2 en 2b. Ook de vraag naar de interventie vanwege de Heer (relatie A-B) is afgezwakt door de verdwijning van het volledige vers 8. Anderzijds is de juiste rol van B in de nieuwe psalm zowel preciezer als urgenter, onmiddellijker, geformuleerd. Daar is vooreerst het initiaal werkwoord: "*Bevrijd ons*". De Spaanse originele versie luidt: "*Libértanos*". Deze term is preciezer dan het gebruikelijke "*sálvanos*"[16]. Daarboven bestond ook nog de mogelijkheid de term "*libéranos*" te gebruiken. Cardenal kiest voor het werkwoord dat taalkundig het nauwst aansluit bij "*libertad*", een basisconcept van de hele psalmenbundel. Ook in de onmiddellijke poëmatische context verschijnt "*libertad*" (vers 6), en het werkwoord "*libertar*" is nog eens herhaald in vers 2. Benevens deze terminologische semantische precisering van de aard van de gevraagde redding (bevrijding), is ook een chronologische urgentie te lezen. In vers 6 zegt de Heer: "ik zal opstaan nu onmiddellijk" ("*ahora mismo*"). Deze dubbel geformuleerde onmiddellijkheid van Gods tussenkomst verschijnt gecombineerd met de precieze aard: "de vrijheid – nu onmiddellijk".

Hoe belangrijk deze originele karakteristieken van de relationele pool B ook mogen zijn, het zwaartepunt van de actualisatie van de psalm ligt evenwel in de amplificatie van de pool C. Van bij het openingsvers worden de geëlimineerde versdelen 2a en 2b vervangen door een andere redengevende zinsnede: "want hun partijen zullen ons niet bevrijden". Verschillende punten moeten hierbij worden aangestipt. Ten eerste: de onmiddellijke negatieve poolbepaling tussen A^n en C, die als twee radicaal tegengestelde kampen verschijnen: "*no / nos < >sus*". Ten tweede: de eveneens negatieve poolbepaling tussen B en C, op basis van de negatie van een identieke handeling: "*libertar/no/libertar*". Ten derde: een duidelijke inschrijving in een politiek discours. "*Partidos*" slaat automatisch op politieke partijen, zowel omwille van de macrocontext (vanaf *salmo* 1 wordt het begrip *Partido* – met hoofdletter – politiek geduid), als van de microcontext (de psalm zelf, vv. 3,5,7). Ten vierde: de impliciet referentiële verwijzing in het bezittelijk adjectief "*sus*". Dwars door de opeenvolgende *salmos* loopt een referentieel netwerk waarvan de gemeenschappelijke noemer min of meer is: "*los que tienen el poder*", de macht-

16. Zie bv. *Biblia de Jerusalén*, Brussel, Desclée de Brouwer, 1967, p. 669: "Salva, Yahveh..."; *Nueva Biblia española* (L. ALONSO SCHÖKEL & J. MATEOS), Madrid, Ediciones Cristiandad, 1975, p. 1168: "Sálvanos, Señor...". Zelfs in *La Biblia* (Latinoamérica, speciaal gericht op de Latijnsamerikaanse christengemeenten), Madrid, Ediciones Paulinas; Ediciones Verbo Divino, 1972, p. 919, wordt hetzelfde werkwoord "salvar" gebruikt.

hebbers. Straks worden enkele vertakkingen van dit netwerk van de verdrukking nader omschreven. Tenslotte toont de concomitantie en samenhang in vers 2 van de drie bijzonderste referentiepolen A^n (*nos*), B (*tú*) en C (*ellos-sus*) de operationaliteit van ons actantieel basisschema en de onwrikbare vastheid van hun onderlinge relaties.

Na een haast identiek versdeel 3a ontwikkelt Cardenal op eigen manier 3b en 4. Benevens de repetitie, vermenigvuldiging en amplificatie van het origineel bijbels concept "leugen" (*se engañan, sus mentiras, sus calumnias, Mentiras* – meervoud en hoofdletter), valt meteen op hoe een belangrijke sector van het sociale bestel binnen de machtssfeer van de ongenoemde heersers wordt gezien: radio, kranten, gespecialiseerde agentschappen. Daarmee is een van de trouwste bondgenoten van de machthebbers, zoals die bij Cardenal in zijn psalmen worden geactualiseerd, aangeduid. Het veelvoud van vormen van bedrog en leugen, vindt een echo in de vermenigvuldiging van de persmiddelen (*repetir – mil radios – todos los periódicos*). Een ander terugkerend onderdeel van het machtsapparaat zijn de verfijnde technische instrumenten die ten dienste staan van de groten: leugen en laster worden niet alleen maar verspreid en vermenigvuldigd, zij worden ook vernuftig uitgedacht en gefabriceerd door gespecialiseerde technici.

Dit hele leugenproces wordt samengevat en geïllustreerd in de herlezing van vers 5: in plaats van de bijbelse fysisch-metaforische menselijke middelen als "tong" en "lippen", vermeldt Cardenal tweemaal het typisch machtsconcept: "*la Propaganda*", tweemaal met bepaald lidwoord en tweemaal met hoofdletter. Na een volledig identiek orakel in vers 6 (met evenwel, zoals gezegd, een bijzonder accent op de urgentie en een precisering van de aard van hulp) staat het valsheidsbegrip, "de Propaganda", eerder reeds gedefinieerd in de verzen 3 en 5, nu in vers 7 in onmiddellijk scherp contrast met het reddend woord van de Heer: een nieuwe confrontatie tussen de polen B en C. Ingeleid door een adversatief (*pero*-maar), volgt de oppositie: "*palabras limpias / no / Propaganda*". Aldus wordt in vers 7 opnieuw een origineel bijbels verslid, dat descriptief handelde over B, vervangen door een oppositionele relatie B<>C.

Het bijbels finaal vers 9, bestaande uit een eenvoudig correlatief en parallel dubbelvers, wordt bij E. Cardenal omgewerkt en breed uitgesponnen. De eindvisie op de groep C, opnieuw in hevig contrast met A^n, beslaat zes volle lijnen. Daarmee eindigt de psalm op een climax in de beschrijving van de relationele oppositie A^n<>C. De karakteristieken van de tegenstrevers zijn opnieuw bijzonder in de verf gezet (volledig gepluraliseerd, hyperbolische formules als "*por todas partes*", "*llenos de*..."). Nieuw is de bepalende omschrijving van de leden van de pool C: na suggestieve aanduidingen in de aard van "bedriegen-liegen-exploiterenbelasteren-overheersen-verdrukken...", verschijnt nu eindelijk het meervoudig substantief: "*los asesinos*-de moordenaars". In hun zog duiken nog twee categorieën bondgenoten op: het leger (wapens-mitrailleurs-tanks) en de vaag en despectief genoemde "*los que*" uit de hogere society (toasts, clubs, cocktail-parties). Op die wijze vult *salmo* 11 het politiek-sociaal panorama aan van de geactualiseerde machthebbers: de media, het leger, de hogere klasse. Daartegenover staan hun slachtoffers, samen genoemd als A^n (*nos/nosotros*), in hevige tegenstelling met de gevraagde vrijheid (vv. 2 en 6), omsingeld door wapens en beschimpt; in plaats van luxe, miserie.

De analyse van een tweede *salmo* moet vooral dienen als controle op wat voorafgaat maar is tevens een middel om de interrelationele opstelling van de onderscheiden polen van ons actantieel basisschema nog nader te preciseren.

ERNESTO CARDENAL: SALMO 25

1 Hazme justicia Señor
porque soy inocente
Porque he confiado en ti
y no en los líderes
Defiéndeme en el Consejo de Guerra
defiéndeme en el proceso con testigos falsos
y falsas pruebas

4 No me siento con ellos en sus mesas redondas
ni brindo en sus banquetes
No pertenezco a sus organizaciones
ni estoy en sus partidos
ni tengo acciones en sus compañías
ni son mis socios

6 Lavaré mis manos entre los inocentes
y estaré alrededor de tu altar Señor

9 No me pierdas con los políticos sanguinarios
10 en cuyos cartapacios no hay más que el crimen
y cuyas cuentas bancarias están hechas de sobornos

11 No me entregues al Partido de los hombres inicuos
Libértame Señor!
12 Y bendeciré en nuestra comunidad al Señor
en nuestras asambleas

Vertaling (CDP)

1 Verschaf mij recht Heer
want ik ben onschuldig
Want ik heb mijn vertrouwen op U gesteld
en niet op de machthebbers

Neem het voor mij op in de Krijgsraad
neem het voor mij op in het proces met valse getuigen
en valse bewijsstukken

4 Ik ga niet met hen aanzitten aan hun rondetafels
en toast niet op hun banketten
Ik behoor niet tot hun organisaties
en ben geen lid van hun partijen
ik heb geen aandelen in hun bedrijven
en ze zijn mijn handelspartners niet

6 Ik zal mijn handen wassen tussen de onschuldigen
en staan rond uw altaar Heer

9 Verdelg mij niet met de bloeddorstige politici
10 in hun aktentassen vind je niets dan misdaad
en hun bankrekeningen zijn gevuld met smeergeld

11 Lever mij niet over aan de Partij van de onrechtvaardigen
Bevrijd mij Heer!
12 En ik zal de Heer prijzen in onze gemeenschap
in onze bijeenkomsten

Zoals *salmo* 11 is ook deze *salmo* 25 in zijn algemene structuur een afbeelding van de corresponderende bijbelpsalm 25(26). Incipit (1ab1) en explicit (12b) zijn hier zelfs helemaal identiek. Ook de orde van de verzen wordt gerespecteerd. De geëlimineerde verzen 2-3 en 7-8 en 11a hebben in hoofdzaak betrekking op de relatie A-B. Zowel in de vervangende verzen hiervoor als in de ontwikkeling van de verzen 4-5 en 9-10 steekt dezelfde lijn die wij in psalm 11 hebben opgemerkt: een felle benadrukking en precisering van de oppositiepool C. Kort enkele bemerkingen daaromtrent. In tegenstelling tot de adaptatie van psalm 11 (van individueel A naar collectief A^n vanaf het openingsvers) blijft pool A hier individueel tot juist bij het eindvers 12: van "*yo-mi(s)-me*" naar "*nuestras*". In de bijbelse psalm wordt het thema van de deugdzame onschuld, gekoppeld aan de cultische vroomheid, zeer sterk ontwikkeld (onschuld: vv.1a, 3b, 6a, 11a; cultische vroomheid: vv. 6c, 7-8, 12b). Dit thema blijft wel aanwezig bij Cardenal, maar wordt fel ingekort (deugdzame onschuld: vv.1a, 6a; cultische vroomheid: vv. 6c, 12b). Daartegenover staat opnieuw een sterk uitgewerkte beschrijving van de meervoudige oppositiegroep C. Reeds van bij het openingsvers 1b gebeurt de herschrijving in termen van oppositie en confrontatie. In plaats van "op Jahwe verliet ik mij, ik wankelde niet", staat "ik heb mijn vertrouwen op u gesteld en niet op de machthebbers", waardoor Cardenal nog eens van bij het begin van zijn psalm de drie hoofdpolen van het basisschema: A (*yo*), B (*tú*) en C (*los líderes*) poneert en de oppositionele relatie (*no*), zowel van A tot C, als van B tot C als vaste situatie in herinnering brengt. Daarenboven wordt hier de pool C zonder omwegen van bij de aanvang gedefinieerd:

"*los líderes*". Verderop worden zij nog eens met name geduid: "*los políticos sanguinarios*" (vers 9). In vers 11 tenslotte wordt de voortdurend gehanteerde algemeen politieke term "*Partido*" (met hoofdletter) in zijn bijzonderste karakteristiek gebrandmerkt: "*el Partido de los hombres inicuos*". Ook in de verzen 9 en 11 wordend de drie basispolen A-B-C samen aangetroffen telkens in negatieve, contrastieve zin: "*no me*" (A) pierdas/entregues (B) – *los partidos-el Partido* (C).

In psalm 11 van Cardenal werden enkele categorieën bondgenoten van de groep C in hun machtssfeer gehaald: pers, propaganda, leger, high society. Ook hier in psalm 25 doet eenzelfde fenomeen zich voor. In de plaats van de bijbelse verzen 2-3 (relationeel A-B), worden nog eens de drie basispolen bijeengebracht. De tegenpool C wordt bijgestaan door een nieuwe categorie handlangers: het gerechtelijk apparaat, met zijn krijgsraad, valse getuigen en valse stukken. In de verzen 4-5 van *salmo* 25 worden verschillende soorten bondgenoten van C in kaart gebracht in volledige oppositie met A. De Spaanse originele versie is hier formeel-retorisch zeer opmerkelijk: in de zes opeenvolgende lijnen is een identiek morfo-syntactisch schema gebruikt, met de volgende drie vaste elementen: 1. de negatie (als anafoor); 2. de pool A (5 x 1e persoon verbaal, 1 x voornaamwoordelijk *me*, 1 x bezitsadjectief *mi*); 3. de pool C (steeds in meervoudsvorm: *ellos, sus* – eigenschappen en trawanten). Een schema kan dit stijlprocedé duidelijk maken:

negatie	A	C
no	me siento	ellos-sus mesas
ni	brindo	sus banquetes
no	pertenezco	sus organizaciones
ni	estoy	sus partidos
ni	tengo	sus compañías
ni	mis	socios

Uitgaande van het bestaande bijbelse voorbeeld in de verzen 4 en 5 bouwt Cardenal aldus een vast theorema op. Dit procedé is een van de meest gebruikte discursieve modellen in zijn psalmboek.

Naast de uit *salmo* 11 reeds bekende bondgenoten (society-vrienden) verschijnen hier dan ook, na het gerecht (v. 2-3), verschillende politieke organismen (rondetafelconferenties, partijgebonden organisaties) en de financiële wereld (aandelen). In de verzen 9-10 verschijnen ook, onmiddellijk verbonden aan de bloeddorstige politiek, bureaucratische attributen (aktentassen) vol moord en bankrekeningen vol omkoperij. Van dit veelkoppige monsterverbond "bevrijd" te worden ("libertar" vers 11; cfr. *salmo* 11, vv. 1,6) is de roep van de psalm.

Uit deze dubbele steekproef kunnen wij in hoofdzaak besluiten dat de *Salmos* van E. Cardenal, niettegenstaande een vormelijke en uitwendige trouw aan de bijbelse reeks (nummering, incipit, explicit, algemeen verloop, bewaring van steunverzen, basisschema van relaties), toch zeer grondige wijzigingen ondergaan. De poolopstelling A-B wordt bewaard maar verliest aan belang door reducties. Daartegenover staat dat de bestaande oppositionele relaties, op de eerste plaats A-C, maar secundair ook B-C, sterk worden geïntensifieerd. Waar ze niet bestonden worden ze binnengebracht. Daarenboven worden ze in een welbepaalde semantische (politieke) zin geactualiseerd en gepreciseerd. De pool A wordt vaak gecommunitariseerd tot A^n. De oppositiepool C is haast eenduidig meervoudig en bestaat in feite uit een complex netwerk.

Laten wij nu, in een tweede beweging, de validiteit en het resultaat van onze eerste analyses toetsen aan de hand van een anderssoortig contrastief model. In dezelfde jaren zestig werden elders, ondermeer in het Franse taalgebied, eveneens pogingen ondernomen om de traditionele bijbelse psalmen te actualiseren[17]. Aldus verscheen in 1966 van François Chalet: *Cris d'hommes. Les Psaumes. Essai d'adaptation pour notre temps*[18]. Het lijkt me methodologisch interessant de specificiteit van Cardenals *Salmos* ook langs een confrontatie met een analoog opzet op te speuren, al stamt dit vergelijkingsmateriaal uit een ander taalgebied en uit een ander geografisch (Frankrijk) en sociaal milieu (christelijke arbeidersbeweging). Precies dit differentieel karakter biedt waarschijnlijk de kans om de specificiteit van deze beide pogingen tot actualisatie te onderkennen. Chalet her-leest en her-schrijft 46 teksten, waaronder 43 psalmen. Ook hier zou men eerst de selectie moeten onderzoeken, de thematische ordening van de psalmen in drie hoofdthema's (*Cris de détresse – Cris de confiance – Cris de joie*), waarbij de klassieke nummering en ordening van de psalmen verdwijnt, de omkadering met getuigenissen en geestelijke aanmoediging, het gebruik van bijhorende nieuwtestamentische teksten, enz. Deze systematische bestudering valt hier buiten ons kader. Slechts 4 psalmen komen zowel bij Cardenal als in de collectie *Cris d'hommes* voor: de psalmen 15(16), 21(22), 48(49) en 129(130). Ik beperk mij hier tot de vergelijkende analyse van de kortste van deze vier psalmen, het nummer 129(130), alhoewel voor ons betoog andere psalmen, en heel in het bijzonder 15(16) en 21(22), op nog duidelijker manier de onderlinge verschillen zouden blootleggen.

17. De bedoeling is de *Salmos* van Cardenal eveneens te confronteren met contemporaine Zuidamerikaanse psalmbewerkingen.
18. François CHALET, *Cris d'hommes. Les Psaumes. Essai d'adaptation pour notre temps*, Parijs, Éditions Ouvrières, 1966.

PSALM 129(130)

1 Uit de diepte roep ik tot U, Jahwe,

2 o Heer, hoor toch mijn stem!
Laat uw oren luisteren
naar mijn luid gesmeek!
3 Als Gij op zonden acht slaat, Jahwe,
o Heer, wie houdt dan stand?
4 Maar bij U is vergiffenis,
daarom dient men U, vol ontzag.

5 Ik zie uit naar Jahwe, mijn ziel ziet uit,
vol hoop zie ik uit naar zijn woord.
6 Mijn ziel ziet uit naar de Heer, meer dan de wachters naar de morgen,
de wachters naar de morgen.

7 Israël, hoop op Jahwe,
want bij Jahwe is genade,
bij Hem overvloedige verlossing.
8 Ja, Hij zal Israël verlossen
van al zijn zonden.

FRANÇOIS CHALET: DU FIN FOND DE MA MISÈRE

1 Du fin fond de ma misère,
je te demande Seigneur
2 Seigneur, écoute, écoute-moi bien...
3 Si tu regardes mes faiblesses... Seigneur
qui pourra tenir?

4 Mais près de toi, on ne trouve que pardon
c'est pour cela que tous viennent à toi
5 J'attends le Seigneur, oui, je l'attends
Je suis sûr de son pardon
6 Oui, je suis sûr du Seigneur
plus sûr qu'un veilleur, de l'aurore.

7 Que tous ceux que tu aimes, Seigneur,
vivent de cette Espérance
... puisque auprès de toi, il n'est que tendresse,
8 pardon des péchés
libération totale de toute faute.

Uit de vergelijking van de bijbelse psalm en de franstalige adaptatie ervan is duidelijk af te lezen dat er hier van een echte actualisatie *in-de-tekst* nauwelijks sprake is, althans niet op actantieel niveau. Vers 2 wordt gewoon ingekort; de verzen 3 tot 6 zijn om zo te zeggen woordelijk identiek, met evenwel in 5-6 een semantische verschuiving van vrees naar liefde, van verwachting naar zekerheid (van viermaal "uitzien" naar tweemaal "attendre" en driemaal "être sûr"). In 7 en 8 wordt "*Israël*" vervangen door "*tous ceux que tu aimes*", waardoor de Franse psalm universeler wordt en aldus inderdaad een algemener toepassing op mensen van overal en van alle tijden mogelijk maakt. Voor de rest wordt aan de oorspronkelijke tekst nauwelijks geraakt. Het actualiseringsmoment en de actualisatieplaats liggen hoofdzakelijk *buiten-de-tekst* van de psalm zelf, met name in de inleidende stukken en in een bijgevoegd bijbelcitaat. Aan de eigenlijke psalmtekst gaat eerst tussen aanhalingstekens een soort bekentenis vooraf:

> Il arrive un moment où, à force de vivre en égoïste, on finit par se dégoûter de tout; on se voit au fond d'un trou et impossible d'en sortir.

Daarop volgt dan, in een ander lettertype, een bemoedigend woord, in dialogale aanspreking, als van een vriend, of een geestelijke raadsman. Die verwijst naar de bijbelse psalm als mogelijke spiegel voor de situatie waarin de auteur van de voorgaande bekentenis zich bevindt:

> Tu as touché l'abîme
> l'abîme du découragement,
> de la faiblesse
> du péché
> et tu te sens très faible
> avec seulement une 'mèche qui fume encore',
> un désir de remonter la pente.
> Tu veux changer!...
> Écoute ton frère le psalmiste
> Murmure humblement avec lui ta misère
> et emprunte-lui sa confiance.

Daarop volgt dan de "geadapteerde" psalmtekst. Een kort citaat uit Mattheüs sluit het geheel af: "...Jésus, voyant leur foi, dit au paralysé: 'Tes péchés sont remis' (Matthieu, ch. 9, v. 2)".

De *salmo* 129 van Ernesto Cardenal gaat op een heel andere wijze te werk bij de actualisering van de oorspronkelijke tekst.

ERNESTO CARDENAL: SALMO 129

> 1 Desde lo profundo clamo a ti Señor!
> Clamo de noche en la prisión
> y en el campo de concentración
> En la cámara de torturas
> en la hora de las tinieblas
> la hora de la Investigación
> 2 oye mi voz
> mi S.O.S.

3 Si tú llevaras el récord de los pecados
Señor ¿quién estaría inmune?
Pero tú perdonas los pecados
no eres implacable como ellos en la Investigación!

5 Yo confío en el Señor y no en los líderes
No en los slogans
Confío en el Señor y no en sus radios!

6 Espera mi alma al Señor
más que los centinelas la aurora
más que como se cuentan en la prisión las horas nocturnas
Mientras nosotros estamos presos
  están en fiesta!
7 Pero el Señor es la liberación
la libertad de Israel

Vertaling (CDP)

1 Uit de diepte roep ik tot U Heer!
's Nachts roep ik in de gevangenis
en in het concentratiekamp
In de folterkamer
in het uur van de duisternis
het uur van het gerechtelijk Onderzoek
2 hoor mijn stem
  mijn S.O.S.

3 Als Gij het recordgetal van de zonden bijhoudt
Heer wie houdt dan stand?
Maar Gij vergeeft de zonden
Gij zijt niet onvermurwbaar zoals zij bij het Onderzoek!

5 Ik vertrouw op de Heer en niet op de machthebbers
Niet op hun leuzen
Ik vertrouw op de Heer en niet op hun radios!

6 Mijn ziel ziet uit naar de Heer
meer dan de wachters naar de morgen
meer dan iemand die in de gevangenis de uren van de nacht aftelt
Terwijl wij gevangen zitten
  vieren zij feest!
7 Maar de Heer is de bevrijding
de vrijheid van Israël

Bij vergelijking van de twee processen van actualisatie valt meteen op dat die actualisatie bij Cardenal *binnen-in-de-tekst* gebeurt en niet *rondom-rond-de-tekst* zoals bij Chalet. Bij Cardenal wordt de her-lezing een wezenlijke her-schrijving. Alhoewel ook hier de algemene structuur van de oorspronkelijke psalm wordt gerespecteerd, met identiek incipit, een min of meer grote getrouwheid aan de oorspronkelijke versorde, en een gedeeltelijk identiek explicit, vallen toch vooral de eerder gesignaleerde karakteristieke aanpassingen aan de tekst op. Ik wil nog even kort enkele elementen onderstrepen waarmee het geheel van de *salmo* van Cardenal zich duidelijk profileert, zowel ten overstaan van de bijbelse psalm als tegenover de Franse "eigentijdse" adaptatie.

Onmiddellijk na het openingsvers wordt een vijf lijnen tellende actualisatie tussengevoegd, waarbij de "diepte" waarvan in vers la sprake is, concreet wordt gemaakt, uitgaande van een identiek werkwoord "*clamar*". De originele psalm leest de diepte, waarin de psalmist verkeert, praktisch uitsluitend moreel (verzen 3 en 8b, eindpunt van de psalm); de traditionele kerkelijke liturgisch-parenetische lectuur is penitentieel of ook nog als gebed voor of van een afgestorvene; hier ziet men meteen duidelijk dat de interpretatie, althans gedeeltelijk, een andere weg inslaat: de diepte is die van de duisternis van een gevangenis, cel of concentratiekamp. Deze historiserende socio-realistische interpretatie van het openingsvers (met de actantiële pool C op de achtergrond) reikt over het vers 1 tot vers 6cd. Zelfs waar Cardenal in zijn *salmo* 129, met name in de verzen 3-4, de oorspronkelijke verwijzing naar de ellende van de zonde bewaart en ook de relatielijn A-B behoudt, bouwt hij hier de oppositionele relatie A< >C in (*no como ellos*). In de bijbelse psalm en ook in de Franse adaptatie is uitsluitend de relatie A-B aanwezig. De pool C ontbreekt volledig. Bij Cardenal wordt die oppositiepool C, na eerst gesuggereerd te zijn door de uitweiding van vers 1 en na vermelding in het versdeel 3d, nu tot driemaal toe duidelijk geponeerd in het totaal hervormd vers 5:

A (*yo*)	+	B (*el Señor*)	NO	+	C (*los líderes*)
			NO		C (*los slogans*)
A (*yo*)	+	B (*el Señor*)	NO	+	C (*sus radios*)

Ook het eindpunt van de *salmo* bevestigt de her-interpretatie en heropbouw ervan. Het verslid 6d herhaalt nog eens uitdrukkelijk de oppositie A< >C: "wij in de gevangenis – zij in feest". Dit verslid is een vervorming en concretisering van het oorspronkelijke vers 6 dat spreekt van de *wachter* die hoopvol uitziet naar de morgen. Cardenal glijdt in een parallel verslid naar een *gevangene* die wacht in de nacht (cfr. vers 1b). Dat is dan ook de geactualiseerde eindsituatie waaruit de Heer bevrijdt. De gebruikte dubbelterm "*liberación-libertad*" slaat eerst op de actieve bevrijdingsdaad, daarna op de nieuwe, uiteindelijk verwachte toestand: de vrijheid.

Opmerkelijk is anderzijds wel dat het collectief A^n hier binnen het bijbelse Israël wordt gehandhaafd. Daarmee treedt deze psalm 129 van Cardenal in de lijn van een drietal andere van zijn psalmen waarin een eerste actualisatieniveau duidelijk betrekking heeft op de moderne concrete lijdenssituaties van het joodse volk (zie ook de *salmos* 21, 43, 73, 113 en 136). Zo ook moeten bv. de allusies op het concentratiekamp worden begrepen. Dankzij de contextualisatie binnen het geheel van de bundel, reikt de toepassing en actualisatie van deze psalmen dan over het volk van Israël heen naar alle verdrukten van alle tijden en van overal.

De *Salmos* van Ernesto Cardenal getuigen, ten overstaan van hun bijbels voorbeeld en van andere analoge contemporaine psalmadaptaties, van een heel eigen actualisatieproces. Zij behouden wel het actantieel basisschema van de originele psalmen, maar daarbij worden systematisch de oppositionele relatielijnen tussen A/A^n (ik-wij) en C (zij) enerzijds, en anderzijds ook tussen B (de Heer) en C (zij) geaccentueerd en geïntensifieerd. Ook *salmos* waar de pool C in de oorspronkelijke psalm niet aanwezig is en die louter de verhouding A-B (de Heer) illustreren, worden bij Cardenal in de tegenstelling A-C betrokken. Deze systematisch opgebouwde oppositie wordt hoofdzakelijk in politieke zin begrepen: tegenover de arme-rechtvaardige(n) staat een wijdvertakt netwerk van tegenstanders, die met de algemene term van "machthebbers" overeenkomen. Een korte opsomming van de bepalende termen zou ondermeer het volgende resultaat geven: de Partij(en), de gangsters, de leider(s), de dictators, de grote mogendheden, de regeerders van de wereld, die van boven, de "goden", zij die de macht hebben, "zij", "die daar", de maffia, de tirannen, uitbuiters, het gezag, de verdedigers van Wet en Orde, enz. Hun bondgenoten zijn te vinden in de politieke kaders en hun technocraten, bij de politie, de militairen, het gerechtelijk apparaat, de economische machten, in de banken, verzekeringen, wapenhandel, de media (pers, radio, reclame, film), het publieke ontspanningsleven. De gebruikte middelen bij de onderdrukking worden eveneens gedetailleerd opgesomd (technieken en tactieken van geweld, spionagenetten, drukkingsgroepen). Ook de schandelijke levenswijze van de machtigen en rijken wordt getekend in schril contrast met de armoede en onvrijheid van de verdrukte arme(n). Een heel bijzonder aandachtspunt in de psalmen van Cardenal is de verbale verknechting vooral vanwege de propaganda, in fel contrast met het bevrijdend woord van de Heer.

De *Salmos* van Ernesto Cardenal wachten op een nauwkeuriger analyse. Niet alle psalmen zijn zo meteen te vatten in het summier getekend kader. Dit is zeker het geval met de lofpsalmen op de schepping (*salmos* 18, 103, 148 en 150). Toch is hier gepoogd een beperkte analysemethode te suggereren die dank zij een dubbel confrontatiemodel de discursieve eigenheid van veruit de meeste psalmen laat zien. Ongetwijfeld moet deze aanpak niet alleen worden uitgebreid en gecorrigeerd, maar zeker ook aangevuld met ander, bv. meer semantisch en meer stilistisch onderzoek.

In deze hedendaagse Latijnsamerikaanse psalmen neemt een wezenlijk deel van het levende Godsvolk letterlijk het woord/Woord. In die zin zijn die liturgische gebeden dan ook zowel kerk-vormend als kerk-hervormend. Een vernieuwd spreken over kerk en maatschappij in een vernieuwd spreken tot God. Een vernieuwd spreken ook in de kerk en tot de kerk[19].

Centro de Estudios hispánicos
Faculteit Letteren en Wijsbegeerte
Blijde Inkomststraat 21
B-3000 Leuven

Christian DE PAEPE

19. Met dank aan N. Lie en L. Rodríguez voor hun kritische opmerkingen bij een eerste versie van deze tekst.

LATIJNS-AMERIKA EN DEPENDENCIA, 1492-1992

1. Historische schets

Spanje en Portugal waren kolonisatoren van mediterrane signatuur. Reeds op het ogenblik van de Conquista ontspon er zich een tegenstrijdig debat tussen de Habsburgse kroon, die imperiale ambities koesterde, en de "comuneros", die op nationale ontwikkeling gericht waren. Dit debat werd gevoerd door pamfletschrijvers, met name de Spaanse "arbitristas" en het Portugese "alvitrismo". Het bracht een eerste perspectivering van de dependencia-verhouding in de slogan: "España, las Indias de Flandes"[1].

Op het einde van de achttiende en in het begin van negentiende eeuw raakten Spanje en Portugal in een proces van stagnatie. Voortaan lag het historisch initiatief bij nieuwe naties zoals Engeland, Frankrijk, Holland, Duitsland en later de Verenigde Staten en gaf het "Atlantisch" ontwikkelingsmodel de toon aan. In de loop van de negentiende eeuw splitste Latijns-Amerika, in het kielzog van de dekolonisatie, zich op in twintig republieken, gekenmerkt door een ingedommelde creollo-stijl. De agrarische latifundia en de mijnindustrie werden ingeschakeld in het patroon van de internationale arbeidsverdeling tussen grondstoffenlanden en industrielanden.

2. Het keerpunt van de jaren dertig

De economische crisis van de jaren 1930 veroorzaakte ook een crisis in de internationale arbeidsverdeling als ontwikkelingsmodel. De grondstoffenlanden kwamen bekaaid uit de crisis door inzinking van de prijzen en de steile val in de afzet van hun produkten op de wereldmarkt. In de toonaangevende republieken volgden nationalistische oprispingen, waarin nieuwe maatschappijmodellen werden ontworpen en nieuwe politieke partijen werden opgericht. Dit gaf aanleiding tot het ontstaan van het populisme, gegroepeerd rond figuren als G. Vargas in Brazilië, V. Haya de la Torre in Peru en Peron in Argentinië. In de Andeslanden herontdekte men de indios, de zogenaamde "olvidados".

De maatschappelijke tegenstellingen werden in deze periode gepercipieerd vanuit drie diagonalen: internationaal tegenover nationaal; oligarchie tegenover volk; creollo tegenover mestizo, indio. Geëngageerde

1. L. Baeck, *Spanish Economic Thought: the School of Salamanca and the Arbitristas*, in *History of Political Economy*, nr. 3, 1988.

literatoren en pamfletschrijvers hadden grote invloed in het bewustwordingsproces, bijvoorbeeld de Peruaan C. Alegria met *El Mundo es ancho y ajeno* en de Mexicaan O. Paz.

3. Het eerste decennium na Wereldoorlog II

De meer moderne of herziene versie van het populisme werd theoretisch ondersteund door de economische visie van Raul Prebisch, directeur van de Economische Commissie voor Latijns-Amerika, een VN-instelling gevestigd in Santiago (Chili). Zijn centrum-periferie denken, het zogenaamde CEPALISME, hield vier programmapunten in: 1. de loskoppeling van Latijns-Amerika uit de internationale conjunctuurdynamiek; 2. een industrialisatiestrategie gebaseerd op invoervervanging; 3. de inschakeling van het stedelijk proletariaat in het socio-politieke bestel; 4. hervorming van de verwaarloosde landbouw.

Gedurende het eerste decennium na de Tweede Wereldoorlog was de belangstelling voor Latijns-Amerika in de Verenigde Staten en Europa zeer groot. Ook in ons land ontsproten vanuit de kerk, de universiteit en ook vanuit de socio-politieke organisaties belangrijke initiatieven voor ontwikkelingssamenwerking.

Vermeldenswaardig is dat inzake gemeenschapsopbouw het zogenaamde Cardijn-model in Latijns-Amerika een aanzienlijk succes genoot. Cardijn hield voor dat naast de pastorale actie ook leken-initiatieven onontbeerlijk waren, liefst sectorieel opgesplitst: zo bijvoorbeeld jeugdorganisaties voor arbeiders, middenstanders en landbouwers, alsook gelijklopende organisaties voor volwassenen.

4. De radicalisering van de jaren zestig

In de jaren zestig deed zich een reeks van ingrijpende kenteringen voor.

1. Op wereldvlak ontstonden nieuwe geopolitieke verhoudingen en ideologische spanningsvelden. De Cubaanse revolutie bracht de spanning van de Koude Oorlog naar Latijns-Amerika.

2. Na het Tweede Vaticaans Concilie gingen dynamische elementen in de kerk de progressieve toer op in de pastoraal, de lekenactie (succes van het Cardijn-model en van de filosoof J. Maritain) en het ontwikkelingswerk.

3. Onder invloed van het maoïsme werd het populisme geradicaliseerd met een hervormingspolitiek inzake latifundiaire structuur en de opkomst van een agrarisch syndicalisme.

4. De bevrijdingspedagogie kende een opbloei en was gericht op conscientisatie als kern van maatschappelijke bewustwording. Een eminent voorbeeld is de socio-politieke pedagogie van Paulo Freire.

5. De macht werd overgenomen door militaire regimes, zoals in Brazilië (de "harde lijn"), wat leidde tot de uitsluiting van sociale en civiele krachten in de maatschappij. De militaire junta's ontwierpen een corporatistisch-autoritair regime op basis van drie kernelementen: a. de inschakeling in het internationale economische en geopolitieke circuit met medewerking van multinationale ondernemingen; b. het binnenlands steunpunt was de nationale burgerij; c. de belangrijkste initiatiefnemer bleef de autoritaire overheid.

Als belangrijke factor in deze strategie vermelden we de ideologie van "nationale veiligheid". Deze werd geïnspireerd door het polemisch boek van de filosoof K. Popper, *The Open Society and its Enemies*. De geopolitieke thesis van dit boek luidde: de vijanden binnen in het land, zoals marxistische en andere radicale of revolutionaire krachten, vormen een groter gevaar voor het regime dan bijvoorbeeld buitenlandse dreigingen, zoals een mogelijke inval van buurlanden. De heksenjacht van McCarthy in de Verenigde Staten vormde een historisch voorbeeld van een ontspoord nationaal veiligheidsdenken. In Latijns-Amerika schakelden de militaire regimes over naar een breideling van alle maatschappelijke en politieke krachten en een verregaande beknotting van de mensenrechten.

5. Eigen profiel van de Latijnsamerikaanse ontwikkelingstheorie

Tegenover de mislukking van het populisme en de opkomst van de militaire regimes ontstond de zogenaamde dependencia-theorie. Deze theorie was gericht op de uitbouw van een eigen ontwikkelingsvisie, dus op een intellectuele endogenisering, die we kunnen definiëren als een bewustwording van nationale, intellectuele en culturele authenticiteit. Deze culturele reflex zou weldra in het politieke en economische denken navolging vinden. Een eerste aanzet van endogenisering, bij monde van de indigenista-literatuur van de jaren dertig, kende een intense heropbloei in de naoorlogse periode. Het hoofdkenmerk van de "desarrollistas" (in Brazilië werd deze strekking "desenvolvimentismo" genoemd) is de scherpe profilering van de structurele diversiteit tussen de samenstellende segmenten van de wereldeconomie en de mundiale samenleving.

Tegenover het deductieve denken, uitgestraald door de intellectuele milieus van het ontwikkelde Westen (het centrum), werken zij op basis van de historisch fenomenologische methode. Hun theorieën zijn vooral begaan met historische concretisering als correctie van de abstracte modellen, bruikbaar in de economische wetenschap. Hun aandacht spitst zich toe op de eigen historische groei en structurering van de sociopolitieke formaties en volkshuishoudingen in de periferie. Hun wetenschappelijke methode heeft een uitgesproken voorkeur voor een interdisciplinaire aanpak van dit complexe krachtenveld. Het centrumperiferie-denken van R. Prebisch en duidelijker nog de hieropvolgende dependencia-theorieën ontwerpen een typisch Latijnsamerikaans paradigma inzake ontwikkelingsanalyse.

De uitgangspunten van hun analyse zijn de volgende.

1. De multinationalisering van de handel, de produktie en de financiële kapitaalstructuur verdeelt de wereld in een centrum en een periferie, waarbij de periferie in structurele relaties van afhankelijkheid tegenover het centrum staat.

2. Tegenover de comparatieve voordelenvisie inzake traditionele internationale arbeidsverdeling, die voorgehouden wordt door de hoofdstroom van de westerse economische theorieën, wordt sterk de nadruk gelegd op de asymmetrie inzake meerwaardevorming en verdeling der voordelen. Volgens het dependencia-denken haalt het centrum hieruit de belangrijkste meerwaarde en vormt de periferie er de zwakke schakel in.

3. Deze dualisering in de materiële verhoudingen heeft een gelijkaardig effect op het vlak van de samenleving. In de periferie ontstaan "dos mundos superpuestos", twee tegenover elkaar staande werelden: een geprivilegieerde elite, structureel verbonden met het centrum, en een massa "olvidados", gemarginaliseerden.

De oligarchische geleding op basis van de agrarische exportbedrijven uit de eerste fase wordt opgevolgd door de met het centrum verbonden burgerij van de latere fase, gekenmerkt door zwakke interne coherentie en ontwikkelingskansen voor de perifere economie. De naar buiten gerichte groei ("desarollo hacia afuera") domineert en verstikt de interne ontwikkeling ("desarollo hacia adentro"). Het op externe groei georiënteerde segment is "concentrador y excluente": het werkt concentrerend ten voordele van de elite en marginaliseert de massa.

De dependencia-theorieën hebben een hoge bloei gekend in de periode 1965-1980, en kunnen ingedeeld worden in twee scholen: de reformistische stroming, met als voornaamste figuren Fernando H. Cardoso, E. Falleto, O. Sunkel, C. Furtado, H. Jaguaribe en A. Pinto; de neomarxistische strekking, met R. Martini, Th. Santos, A.G. Frank, A. Quijano en A. Garcia.

1. De *neomarxistische strekking* is in feite een Latijnsamerikaanse uitloper van de marxiserende renaissance, die de humane wetenschappen in Europa en de Verenigde Staten kende in de tweede helft van de jaren zestig. De Latijnsamerikaanse versie leunt sterk aan bij de heropbloei van de economische imperialismetheorie in de centrumlanden en is als dusdanig minder origineel. De kern van deze theorie steunt op het beginsel van de extractie van de economische meerwaarde, geschapen in de ontwikkelingslanden, door middel van "ongelijke ruil". Zij legt de nadruk op de ongelijke machtsverhouding tussen metropool en satellietlanden een geeft een minimale en vrij schematische belichting van het interne, endogene ontwikkelingspotentieel in de satelliet.

De Amerikaanse auteur Gunder Frank domineerde de Latijnsamerikaanse versie van deze theorie en maakte haar stellingen wereldkundig met de slogan: "the development of underdevelopment". Zijn stelling luidt als volgt: de collaboratie van de satellitaire lumpenbourgeoisie met het kapitalisme van de metropool veroorzaakt toenemende interne stagnatie op basis van ongelijke ruil en uitbuiting van de interne produktiekrachten. De voorgestelde oplossing is een socialistische revolutie.

Als kritiek op deze theorie vermeld ik vooral het feit dat Gunder Frank en andere marxistische auteurs uit de metropool zichzelf ook bezondigden aan "intellectueel" imperialisme. Behalve in een kleine, gesloten intellectuele kring, die gekenmerkt werd door interne strijd en pamflettaire haarklieverij, bleef hun invloed op het beleid vrij gering.

2. De *reformatorische dependencia-school* daarentegen verwierf meer invloed in een ruimere kring en heeft onder meer ook een intellectueel bestuivingseffect gehad op de bevrijdingstheologie van het subcontinent. We verwijzen vooral naar Osvaldo Sunkel's theorie over nationale desintegratie, met als gevolg de invlechting in het multinationale circuit; Celso Furtado's theorie over de inenting van het consumptiepatroon uit het centrum op de periferie, met als transmissieschakel de hoge inkomensgroepen van Latijns-Amerika; F. Cardoso en E. Falleto, die de nadruk leggen op de socio-politieke dynamiek, eigen aan de dependencia. Beide auteurs geven een indringende analyse van de omschakeling van het nationalistisch populisme, dat steunt op een alliantie van de burgerij met het stedelijk proletariaat, naar de militaire autoritaire regimes, die gekenmerkt worden door de uitsluiting van politiek-syndicale controle en door samenwerking met het internationale kapitaal. Naar ons oordeel bieden deze auteurs een originele analyse.

De militaire regimes hebben inderdaad de sociale dynamiek en het historisch initiatief van de civiele maatschappij bevroren. In een eerste fase waren hun economische groeiresultaten positief. De sociale verdeling liet evenwel te wensen over, zodat de minstbedeelden gemarginaliseerd werden. In de jaren tachtig evolueerden de militaire regimes naar een economische groei gestimuleerd door externe kredietopname, wat een aanzienlijke schuldenopstapeling tot gevolg had[2].

Sinds het begin van de jaren tachtig greep over heel de wereld een ingrijpende kentering plaats, waarbij beleidsstrategieën geïnspireerd werden door de neoliberale renaissance en in hun kielzog fiscale en monetaire sanering meevoerden. Dit betekende ook en vooral een stijging van de rentevoeten op de aangegane externe schulden. De drieledige coalitie van het internationaal kapitaal, de nationale burgerij en de overheid kon deze sanering niet rooien. Zij kwam in de verdrukking vanwege de maatschappelijke krachten die een opening naar democratisering eisten.

Rond 1985 triomfeerde de socio-politieke trend. De democratisering veronderstelt evenwel dat het pijnlijke saneringsbeleid gedragen (gelegitimeerd) wordt door een ruimere maatschappelijke en politieke steun. De opgave van de nog broze democratie is dus moeilijk. Zij zoekt

2. L. BAECK, *Staat Brazilië model?*, Leuven, Davidsfonds, 1975.

immers volkssteun voor een hard saneringsbeleid dat gericht is op herstel van de in diepe schulden verzonken economie. Op korte termijn is het een haast onuitvoerbare opdracht, de democratisering door te voeren gelijktijdig met de economische sanering van een scheefgegroeide en met schulden belaste volkshuishouding. Een soepele schuldenherschikking in samenwerking met de financiële centra van het Westen kan de materiële steun bieden voor het welslagen van deze democratisering.

6. Toekomstperspectief

Op geopolitiek vlak is momenteel alle aandacht gericht op de materiële en technische hulp aan Centraal-Europa en de voormalige Sovjetunie. De noden van Afrika en Latijns-Amerika zijn, althans bij de opiniemakers en in de publieke opinie, naar de achtergrond gedrongen. In de basisgemeenschappen van Latijns-Amerika dringt meer dan ooit het besef door dat zij voortaan, meer nog dan in het verleden, moeten rekenen op eigen krachten. Dit heeft voor gevolg dat enkele zogenaamde "basista"-groepen zich opsluiten in de nationalistische overschatting van "self-reliance".

Hopelijk is dit slechts een voorbijgaande nationalistische oprisping. Voor de heling van hun ontgoocheling is het wenselijk dat het Westen (concreet: Europa en dus ook ons land) zich actiever inzet voor de ontwikkeling van het subcontinent waarvan we dit jaar de ontdekking herdenken.

Jachtlaan 13
B-3001 Leuven (Heverlee)

Louis BAECK

VAN KOLONIALE KERK TOT KERKELIJKE BASISGEMEENSCHAPPEN

MOGELIJKHEDEN EN GRENZEN VAN EEN KERKELIJKE VERNIEUWING

Het vijfde eeuwfeest van de 'ontdekking' van West-Indië door Columbus biedt aanleiding tot verschillende evaluaties van het Latijnsamerikaanse christendom. Aan de orde zijn de vragen: hoe onderdrukkend of bevrijdend is de missionaire activiteit van de katholieke kerk op het continent geweest? tot op welke diepte zijn Indiaanse en Afro-amerikaanse culturen door het evangelie zijn geraakt? hoe katholiek of christelijk is Latijns-Amerika en hoe blank is het christendom er gebleven? Tegen de achtergrond van deze kwesties wil ik vooral de vraag behandelen in welke zin de kerkelijke basisgemeenschappen een continuering of correctie zijn op de in Latijns-Amerika geïmporteerde kerkmodellen.

Theologen zoals Gustavo Gutiérrez en Leonardo Boff zien in deze gemeenschappen een unieke, zij het nog embryonale vorm van kerk-zijn die tegelijk authentiek Latijnsamerikaans én bevrijdend is[1]. De Mexicaanse Bisschoppelijke Commissie voor de Pastoral Indígena doet een stap verder; ze ziet in kerkelijke basisgemeenschappen een aanzet tot de vorming van Indiaanse lokale kerken, een project dat gedurende de koloniale periode niet kon worden gerealiseerd[2].

Ik neem me voor deze waarderingen van een kerkelijk vernieuwingsproces kritisch te bespreken en zet daarvoor een viertal stappen. De eerste stap biedt een analyse van de huidige discussie over de crisis van de kerkelijke basisgemeenschappen.

1. Onstuitbare doorbraak of structurele crisis?

Sommigen beweren dat de doorbraak van de armen in volksorganisaties en kerkelijke basisgemeenschappen een onstuitbaar historisch proces is. Anderen zijn daarentegen van oordeel dat de kerkelijke basisgemeen-

1. Cf. J. VAN NIEUWENHOVE, *Bronnen van bevrijding. Varianten in de theologie van Gustavo Gutiérrez*, Kampen, Kok, 1991, p. 117-118, 169-182.

2. Cf. Comisión Episcopal para Indígenas, *Fundamentos teológicos de la pastoral indígena en México*, Mexico, 1988. Volgens D. Irarrázaval geeft dit document de richting aan van een pastorale en theologische beweging die in de toekomst aan sterkte zal winnen. Cf. *Teología aymara. Implicancias para otras teologías*, in *Yachay* 14 (1991) nr. 14, 69-107.

schappen in een structurele crisis zijn verwikkeld waaruit ze zich niet kunnen bevrijden. Deze twee standpunten staan lijnrecht tegenover elkaar. Welke zijn de argumenten? De eerste kerkelijke basisgemeenschappen zijn ontstaan in een periode die gekenmerkt is door populistische reacties op de modernisering van het liberale kapitalisme in de periode tussen 1945-1964. Als gevolg van de ineffectiviteit van ontwikkelingsprojecten en de sociale problemen verbonden met de urbanisatie, zelf het gevolg van de industrialisatie, winnen stedelijke en landelijke volksorganisaties aan politieke radicaliteit. Het politiek klimaat wordt in die tijd sterk beïnvloed door revolutionaire bewegingen, het intellectueel klimaat door de afhankelijkheidstheorieën.

De groei van kerkelijke basisgemeenschappen vindt plaats in een andere maatschappelijke context die de sporen van de voorgaande periode nog in zich draagt. De militaire dictaturen die zich in de jaren zestig en zeventig in naam van de ideologie van de nationale veiligheid installeren, brengen de vervolgde maar politiek geradicaliseerde oppositiebewegingen en de hiërarchische kerk dichter bij elkaar. In naam van de solidariteit met de onderdrukte klassen waartoe de kerk zich in Medellín verplichtte, hebben kerkelijke leiders belangwekkende sociale functies vervuld. In publieke verklaringen wierpen ze zich op als pleitbezorgers van het volk en van de verdediging van fundamentele rechten. In verschillende landen werden nationale instituten opgericht speciaal belast met arbeidsvraagstukken (Vicaría de Solidaridad), de problemen van de landloze boeren (CPT), de pastoraal onder de Indiaanse minderheden (CIMI), de juridische bijstand van politieke gevangenen. Op lokaal niveau participeerden pastorale werkers aan stakingen van arbeiders en boeren, zetten ze zich in voor kritische basiseducatie, voor de vorming van en samenwerking met coöperaties, wijkorganisaties, illegaal verklaarde vakorganisaties, enz.

In dezelfde periode heeft de repressie van de basisbewegingen door de autoritaire regimes ook een remmend effect op de verdere groei van de kerkelijke basisgemeenschappen: door een systematische vervolging van de oppositiebewegingen heeft het bewind in ondermeer Guatemala, El Salvador, Peru en Brazilië de drempel van een bredere participatie van het volk aan de volksbeweging aanzienlijk vergroot.

In deze context van samenwerking tussen de volksbeweging en sociaal geëngageerde priesters en religieuzen heeft de kerkelijke basisbeweging een opmerkelijke groei gekend. Ze kon zich binnen de institutionele ruimte van de kerk organiseren. In deze periode zijn in Brazilië ongeveer 100.000 kerkelijke basisgemeenschappen ontstaan, waarvan een aanzienlijk deel sociaal en politiek waren geëngageerd.

Structurele crisis?

De thesis van de structurele crisis berust op een drietal argumenten die betrekking hebben op de kerkelijke solidariteit met de basisbeweging, met de crisis van het socialisme en die van de kerkelijke legitimering van kerkelijke basisgemeenschappen.

Voorstanders van de 'structurele crisis' merken op dat de hiërarchische kerk zich in het kader van het democratiseringsproces van de volksorganisaties zal distantiëren. Door het wegvallen van de steun van de hiërarchie en de bijdrage van waardevolle kaderleden is – zo luidt het argument – het dynamisme van basisbeweging aanzienlijk verzwakt.

Er zijn inderdaad aanduidingen dat de kerkelijke legitimering van de kerkelijke basisgemeenschappen in crisis verkeert. In de jaren tachtig groeit het officieel kerkelijk verzet tegen de kerkelijke basisgemeenschappen: er tekent zich binnen de hiërarchie een uitgesproken neoconservatieve tendens af die een frontale aanval pleegt op de bevrijdingstheologie en de vrijheid binnen de kerkelijke opleiding, de liturgie, de catechese beknot. Theologen die het bestaansrecht van de kerkelijke basisgemeenschappen met kracht van argumenten onderbouwen worden onder censuur gesteld. Er worden vanuit de CELAM strategieën opgezet om het project van een 'kerk van de armen' te ontkrachten. Er zijn tekenen dat de conservatieve vleugel van het episcopaat doende is de specifiek Latijns-amerikaanse opties van Medellín en Puebla terug te draaien. Disciplinaire maatregelen trachten de aanwezigheid van het bevrijdingstheologisch denken in de theologische faculteiten en de seminaries te weren, zijn invloed op het kerkelijk beleid en de pastorale planning te ontkrachten, en zijn geloofwaardigheid in de ogen van het volk te ondermijnen.

De recente missie-encycliek *Redemptoris Missio* beschouwt basisgemeenschappen dan ook als "decentralisaties en geledingen van de parochiegemeenschap"[3]. Vele bisschoppen zetten hun gezag (macht) in om de kerkelijke basisgemeenschappen te integreren in de klassieke structuren van de parochie. Leonardo Boff noemt dit een 'parochialisering' van de kerkelijke basisgemeenschappen. Basisgemeenschappen worden inderdaad in toenemende mate onder de jurisdictie van de parochiepriesters geplaatst. Voorstanders van de stelling van de 'structurele crisis' merken op dat het (in meerderheid door Johannes Paulus II benoemde) episcopaat over de definitieve beslissende macht beschikt om te bepalen of kerkelijke basisgemeenschappen zich nog langer als een relatief autonome vorm van kerkzijn aan de basis in hun diocees kunnen handhaven.

Een tweede argument beroept zich op de crisis van het bevrijdingsproject van volkse organisaties en kerkelijke basisgemeenschappen: het perspectief op een socialistische democratie. Dit project en dit perspectief hebben in belangrijke mate de krachten van de volksbeweging gebundeld ten tijde van de militaire dictaturen. Het is echter niet mogelijk de betekenis van de electorale nederlaag van het Sandinisme te relativeren. Niet alleen het communistisch socialisme uit Oost-Europa, ook de Derde-Wereldsocialismen hebben het historisch niet gehaald. Niet alleen voorstanders maar ook critici van het neoliberale ontwikkelingsmodel zijn van oordeel dat het ideaal van een socialistische democratie in crisis verkeert. De socialistische utopie is historisch gebroken.

3. Cf. JOHANNES PAULUS II, *Redemptoris Missio,* n. 51.

Een derde argument wijst op de stagnatie van de numerieke groei van kerkelijke basisgemeenschappen. Dit groeiproces lijkt in de jaren tachtig tot stilstand te zijn gekomen; er is zelfs sprake van leden die de gemeenschappen verlaten en zich aansluiten ofwel bij niet-kerkgebonden sociale organisaties, ofwel bij religieuze bewegingen die de sociale en politieke doelstellingen van de kerkelijke basisgemeenschappen afzweren (zoals de Afrobraziliaanse cultussen en de pinksterkerken).

Zelfs in het aartsbisdom Vitória (Brazilië) – dat model staat voor zijn inzet voor de kerkelijke basisgemeenschappen – participeren slechts 300.000 families (op een bevolking van 1.500.000) aan deze beweging[4].

Over de verklaring van deze stagnatie of terugval wordt verschillend gedacht. Sommigen zijn van oordeel dat de aantrekkingskracht van de kerkelijke basisgemeenschappen vermindert naargelang het volk zich onafhankelijk van de kerk organiseert. Anderen zijn van mening dat het volk de kerkelijke basisgemeenschappen verlaat (of zich gelijktijdig aansluit bij andere religieuze bewegingen) wanneer eenzijdig wordt gestreefd naar de vorming van een politiek bewustzijn. Waar religie eenzijdig wordt ingezet als legitimatie van politieke opties, of als bron van kritiek op de ideologische legitimatie ervan, gebeurt dit ten nadele van de religieuze behoeften en tradities van het volk; of, in andere termen, waar religieuze symbolen worden gebruikt voor politieke doelstellingen wordt onrecht gedaan aan het gratuïte en festieve karakter van de volkscultuur en -religie. Het volkse wijsheidsdenken en volkse vormen van religiositeit verzetten zich tegen deze eenzijdige politisering[5].

Deze argumenten wegen zwaar. De conclusie is dat de toekomst van de kerkelijke basisgemeenschappen zowel vanuit hun binding met de kerkelijke institutie als vanuit hun verbondenheid met de volksbeweging problematisch is geworden. De vanzelfsprekendheid waarmee de bisschoppelijke vergadering van Medellín en later Puebla aanstuurden op de vorming van christelijke basisgemeenschappen staat ter discussie.

Onstuitbare doorbraak?

Er zijn echter ook argumenten om te stellen dat de doorbraak van de volksbeweging en de kerkelijke basisgemeenschappen in Latijns-Amerika niet is terug te draaien. De stelling dat de doorbraak van de armen onstuitbaar is kan zich beroepen op ernstige argumenten.

De invoering van formele democratieën en de politieke en ideologische

4. Cf. P.A. RIBEIRO DE OLIVEIRA, *CEBs: Estrutura ou movimento?*, in *Revista Eclesiástica Brasileira* 50 (1990) nr. 200, 930-940.

5. Cf. Cl. BOFF, *CEBs e a questão da cultura*, in *Revista Eclesiástica Brasileira* 51 (1991) nr. 201, 167-175; L.R. BENEDETTI, *As CEBs, a política e a religião. O impasse entre o religioso e o político nas CEBs*, in *Perspectiva Teológica* 22 (1990) nr. 58, 351-362. Puebla heeft gewaarschuwd tegen een eenzijdige politisering van het christelijke bewustzijn. Eenzijdige politisering kan inderdaad de illusie voeden dat de politiek een oplossing kan bieden voor alle existentiële problemen ook van onderdrukten. Zoals ik later zal benadrukken hebben bevrijdingstheologen en kerkelijke basisgemeenschappen deze kritiek ter harte genomen.

triomf van neoliberale ontwikkelingsprojecten betekenen geenszins dat de volksbeweging is ontmanteld. Er is in Latijns-Amerika een zeer gedifferentieerd scala van alternatieve sociale bewegingen ontstaan. Men denke aan de organisaties van 'assalariados' (waaronder seizoenarbeiders, werk- en daklozen, krottenwijkenbewoners, degenen die overleven via het informele economische circuit); men denke ook aan de alternatieve sociale bewegingen (zoals de ecologische, feministische en zwarte)[6]. Zo telt de zwarte beweging in 21 bondstaten van Brazilië circa 500 groepen die meer dan 3000 activisten omvatten en op nationaal niveau in twee netwerken zijn gebundeld: de 'Movimento Negro Unificado' (vanaf 1978) en de 'Grupo de União e Consciência Negra' (recentelijk opgericht). Deze groepen maken deel uit van een brede beweging die ook op niet georganiseerde wijze opkomt tegen het racisme (discriminerende insinuaties en vernederende vooroordelen) en sociale marginalisatie. In dit verband is het goed te bedenken dat 47% van de Braziliaanse bevolking (60 à 70 miljoen) van negroïde afstamming is. Op continentaal niveau vertegenwoordigt deze groep 20% van de bevolking[7]. De dynamiek van de volksbeweging lijkt dus geenszins gebroken.

Het tweede argument voor de onstuitbare doorbraak van de kerkelijke basisgemeenschappen betreft de nieuwe sociale functies die ze vervullen. De revolutionaire opties uit de jaren zeventig en tachtig zijn verbleekt. De sociaal-politieke conjunctuur waarin de volksbeweging opereert is na de installatie van burgerlijke regeringen grondig gewijzigd. Al is de politieke haalbaarheid van een autonoom democratisch socialistisch alternatief problematisch geworden, volksorganisaties en kerkelijke basisgemeenschappen kunnen nu hun activiteiten afstemmen op die van oppositiepartijen binnen het raam van de formele democratie.

De band met oppositiepartijen heeft het voordeel dat basisgemeenschappen hun sociale en politieke eisen publiek kunnen maken en druk kunnen uitoefenen op deze partijen en op de traditionele vakbewegingen. Het nadeel is echter dat zij door deze partijen en vakbonden eenvoudigweg kunnen worden geannexeerd als electoraal potentieel, waardoor zij hun relatieve autonomie als sociale actor verliezen. Gelijktijdig echter zijn volksorganisaties bezig zich regionaal en nationaal te bundelen om tegendruk uit te oefenen op het beleid dat door liberale regimes wordt gevoerd. Hun sociale functie als voorgangers van een volkse democratie kan zo overeind blijven. Waar de kerkelijke basisgemeenschappen dwarsverbanden leggen met organisaties die model staan voor een volkse democratie en zich concentreren op basisbehoeften van degenen die zich moeten redden binnen de informele economische sector (en zonder middelen moeten voorzien in hun primaire levensbehoeften zoals voedsel,

6. Cf. B. KLEIN GOLDEWIJK, *Basisgemeenschappen, kerkelijke institutie en politieke identiteit*, manuscript, 1991, p. 3-4.

7. Cf. H. GROENEN, *Negeridentiteit en Afrobraziliaanse pastoraal*, in *Wereld en Zending* 20 (1991) nr. 4, 55 en 59; cf. ook *The Identity and Liberation Struggles of Blacks. Their Challenge to Theology*, in *Voices in the Third World* 10 (1987) nr. 1, 64-90.

woning, gezondheid), is hun bijdrage aan een alternatieve maatschappijorde gegarandeerd.

Bovendien, en ten derde, zijn kerkelijke basisgemeenschappen zich sinds vele jaren bewust van de gevaren van een eenzijdige politisering van de taal, het bewustzijn, de praktijk en de theologie van de basiskerk. Meer en meer staat de volkse bijbellezing in het centrum van de kerkelijke basisgemeenschappen. Zowel in de bijeenkomsten van de kerkelijke basisgemeenschappen als in de reflectie op hun praktijken wordt ruimte gemaakt voor de geloofsdialoog, het spontane vieren van niet alleen politieke gebeurtenissen, maar ook en vooral van bevrijdende momenten in het dagelijkse leven. Volgens Pablo Richard en vele andere bevrijdingstheologen ligt de kracht – en zelfs de revolutionaire kracht – van kerkelijke basisgemeenschappen precies in de volkse spiritualiteit waaraan zij gestalte kunnen geven. Deze spiritualiteit vormt een krachtige motivatie om zich te engageren in de sociale strijd[8].

De beoordeling van de toekomstmogelijkheden van de kerkelijke basisgemeenschappen staan dus diametraal tegenover elkaar. Hoe kan tegen de achtergrond van deze zeer principiële discussie de betekenis van de kerkelijke basisgemeenschappen voor de toekomst van de kerk in Latijns-Amerika worden geduid? Ik zal deze vraag vanuit een historische en vanuit een religieus-kerkelijke invalshoek behandelen. Vooraf echter: wat zijn kerkelijke basisgemeenschappen?

2. Wat zijn kerkelijke basisgemeenschappen?

De kerkelijke basisgemeenschappen karakteriseren zich door een viertal essentiële elementen.

Ze stellen zich niet op als een lekenbeweging 'in' de kerk maar als een beweging 'van' heel de kerk aan de basis: een beweging waarin een eigen geloofsbeleving en nieuwe vormen van ambten en diensten ontstaan.

Ze zijn lokaal gebonden en zijn samengesteld uit verschillende subgroepen. Het totaal aantal leden (van 60 tot 80 of elders, bijv. in Vitória van 200 families) participeert in bijbelgroepen, groepen die zich inlaten met de viering, de catechese, de diaconale dienstverlening, de banden met andere volksorganisaties. Het gaat om een gedifferentieerde structuur vanuit de basis waarin overigens subgroepen met eveneens gedifferentieerde doelstellingen deelnemen (men denke aan de quilombos of zwarte basisgemeenschappen in Brazilië, vrouwengroepen enz.). Verschillende van deze groeperingen vormen een netwerk op regionaal, diocesaan en

8. Cf. P. RICHARD, *Liberation Theology: A Difficult but Possible Future*, in M.H. ELLIS (ed.), *The Future of Liberation Theology. Essays in Honor of Gustavo Gutiérrez*, Maryknoll, NY, Orbis Books, 1989, 502-510.

zelfs nationaal niveau. Deze structuur laat toe vele uiteenlopende belangen te bundelen.

Kerkelijke basisgemeenschappen functioneren in principe op democratische grondslag. Animadores worden door de gemeenschap zelf aangesteld: hun reëel gezag is afhankelijk van de erkenning door de gemeenschap zelf. De nieuwe ministeries (ambten en diensten) die er vorm krijgen en de vertegenwoordiging in regionale en nationale bijeenkomsten worden roulerend waargenomen. In de praktijk bestaat er echter de verleiding van een clericalisering van animadores. Deze verleiding wordt door de beweging zelf meer en meer onderkend. Essentieel is de democratische grondslag van de beweging.

Kerkelijke basisgemeenschappen streven naar een relatieve autonomie ten aanzien van de parochie en de gevestigde kerk, maar stellen zich niet op als een parallelle kerk: noch verticaal (versus de hiërarchie), noch horizontaal (de kerk van de armen versus een westerse kerk van de rijken). Hun kritiek op andere vormen van kerk is soms scherp, maar deze kritiek kan niet worden geïnterpreteerd als een uitdrukking van sektarisme of als tendens tot afscheiding[9]. Tegen deze achtergrond kan hun betekenis als nieuwe vorm van kerk-zijn nader worden geanalyseerd.

3. Een nieuwe en authentiek Latijnsamerikaanse vorm van kerkzijn

Koloniale kerken en hun erfenis

Vele problemen waarmee het katholicisme in Latijns-Amerika momenteel worstelt hebben hun wortels in de koloniale ontstaansgeschiedenis. In de regel heeft de zogenaamde *koloniserende* kerk de bezetting en overheersing van het continent gerechtvaardigd[10]. Het geweld van de koloniserende kerk heeft geleid tot verzet, niet alleen tegen de kolonisatie maar ook tegen het christendom. Bevrijdingsbewegingen uit het verleden konden zich op het evangelie beroepen om de geloofwaardigheid en macht van de kerk tegen te spreken. Er is zo een niet-officiële volkse theologie van verzet ontstaan, die wordt verzwegen door de officiële geschiedschrijvers, maar in onze dagen door Indiaanse en Afroamerikaanse bewegingen opnieuw wordt ontdekt. De katholieke kerk kan – anno 1992 – deze erfenis niet negeren.

Daarnaast heeft de *profetische* kerk uit de koloniale periode zich met klem verzet tegen de wijze waarop het continent werd veroverd: dominicanen (onder wie Bartolomé de Las Casas de meest bekende is) en de 33% van de bisschoppen die tussen 1504-1620 waren benoemd (dominica-

9. Cf. B. KLEIN GOLDEWIJK, *Praktijk of principe. Basisgemeenschappen en de ecclesiologie van Leonardo Boff*, Kampen, Kok, 1991, deel I, *passim*.

10. Cf. H.-J. PRIEN, *Geschichte des Christentums in Lateinamerika*, Göttingen, Vandenhoeck & Ruprecht, 1978, 77; P. Richard, *1492: het geweld van God en de toekomst van het christendom*, in *Concilium* 26 (1990) nr. 6, 50-57.

nen en 'lascanianen') hebben de praktijk en de ideologie van het geweld (rechtvaardige oorlog tegen rebellerende bevolking) aangeklaagd, evenals het morele geweld waarmee de Indianen werden gedwongen te kiezen tussen het doopsel (formele inlijving in de kerk) of de dood. Het is de verdienste van deze vleugel van de beginnende katholieke kerk in Latijns-Amerika de internationale discussie over het volkerenrecht te hebben geëntameerd. Hun kritiek richtte zich ook op de vernietiging van de Indiaanse religieuze symbolen en gebruiken (campagnes tegen de idolatrie), tegen het misbruik van de Indiaanse vrouw en de hebzucht en eerzucht die (zoals Prien stelt) in de eindperiode van de Middeleeuwen – het begin van de Nieuwe Tijd – alle standen onder hun macht hebben[11].

De profetische kerk heeft een theologie geproduceerd die opkomt voor de rechten van de onderdrukte Indianen. Toch is het de koloniserende en niet de profetische kerk die de verhouding tussen kerk en maatschappij/staat in Latijns-Amerika in de loop van de geschiedenis heeft bepaald. De hiërarchische kerk heeft zich – tot en met de jaren zestig van onze eeuw – opgesteld als bondgenoot van de Spaanse en Portugese overheersing en – na de onafhankelijkheid – van de kerkgezinde antiliberale grootgrondbezitters.

Na een periode waarin evangelisatie gepaard ging met uitroeiingscampagnes, met de materiële vernietiging van inheemse religieuze symbolen en gebruiken, (de strijd tegen de afgodendienst), zocht de *missionerende* kerk een meer positieve benadering van de Indiaanse culturen. Missionarissen leerden de inheemse talen, initieerden de culturele antropologie[12], concipieerden volkse catechismussen (met zang, muziek, beelden, theater en vele verhalen over het leven van katholieke heiligen)[13]. Van fundamentele erkenning van de religies van Indiaanse volkeren was in deze missionaire praktijk echter nauwelijks sprake. 'Overeenkomsten' tussen de Indiaanse religies en de christelijke traditie (die nu als 'semina verbi' zouden worden gewaardeerd) werden niet op hun waarde ingeschat. De theorie dat de duivel de gedaante van een engel aanneemt om volkeren te misleiden, werd ingeroepen als rechtvaardiging van de exclusieve waarheid van het katholicisme (in feite het Spaanse en Portugese messianisme). De missionerende kerk uit de koloniale periode heeft geen Indiaanse theologie geproduceerd maar de katholieke theologie in Indiaanse concepten gegoten.

Uit de evangelisatie van de missionerende kerk is in Latijns-Amerika een traditioneel katholicisme ontstaan dat niet correspondeert met de canon van de officiële kerk. Historici hebben het omschreven als middel-

11. Cf. E. DUSSEL, *El episcopado latinoamericano y la liberación de los pobres, 1504-1620*, Mexico, CRT, 1979; G. GUTIÉRREZ, *Gott oder das Gold. Der befreiende Weg des Bartolomé de Las Casas*, Freiburg/Basel/Wenen, Herder, 1990.

12. Cf. bijvoorbeeld de initiatieven van Bernardino de Sahagún, in Ch. DUVERGER, *La conversion des indiens de Nouvelle Espagne*, Parijs, Seuil, 1987.

13. Cf. A. METHOL FERRÉ, *Marco histórico de la religiosidad popular*, in CELAM, *Iglesia y religiosidad popular en América Latina. Ponencias y Documento final*, Bogotá, CELAM, 1977, 59-64.

eeuws (gekenmerkt door een tragisch levensgevoel, door de angst voor een vergeldende God en het besef als messiaans volk te zijn voorbestemd voor de bezetting en kerstening van geheel de wereld), als een lekenkatholicisme (gebaseerd op lekenbroederschappen en derde orden), als relatief autonoom ten aanzien van de officiële kerk, en als devotioneel (en weinig sacramenteel), sociaal (gemeenschapsgebonden) en familiaal[14]. Onderzoek heeft uitgewezen dat dit traditioneel katholicisme de grote omwentelingen binnen het officiële christendom, zoals de vorming van het barokke christendom en van de katholieke Verlichting, heeft overleefd[15]. Ik benadruk hier vooral het devotionele en – ten aanzien van de clerus – relatief autonome karakter van het traditionele Latijnsamerikaanse katholicisme.

In de geschiedenis van het katholicisme in de koloniale periode zijn bijgevolg verschillende en onderling tegenstrijdige visies op de kerk en haar evangelisatie-opdracht gegroeid. De Latijnsamerikaanse kerk worstelt ook nu nog met deze tegenstrijdige erfenissen.

Het romaniseringsproces

Het profiel van het officiële Latijnsamerikaanse katholicisme is in grote mate bepaald door het romaniseringsproces dat aan het eind van de negentiende eeuw, in het kielzog van Vaticanum I (1869-1870) aan het Latijnsamerikaanse katholieke volk werd opgelegd[16]. Voor het eerst in de geschiedenis kon de Romeinse curie direct interveniëren in Latijnsamerikaanse kerkelijke aangelegenheden. De curie zette een strategie uit om het volkse Latijnsamerikaanse katholicisme te vervangen door een rooms-katholicisme dat zich kenmerkt door een hiërarchische structurering van de kerk (gebaseerd op de parochie) en een pastoraal die is gericht op de toediening van de traditionele zeven sacramenten[17]. Volgens José Comblin kenmerkt dit geïmporteerde katholicisme zich door de invoering van een strikte discipline, de mystiek van de gehoorzaamheid, een formalistische toepassing van de decreten van Trente, en een neothomistische theologie[18].

14. Cf. R. Azzi, *O catolicismo popular no Brasil*, Petrópolis, Vozes, 1978.

15. Cf. C.R. Brandão, *Os Deuses do povo. Um estudo sobre a religião popular*, São Paulo, Livraria Brasiliense editora, 1980.

16. De historische context van het romaniseringsproces kan als volgt geschetst worden. De onafhankelijkheidsstrijd in de eerste decennia van de 19de eeuw heeft de kerkelijke institutie ontmanteld: Spaansgezinde bisschoppen en priesters keerden terug naar hun vaderland; seminaries werden bij gebrek aan personeel gesloten; religieuze congregaties werden door de katholieke Verlichting vervolgd. Bolivar (zelf een verlichte geest) zag echter in de kerk een noodzakelijk instrument voor de wederopbouw van de Latijnsamerikaanse naties. Hij deed voor de wederopbouw van de kerk beroep op het pausdom. Rome greep deze politieke opening aan om een einde te stellen aan de Padroado Regío.

17. Cf. B. Klein Goldewijk, *Praktijk of principe*, p. 153-154. Dit proces van romanisering werd gesteund door 'bisschoppen' die een katholieke reformatie voorstonden, door uit Europa afkomstige religieuze congregaties (zoals de redemptoristen en salesianen), door katholieke immigranten en door de opkomende agrarische bourgeoisie.

18. Cf. J. Comblin, *Situations latino-américaines*, in *Spiritus* 32 (1991) nr. 125, 358-368.

Voorstanders van de romanisering hielden het in de koloniale periode gevormde Latijnsamerikaanse katholicisme voor onaanvaardbaar. Het zou bijgeloof tolereren en allerhande misstanden laten bestaan[19].

Het belangrijkste *middel* dat werd ingezet bij de uitvoering van de romanisering was, naast het stichten van parochies en de oprichting van seminaries en katholieke scholen, het verbreiden en socialiseren van nieuwe devoties en liturgische vieringen[20]. Traditionele heiligendevoties uit het oorspronkelijk van de Portugezen afkomstige volkskatholicisme (zoals de devotie aan Santo António) moeten plaatsmaken voor katholieke devoties die in het negentiende-eeuwse Europa van kracht waren en die daar een grote bloei doormaakten zoals het Heilig Hart van Jezus en tal van Mariadevoties. In Europa werden deze devoties ingezet tegen het 'modernisme' en het 'anticlericaal liberalisme'. In Latijns-Amerika functioneren diezelfde devoties als strategisch instrument om het religieuze gezag van traditionele lekenbroederschappen en derde orden te vervangen door nieuwe door de hiërarchie ingestelde 'lekenorganisaties', zoals het 'Apostolaat van het gebed', de 'Mariacongregatie', de 'Vincentius-verenigingen' en, in een latere periode, de katholieke actiebewegingen[21].

Van belang voor mijn vertoog is de opmerking dat het volkskatholicisme niet alleen onder de controle van de clerus wordt geplaatst; het wordt herleid tot een caritatief, individualistisch en liberaal-burgerlijk katholicisme. Zo wordt een 'zuivering' doorgevoerd van het traditioneel katholicisme van het volk en wordt de afhankelijkheid van de Latijnsamerikaanse kerk ten aanzien van de Westeuropese kerken aanzienlijk vergroot.

Het uiteindelijk resultaat van dit romaniseringsproces is echter is dat de scheiding tussen het volkse katholicisme en het officiële katholicisme niet alleen is bevestigd maar vergroot. Beide vormen van katholicisme, noteert Comblin, blijven de afgelopen honderd jaar coëxisteren. De werkelijke invloed van het geromaniseerd katholicisme beperkt zich inderdaad tot een 10% van de bevolking: "de geletterden uit de traditionele steden. Ook in onze dagen stelt de scheiding tussen het officiële en het volkse katholicisme een ernstig missiologisch probleem"[22]. José Comblin stelt de terechte vraag of het officiële katholicisme in staat is

19. Over de verhoudingen van de geromaniseerde kerk tot de volksmassa schrijft Francisco Rolim: "In de ogen van de hiërarchie – en gemeten aan de geletterdheid van de clerus –, leefden de volksmassa's, voornamelijk de armsten, verzonken in een religieuze onwetendheid". F. ROLIM, *Godsdienst en armoede*, in *Concilium* (1980) nr. 1, 37-43, hier p. 40.

20. Cf. R. AZZI, *A Romanização da Igreja a partir da República (1889)*, in C. BRANDÃO e.a., *Inculturação e Libertação*, São Paulo, Paulinas, 1986, 105-116.

21. Cf. B. KLEIN GOLDEWIJK, *Praktijk en principe*, p. 151-153. F. ROLIM, *Godsdienst en armoede*, p. 40.

22. José Comblin schrijft: "Si l'Église catholique ne réussit pas à mobiliser en cinq ans un demi million de missionaire laïcs, elle perdra les grandes masses rurales... Il est impossible qu'une institution aussi conservatrice que l'Église catholique, et dans une phase d'ultra-conservatisme, puisse donner une réponse aux défis de l'heure" (*Situations latino-américaines*, p. 367).

de uitdaging die het volkskatholicisme stelt op te vangen. Hij is van mening dat dit niet het geval is. Daartegenover staat de visie van Eduardo Hoornaert en Pedro Ribeiro de Oliveira, dat de kerkelijke basisgemeenschappen belangrijke aspecten van het volkskatholicisme van vóór de romanisering heropnemen. Men kan in dit verband wijzen op het gezag dat binnen de kerkelijke basisgemeenschappen aan lekenleiders wordt toegekend, op het gemeenschapskarakter van de godsdienstbeleving en op de wijze waarop het volk zelf actief subject wordt van de gemeenschap. Er zijn dus argumenten aan te dragen voor de stelling dat de kerkelijke basisgemeenschappen, meer dan de parochies, de afstand die tussen volk en kerk is gegroeid weten te versmallen.

4. Religieus-kerkelijke identiteit

De kerkelijke legitimering van de kerkelijke basisgemeenschappen staat ongetwijfeld onder zware druk. Het Voorbereidingsdocument van de Vergadering van Santo Domingo geeft enkele indicaties over het beleid dat bisschoppen in de toekomst zullen voeren. Er wordt aangedrongen op een betere coördinatie van de kerkelijke basisgemeenschappen en een meer overzichtelijke verbinding met de lokale kerken. Volgens het Voorbereidingsdocument stelt de identiteit van de kerkelijke basisgemeenschappen binnen de kerk een ernstig probleem. Bovendien wordt aangedrongen op een meer gerichte pastorale begeleiding waardoor (zacht uitgedrukt) 'onzuiverheden' in de interpretatie en toepassing van de bijbel en van de sociale leer van de kerk kunnen worden vermeden[23]. Het is vooralsnog onduidelijk welke standpunten Santo Domingo zal innemen. Feit is echter dat zowel de kerkelijke als de theologische identiteit van de basisgemeenschappen ter discussie staat[24]. Het lijkt me nuttig twee elementen van deze discussie onder de aandacht te brengen[25].

Een nieuwe romanisering?

Over de parochialisering van de kerkelijke basisgemeenschappen wordt momenteel een soms heftig debat gevoerd rond de vraag of de kerkelijke basisgemeenschappen niet zijn verwikkeld in een nieuw proces van romanisering, ditmaal in het kader van Vaticanum II.

Dat leken in de kerkelijke basisgemeenschappen functies vervullen die

23. Cf. CELAM, *Documento de Consulta. Nueva evangelización, promoción humana, cultura cristiana*, Bogotá, p. 179-180.

24. Dit neemt niet weg dat de bevrijdingsbeweging aan de basis van de kerk niet alleen levend is, maar zich ook kan beroepen op een kerkelijke authenticiteit. Christelijke leken, religieuzen, priesters en bisschoppen die bewust hebben gekozen voor solidariteit met de armen kunnen zich voor deze keuze beroepen op een theologische legitimiteit die hen door Medellín en Puebla werd vertrekt. Dit is althans mijn overtuiging.

25. Voor de volgende paragrafen, zie B. KLEIN GOLDEWIJK, *Praktijk en principe*, p. 151-156, 172-184.

in het geromaniseerde model van katholicisme waren voorbehouden aan bisschoppen, priesters en religieuzen, is volgens *Redemptoris Missio* een zeer ernstig probleem. Waar animadores nu spreken en handelen in naam van de kerk, belichamen zij een vorm van kerkelijk leiderschap die botst met de gevestigde verdeling van de ambtelijke verantwoordelijkheden en juridische bevoegdheden. Hierbij komt dat tot dusver aan de kerkelijke basisgemeenschappen geen jurisdictie is toegekend voor het vervullen van bepaalde kerkelijke taken zoals het toedienen van huwelijk en doopsel. De kerkelijke basisgemeenschappen hebben in deze zin überhaupt geen kerkelijke juridische status. Félix Pastor en Marcello Azevedo zijn van oordeel dat kerkelijke basisgemeenschappen ook geenszins in staat zijn deze verantwoordelijkheden op zich te nemen. Zij menen dat kerkelijke basisgemeenschappen daarom in de parochiestructuren dienen te worden geïntegreerd. Hun specifieke bijdrage zou er slechts in bestaan de bestaande anonieme parochiestructuren te verrijken en te vitaliseren. Anders gezegd: het komt hen toe op grond van de gemeenschapszin en democratische omgangsstijl het autoritarisme in de kerk onder kritiek te stellen en op grond van hun sociale engagementen weerstand te bieden aan spiritualistische bewegingen. Hun bijdrage aan de vernieuwing zou zich daartoe beperken. Leonardo Boff waarschuwt daarentegen voor de verleiding "(...) de kerkelijke basisgemeenschappen te organiseren als een onderdeel van parochies en op deze wijze ondergeschikt te maken aan de kerkelijk rechtsorde". Door een integratie in de parochiestructuren zou de authentieke betekenis van de kerkelijke basisgemeenschappen als nieuwe wijze van kerkzijn aan de basis verloren gaan. Herleid tot een van de vele lekenbewegingen zouden ze de bestaande kerkelijke structuren niet langer ter discussie kunnen stellen.

Een nieuwe reformatie?

Het is bekend dat het geloof en de bijbel (de volkse lezing van de bijbel waaruit een nieuwe geloofsbeleving ontstaat) in de kerkelijke basisgemeenschappen een doorslaggevende rol vervullen. Deze ontwikkeling is in de katholieke traditie een radicaal nieuw en uiterst belangwekkend gegeven. Er is op deze wijze een gevarieerde volkse christelijke spiritualiteit en 'theologie in aanzet' ontstaan die niet alleen een eenzijdige politisering corrigeert maar ook afwijkt van de academische en officieel kerkelijke theologie. Basisgemeenschappen zijn niet langer consumenten van spiritualiteit en theologie, maar scheppende subjecten ervan. Zij dragen hun boodschap uit in gedichten, gezangen, liturgische vieringen enz.

Sommigen, zoals Johann Baptist Metz en José Ignacio González Faus, zien in dit alles een nieuwe reformatie, ditmaal van protestantse signatuur. Deze interpretatie berust vooral op de observatie dat het geloof en de Bijbel in de kerkelijke basisgemeenschappen een doorslaggevend rol vervullen, zoals het *sola fide* en het *sola scriptura* dit voor Luther tijdens de eerste Reformatie in de zestiende eeuw deed. Dit verklaart misschien waarom recentelijk harde kerkelijk disciplinaire maatregelen werden getroffen tegen theologen en het presidium van de CLAR die deze volkse theologie legitimeren en begeleiden.

Het lijkt belangrijk deze volkse theologie – vanuit een andere invalshoek – te benaderen als een proces van contextualisering, waarin het volk op grond van "de autonome dynamiek die het volkskatholicisme kenmerkt" een creatieve synthese kan bewerkstelligen tussen de bijbelse boodschap en zijn eigen culturele symbolen en categorieën. Dit perspectief werd, mede door de politisering van de kerkelijke basisgemeenschappen, door bevrijdingstheologen te lang onderbelicht, maar komt nu in het centrum van hun belangstelling te staan.

Nu de Latijnsamerikaanse Bisschoppelijke Vergadering van Santo Domingo het thema van de inculturatie aan de orde stelt, is het noodzakelijk erop te wijzen dat er in de kerkelijke basisgemeenschappen reeds lange tijd een proces van inculturatie plaatsvindt, waarin een vorm van geloofsbeleving ontstaat die tegelijk volks en bevrijdend kan worden genoemd. Het lijkt niet verantwoord dit proces te onderbreken door een catechese die de officiële kerkelijke leer dwingend oplegt. Een inculturerende evangelisatie dient te worden opgevat als dialoog. De kerkelijke verklaringen over inculturatie leggen eenzijdig de nadruk op de zuiverende rol die het evangelie ten aanzien van culturen moet vervullen. In deze visie is het de kerk (onder leiding van de hiërarchie) die eenzijdig beslist welke waarden en gebruiken uit een cultuur in het christendom dienen te worden opgenomen en op welke wijze deze bovendien moeten worden uitgezuiverd en verdiept. Deze eenzijdigheid wordt gecorrigeerd wanneer inculturatie wordt begrepen als dialoog waarin (in ons geval) zowel de kerkelijke basisgemeenschappen als pastores en theologen een gezagvol en theologisch relevant woord kunnen spreken.

Ter afsluiting

Ik sluit mijn referaat af met enkele concluderende opmerkingen.

– Het lijkt me noodzakelijk dat recht wordt gedaan aan de niet-officiële volkse theologie van verzet die gedurende de koloniale periode is ontstaan. Deze theologie zou een substantieel onderdeel moeten vormen van het theologisch onderwijs en van catechetische programma's.

– De toekomst van de kerkelijke basisgemeenschappen als nieuwe vorm van kerk-zijn is afhankelijk van de mate waarin hun bijdrage aan de theologie en de ecclesiologie wordt erkend. Het zijn de kerkelijke basisgemeenschappen die, in Latijnsamerikaanse context, een nieuwe godsbeleving hebben gestalte gegeven die niet aanzet tot passieve berusting, fatalisme en onderwerping maar aanzet om deel te nemen aan een proces van bevrijding (uitgedrukt in het beeld van de God van de armen, de God van bevrijding, de God van het leven). Het zijn ook zij die een vorm van gemeenschap ('communio' en participatie) realiseren die dicht staat bij die van de christelijke gemeenschappen uit de oertijd van het christendom (gemeenschap van armen). Deze evangelische legitimiteit kan wel ter discussie worden gesteld maar kan hun niet worden ontnomen. De kerkelijke basisgemeenschappen confronteren de wereldkerk met een christelijke waarheid die dieper reikt dan kerkpolitieke conflicten.

– Het romaniseringsproces heeft de scheiding tussen het officiële en het volkse katholicisme die in de koloniale periode was ontstaan niet ongedaan gemaakt maar verdiept. De recente geschiedenis van de kerkelijke basisgemeenschappen toont aan dat de kerk, wil ze een authentiek Latijnsamerikaanse lokale kerk worden, prioriteit moet verlenen aan gemeenschap boven institutie, aan verdeling van bevoegdheden boven de concentratie hiervan in de handen van de clerus.

– De kerkelijke basisgemeenschappen beschikken over een grotere ervaring op het gebied van contextualisering en inculturatie van het evangelie dan uit de Voorbereidingsdocumenten van Santo Domingo blijkt. De doelstellingen die het episcopaat zich stelt voor de Vergadering van 1992 kunnen slechts worden gerealiseerd wanneer deze theologische creativiteit volwaardig wordt erkend.

Valkenburgseweg 4
NL-6525 CX Nijmegen

Jacques VAN NIEUWENHOVE

NIEUWE UITDAGINGEN AAN DE KERK IN LATIJNS-AMERIKA

De nieuwe wereldconjunctuur vormt de grote uitdaging aan de kerk in Latijns-Amerika. De laatste decennia is de wereld grondig veranderd op wetenschappelijk, technologisch, economisch en politiek gebied. De conferentie van Medellín greep plaats in een ander Latijns-Amerika, in een andere wereld. De nieuwe economische wereldorde wordt gedirigeerd door de zeven grootmachten, wier jaarlijkse vergaderingen de grote liturgieën van de hedendaagse wereld zijn geworden. Het Oost-West-conflict bestaat niet meer. De zeven groten hebben alle troeven in handen. Zij leiden een economische orde die gebaseerd is op de principes van het neoliberalisme. De neoliberale ideologie overheerst niet alleen maar treedt ook naar voren als de enig mogelijke, de enig denkbare.

Met dit gegeven voor ogen zien de heersende elites van Latijns-Amerika het probleem als volgt: ofwel integreren wij ons in deze nieuwe economische wereldorde, ofwel zullen wij in de tijdsspanne van één generatie worden zoals de landen van Zwart-Afrika nu, definitief voorbijgestreefd en onmachtig om in dit spel van de grote mogendheden mee te spelen. Gesteld voor deze keuze hebben de elites hun besluit genomen: zij willen in de nieuwe wereldorde meetellen en daarom onderwerpen zij zich aan alle eisen van het neoliberalisme. De neoliberale economie heeft in de wereld geen hartstochtelijker aanhangers dan, bijvoorbeeld, de huidige presidenten van Mexico en Argentinië, van Chili en Peru. Brazilië aarzelt enkel en alleen omdat de huidige president zijn taak niet aankan, maar het zal binnenkort in dezelfde boot stappen, omdat de economische elites het eisen. De andere regeringen hebben geen ander alternatief: ze moeten hetzelfde pad op.

Mexico heeft al de eerste stappen gezet om toe te treden tot de gemeenschappelijke markt van Noord-Amerika, met de Verenigde Staten en Canada. Centraal-Amerika zal volgen. In Zuid-Amerika heeft Chili zijn enthousiasme al getoond en ook de anderen zullen moeten volgen. Het is dus zeer waarschijnlijk dat Latijns-Amerika in de toekomst geïncorporeerd wordt in een grote gemeenschappelijke Amerikaanse markt met de Verenigde Staten natuurlijk als de absolute leiders.

Deze integratie in een nieuwe wereldorde heeft voor Latijns-Amerika gevolgen die nu al zichtbaar worden. Het voorrecht om opgenomen te worden in de wereldmarkt heeft zijn prijs en deze prijs is zeer hoog.

* Uit het Portugees vertaald door Frans Gistelinck.

De gevolgen van de integratie in de wereldeconomie

1. De ondergang van het Latijnsamerikaanse nationalisme

Het eerste gevolg van de integratie in de nieuwe wereldorde is de ondergang van het Latijnsamerikaanse nationalisme, dat zich sinds 1930 aan het structureren was. We hebben te doen met een radicale ommekeer van een beweging die zich gedurende meer dan een halve eeuw ontwikkeld heeft. De neoliberalen bestempelen deze geschiedenis van het nationalisme als rampspoedig. Volgens hen is het nationalisme verantwoordelijk voor de economische achterstand van de Latijnsamerikaanse landen. De echte bevrijding bestaat voor hen in het openen van de grenzen voor het kapitalisme van de heersende landen. Latijns-Amerika moet zich openstellen voor alle risico's van de internationale handel. Het moet alle nieuwe technologieën invoeren en ze betalen met de uitvoer van produkten die ze concurrentieel kan aanbieden. In de praktijk echter is Latijns-Amerika bijna in niets concurrentieel. Het moet zijn houtreserves en vis uitvoeren. Het moet zich specialiseren in landbouwprodukten die het voordeliger kan produceren dan andere landen: sinaasappels in Brazilië, druiven of appels in Chili of Argentinië, graan in Argentinië, vismeel in Chili en Peru.

Het resultaat ligt voor de hand: een bijna totale desindustrialisatie, behalve in Brazilië dat nog weerstand biedt, maar hoelang nog? Latijns-Amerika keert terug naar zijn traditionele "landelijke roeping". Het oude koloniale pact wordt hernieuwd.

De gevolgen zijn: de sluiting van talloze fabrieken, de snelle aftakeling van de arbeidersklasse, de teloorgang van de traditionele landbouw als levensonderhoud van het volk en de opkomst van een immense "parallelle economie" van handel en diensten, die naast de wet functioneren, marginaal zijn en uitermate onbestendig. In verschillende landen overleeft de helft van de bevolking dankzij deze parallelle economie.

De meest bekende sector van de parallelle economie is ongetwijfeld de drughandel en de produktie van hennep (maconha) en cocaïne. Verschillende landen als Bolivia, Peru en Colombia overleven nu dank zij de drugs, die een vitaal element geworden zijn van hun economie. Maar ook in Argentinië en Brazilië maken de produktie van hennep of cocaïne en de drughandel een belangrijk onderdeel van de economie uit. De grote mogendheden zijn er inderdaad nog niet in geslaagd coca te planten. De dag waarop de Verenigde Staten of Europa er in slagen cocaïne te produceren, stort Latijns-Amerika in elkaar. In elk geval zijn in Latijns-Amerika twee sociale klassen aan het verdwijnen: de boerenklasse en de arbeidersklasse.

Er komt een nieuwe sociale klasse op, de talrijkste, de klasse van de parallelle economie, waar allen zelfstandigen zijn en rivalen voor elkaar. De katholieke kerk kent deze klasse zeer weinig.

Het einde van het economisch nationalisme betekent dat de economie voortaan georiënteerd wordt door de sector van de buitenlandse handel en door de multinationale ondernemingen (banken, industriële en commerciële groepen). De landen worden van buitenaf bestuurd. Ze hebben het economisch initiatief en de controle over hun activiteiten verloren. Het feit dat de relaties onder de deelnemers aan de wereldeconomie zeer ongelijk zijn, brengt in de praktijk mee dat de Latijnsamerikanen louter objecten zijn, die in theorie geleid worden door de wetten van de economie, maar in de praktijk door grote structuren die gevestigd zijn in de grote wereldcentra.

2. De verzwakking van de nationale staten

Het tweede gevolg van de integratie in de wereldmarkt is de verzwakking van de nationale staten. Het evangelie van het neoliberalisme verkondigt de strijd tegen de staat en het etatisme. De Latijnsamerikanen werpen zich in deze strijd en aanvaarden deze ideologie. In Latijns-Amerika is de staat de grote zondebok: zij draagt alle schuld voor de onderontwikkeling. Het zou volstaan de vrije markteconomie alle vrijheid te geven en Latijns-Amerika zou onmiddellijk een ontwikkeld continent worden.

Men kondigt het einde af van de verzorgingsstaat. Maar dit betekent voor Latijns-Amerika een verschrikkelijke teloorgang van het openbaar onderwijs, wat in alle landen al zichtbaar is. Men valt snel terug in een veralgemeend analfabetisme. De elites beschikken natuurlijk over een eigen, goed uitgebouwd privé-onderwijs, maar 80% van de bevolking moet het stellen met een slecht georganiseerd en slecht functionerend onderwijs, ondergraven door de ontmoediging van het onderwijzend personeel, dat zich door de samenleving in de steek gelaten voelt. Ook de gezondheidsdiensten die reeds zwak waren, zijn nog zwakker geworden. Ziektes die men dacht overwonnen te hebben, duiken weer op. De opkomst van de cholera is enkel een symbool van de globale situatie. De traditionele aristocratieën, zelfs de meest corrupte en de minst efficiënte, zullen wel steeds de weg vinden om een plaats te veroveren in het wereldsysteem. En zo valt de staat terug in handen van onbekwame mensen.

3. Het einde van het socialisme

Het socialisme bestaat nog in Cuba, maar Cuba is geen centrum meer van uitstraling voor Latijns-Amerika. In werkelijkheid is het einde van het socialisme in Latijns-Amerika niet alleen te verklaren vanuit de desintegratie van het communistisch systeem in Oost-Europa. De socialistische bewegingen voor nationale bevrijding waren reeds vroeger ten onder gegaan. Virtueel kregen zij in 1973 de doodsteek met de nederlaag van Allende in Chili. De teloorgang verliep geleidelijk aan. Voor sommigen bracht Nicaragua nog enige hoop, maar dat was slechts een illusie; andere, veel machtiger krachten waren daar werkzaam. Sinds 1973 hebben de linkse bewegingen in Latijns-Amerika geen economisch alternatief meer kunnen bieden en moesten zij onmachtig de opkomst van het neoliberaal model gadeslaan. Overigens was in Latijns-Amerika de socialistische beweging altijd als een soort aanhangsel verbonden met de nationalistische beweging, die vooropstond. Met de teloorgang van het nationalisme en de nationale staat verloor het socialisme ook die basis.

De interne crisis is diep bij alle linkse partijen en zij lijken niet in staat ze op korte of middellange termijn te boven te komen. Hun probleem is dat zij geen alternatief te bieden hebben dat de massa kan overtuigen. Voor de nieuwe volksmassa, die opgroeit in de parallelle economie, klinken zowel het socialistische als het katholieke discours trouwens totaal vreemd. De linkse partijen met hun arbeidersideologie weten niet hoe ze de massa moeten aanspreken. Het is dan ook niet verwonderlijk dat wie in de marge van de maatschappij en in ellende leeft bijna altijd stemt voor conservatieve of ultra-conservatieve kandidaten.

4. De spektakelpolitiek

In de voorbije periode werd de politiek opgevat als het werkinstrument voor sociale veranderingen, hervormingen of revoluties. De partijen streefden naar de verovering van de macht van de staat om de maatschappij te veranderen. Vandaag is de politiek veranderd. Zij lijkt steeds meer inefficiënt, nutteloos, zonder resultaten. De beslissingen worden inderdaad elders genomen, buiten de natie, in supranationale centra, die de Latijnsamerikaanse landen niet onder controle hebben. De politiek wordt dus een gedoe zonder inhoud.

Tegelijkertijd veranderde de plaats waar politiek bedreven wordt. Vroeger was de plaats van de politiek de strijd binnen de partijen, de manifestaties op straat en de verkiezingscampagnes. Vandaag heeft de televisie die plaats ingenomen. Daarmee is de politiek ook veranderd in een spektakel. De politici weten vandaag dat programma's niet belangrijk zijn en ideologie nog minder. Wat van belang is, is kijkdichtheid op televisie, de indruk die men maakt op de kijker. Politieke campagnes hebben geen enkel rationeel element. Eens verkozen doen de presidenten precies het tegenovergestelde van wat zij beloofd hebben, en dat tast hun geloofwaardigheid helemaal niet aan. Wat men van hen verwacht is niet dat ze een programma uitvoeren, maar wel dat ze de competitie op televisie winnen. De staat en de politiek zijn spektakel geworden, de politieke twisten zijn competitieve spelletjes tussen individuen. De duidelijkste voorbeelden van dergelijke spektakelpolitiek waren de presidentsverkiezingen in Argentinië, Brazilië en Peru. De presidenten van deze drie landen zijn typische paljassen, die wonnen omdat zij beter wisten te spelen, omdat zij de regels van de huidige politiek beter kenden. Hetzelfde kan gezegd van de president in Nicaragua en in grote mate ook van de laatste verkiezingen in Mexico.

Als de staat en de politiek inderdaad opgehouden hebben factoren van sociale veranderingen te zijn, waar kunnen dan nieuwe krachten opstaan om reële veranderingen tot stand te brengen? We leven in een maatschappij die enkel en alleen door externe krachten geregeerd wordt.

Zulke maatschappij neemt geen initiatieven, maar reageert op impulsen die van buitenaf komen. Dit is een merkwaardige ommekeer van de dynamiek, die gegroeid was in de laatste zestig jaar.

Latijn-Amerika is opnieuw democratisch geworden, maar de nieuwe democratieën hebben geen macht en betekenen voor het volk geen enkele reële mogelijkheid om de structuur van de maatschappij te veranderen. Het nieuwe van de huidige democratie is dat het volk gemakkelijker het hoofd in de schoot legt en de situatie van verdrukking aanvaardt. De vrees om opnieuw een militaire dictatuur te moeten ondergaan brengt mee dat het volk nu vrijwillig datzelfde aanvaardt waartoe de militairen hen zouden dwingen.

5. Een gespleten maatschappij

Traditioneel was de Latijnsamerikaanse maatschappij een maatschappij van enorme ongelijkheden. De integratie in de nieuwe wereldorde verdiept nog de afgrond tussen de weinige zeer rijken en de massa die in ellende leeft. Modernisering betekent in Latijns-Amerika: de privileges van de rijken nog vergroten en de weinige middelen van de armen nog meer uitzuigen. Er wordt een subhumane generatie van miserabele mensen van kleine gestalte geboren, ondervoed, met zeer beperkte intellectuele mogelijkheden, niet bekwaam om nuttig werk te verrichten, een sub-ras dat veroordeeld is om te leven van permanente hulpverlening. Nu zeggen de leiders van de naties dat het de schuld is van de kerk. Die sub-mensen hadden eigenlijk niet geboren moeten worden. De kerk heeft programma's van geboortenbeperking tegengewerkt. Nu hebben de volkeren de opdracht miljoenen jongeren te onderdrukken, omdat ze helemaal niet in staat zijn om zich op een vreedzame manier in de maatschappij te integreren. De moord op duizenden jongeren in Brazilië is een eerste teken van een nieuwe situatie: de aanwezigheid in de grootsteden van miljoenen jongeren zonder werk, zonder studie, zonder familie en zonder toekomst. De maatschappij heeft voor hen geen plaats. Ze stelen, stichten wanorde, zijn een blok aan het been: de oplossing is hen uitroeien.

Om deze maatschappij te verklaren volstaat het niet een beroep te doen op de tegenstelling verdrukkers-verdrukten. Het gaat nu om een andere tegenstelling: geïntegreerden-uitgeslotenen. Er zijn massa's mensen die geen plaats hebben in de maatschappij en enkelen die er in slagen een plaats te veroveren. Geconfronteerd met die situatie voelt een groot deel van de kerk zich totaal machteloos.

Problemen voor de kerk

1. Onwetendheid omtrent de problemen

Als wij het tijdschrift voor de clerus van het bisdom Rio de Janeiro openslaan, hebben wij de indruk dat het enige probleem van de kerk gelegen is in de ongedisciplineerdheid van de katholieken, vooral van de clerus: het zich niet onderwerpen aan de paus, liturgische misbruiken, afwijkingen van de leer, marxistische infiltratie in de leer, enz. Welnu, de kardinaal-aartsbisschop van Rio de Janeiro is de belangrijkste raadsman van de paus inzake Latijns-Amerika, en in het bijzonder voor Brazilië. De indruk blijft dat ook in Rome het enige serieuze probleem voor de kerk in Latijns-Amerika een probleem is van discipline en ketterij. Bijgevolg is alles erop gericht, de interne discipline van het kerkinstituut te versterken.

De eigen sociale leer van de kerk is vóór alles opgevat als een instrument van orthodoxie. Ze bepaalt wat een katholiek moet denken en doen of laten in deze wereld. Ze dient om grenzen af te bakenen en de besmetting door valse doctrines te voorkomen. Ze is niet in de eerste plaats een werkinstrument om de mensheid te bevrijden, maar om de katholieken te beteugelen en te beschermen tegen de marxistische dreiging. Voor de traditionele en roomse vleugel in de kerk is heel het probleem er een van innerlijke orde.

2. *De vraagstelling van Medellín*

Voor de vernieuwingsgezinde groep in de kerk is het ergste probleem niet het feit dat zij door de traditionalisten aan banden wordt gelegd, maar veeleer dat haar eigen project door de evolutie van de Latijnsamerikaanse samenleving haar zin verliest. Het programma van Medellín was gebaseerd op een perspectief van sociale verandering en ontwikkeling. Zijn vertrekpunt was *Gaudium et Spes* en *Populorum Progressio*. De bisschoppen en al wie hen volgde waren er van overtuigd dat Latijns-Amerika op weg was naar een rechtvaardiger en democratischer maatschappij. Ze vonden dat de kerk moest deelnemen aan dit proces, het stimuleren en zelfs de weg tonen. De kerk moest zich engageren in deze taak om een rechtvaardiger samenleving op te bouwen, door alles wat sinds de Conquista scheef gegroeid en nooit rechtgetrokken was, te verbeteren.

Medellín was ervan overtuigd dat Latijns-Amerika een eigen geschiedenis had en nu subject van die geschiedenis moest worden. Deze geschiedenis moest leiden naar ontwikkeling en vooruitgang. De ideeën van geschiedenis, vooruitgang, rechtvaardigheid, vrede en vooruitgang lagen aan de basis van wat er in Medellín gezegd werd. Terzelfdertijd leefde de idee van dialoog, die vanuit het Vaticaans Concilie kwam. De katholieken waren bereid samen te werken met andere bewegingen op weg naar de bevrijding van het continent. De volgelingen van Medellín begrepen dat het niet uitgesloten was samen te werken met de bewegingen van "nationalistische bevrijding", die meestal een zogezegd marxistische ideologie verkondigden.

De theologie van de bevrijding ging de thema's van Medellín uitwerken en een intellectuele basis bieden aan de katholieken die zich engageerden voor de bevrijding van hun volk. De kerkelijke basisgemeenschappen zouden de voorhoede zijn van de massa van katholieken die zich engageerden in het veranderingsproces naar een rechtvaardiger maatschappij. Centraal voor de praktijk van de katholieken was de nationale staat. Het kwam er op aan de macht van de staat te veroveren. Die macht zou het voornaamste instrument zijn voor sociale verandering.

Geschiedenis, ontwikkeling, vooruitgang, rechtvaardigheid, bevrijding, voorhoede, nationale staat: al deze categorieën zijn plots niet meer relevant. De objectieve problemen, die ook Medellín wilde aansnijden en oplossen, zijn vandaag veel zwaarder geworden: armoede, miserie, marginalisering, ongelijkheid, gebrek aan echte vrijheid. De sociale situatie is vandaag veel erger dan ten tijde van Medellín. Toen dacht men dat het mogelijk was een proces van verandering op gang te brengen. Vandaag stelt men echter vast dat Latijns-Amerika in een proces van diepgaande sociale verandering betrokken is, maar dat dit proces helemaal niet leidt naar een betere en rechtvaardiger maatschappij.

De teloorgang van het "echte socialisme" kwam de crisissituatie nog verergeren. Het bestaan van een socialistische beweging toonde immers aan dat het niet absurd was te denken aan een alternatief tegenover de kapitalistische maatschappij die in Latijns-Amerika was ingeplant. De ondergang van die socialistische beweging lijkt te betekenen dat er geen alternatief bestaat en dat de huidige evolutie van de maatschappij onomkeerbaar is. Dit alles brengt natuurlijk een ontreddering teweeg, die duidelijk zichtbaar is in de theologie van de bevrijding en in de kerkelijke basisgemeenschappen.

3. Het nieuw religieus gevoel

Het christendom behoort tot de religieuze dimensie van Latijns-Amerika, basis van de cultuur. Maar voor de nieuwe massa's, die uit de maatschappelijke evolutie ontstaan zijn, is de katholieke kerk niet langer de instantie die deze christelijke religieuze dimensie controleert en kanaliseert. De katholieke kerk bezit niet meer het monopolie van het christendom. In vele strcken zijn er veel meer praktizerenden in de kerken van de christelijke 'sekten' dan in de katholieke kerken. Op zondagen praktizeren er veel meer protestanten dan katholieken.

Meestal zijn deze christelijke 'sekten' ontstaan uit de pinksterbeweging. De oorsprong van deze 'sekten' ligt wel in de Verenigde Staten, maar zij zijn goed geïncultureerd in Latijns-Amerika, waar er trouwens vele ontstaan zijn. Momenteel bereiken zij ongeveer 15% van de bevolking. En daarbij gaat het om mensen die praktizeren. Onder de katholieken zijn er niet meer dan 5% praktizerenden.

De 'sekten' schieten als paddestoelen uit de grond. Ze vermenigvuldigen zich op een uitzonderlijke manier. In enkele jaren hebben ze honderdduizenden pastores gevormd. In de tijdsspanne waarin katholieken één priester vormen, hebben zij vijftig of honderd pastores opgeleid. Deze pastores kennen de taal van het volk en zijn perfect geïncultureerd, terwijl de katholieke kerk in de volksmilieus als een vreemde overkomt.

Momenteel kent Latijns-Amerika een buitengewone religieuze heropleving. Het lijkt er op dat alle energieën die op het sociale onderdrukt worden een uitweg vinden op het religieuze vlak. De volksmassa's kunnen zich niet uitdrukken op het politiek-sociale vlak, maar vinden in de godsdienst een uitstekende weg om zich uit te leven. De katholieke kerk haalt echter weinig voordeel uit die religieuze heropleving. Het zijn andere groepen die er voordeel uithalen: pinksterbewegingen, Afrikaanse religies, spiritisme en ook oosterse religies.

De katholieke clerus heeft de oude volkse religieuze gebruiken van het traditioneel katholicisme, de godsdienst van heiligen en mirakelen overboord gegooid. De huidige priesters zijn kinderen van de katholieke verlichting: zij geloven niet meer in heiligen en mirakelen, zij doen geen beloften en verstaan het volkse geloof niet. De officiële katholieke godsdienst bestaat uit een hiëratische liturgie, een onbegrijpelijke leer, een rotsvaste autoritaire structuur waarin de priester over alles beslist en de leken altijd onvoorwaardelijk moeten gehoorzamen. Niets daarvan is aanvaardbaar voor de volksmassa's, minder nog voor die nieuwe massa's die het contact met hun vroegere tradities verloren hebben.

In de grote stadsagglomeraties groeperen de zogeheten "parochies" vandaag tussen de 100.000 en 200.000 inwoners. Deze pseudo-parochies bereiken in het beste geval duizend mensen. De rest is overgeleverd aan de andere kerken. Om trouw te zijn aan haar clericale structuur heeft de katholieke kerk zomaar de volksmassa's uit handen gegeven aan andere godsdiensten.

4. Het einde van de traditionele godsdienst

Tot aan de opkomst van de televisie werd het traditioneel katholicisme overgeleverd van familie op familie. 's Avonds zat de familie samen en de ouderen onderwezen de kinderen. De mensen spraken met elkaar en men bad de traditionele gebeden. De televisie kwam in huis en het was gedaan met praten, gedaan met communicatie tussen ouders en kinderen, gedaan met gebed, gedaan met het overleveren van de traditionele godsdienstige gebruiken. Iedereen kijkt naar de televisie en niemand mag praten. De kinderen vallen in slaap terwijl ze naar de televisie kijken.

Vandaag dringt deze nieuwe cultuur door tot in de huizen van de meest afgelegen wijken van de steden. De televisie maakt alles eenvormig. De nieuwe generaties verliezen het contact met de tradities. Zij kennen, hier zowel als in de Eerste Wereld, geen geschiedenis meer, zij hebben geen geschiedenis, geen verleden. De geschiedenis begint elke dag opnieuw met het nieuws dat de televisie brengt. De ideale wereld van beelden en emoties vervangt de reële wereld van de dagelijkse werkelijkheid.

De kerk is in Latijns-Amerika altijd weinig geïnstitutionaliseerd geweest. Het geloof werd bijna uitsluitend in de familie doorgegeven. Als de familie ophoudt met de overlevering van het katholiek geloof, kunnen we zeggen dat de nieuwe generaties er niets meer van zullen weten. De parochiale catechese is altijd zeer zwak geweest. Als de familie er mee ophoudt het geloof te onderwijzen, kunnen we voorzien dat de parochiale catechese ook tot niets meer zal leiden.

Bovendien brengt de nieuwe cultuur van de nieuwe stadsmassa's een belangrijk verschil. De traditionele godsdienst was wezenlijk sociaal. Men sloot zich vooral om sociale motieven bij de katholieke kerk aan. De katholieken waren op een collectieve manier lid van de kerk. Religieuze praktijk maakte deel uit van het maatschappelijk leven. Bij de nieuwe stadsmassa's is de godsdienst individueel. Die massa's hebben het individualisme gekregen van de moderniteit. De pinksterkerken zijn totaal gestructureerd in functie van het individu. In twintig jaar tijd hebben zij veertig miljoen bekeerlingen gemaakt, één voor één, antwoordend op de individuele noden van elkeen. De katholieke kerk daarentegen spreekt vandaag voor groepen, niet van persoon tot persoon. Men kan zeggen dat het persoonlijk contact tussen priesters en leken verdwenen is, want de priesters zijn overbelast met sacramentele en administratieve taken. Zij hebben geen tijd om van mens tot mens te praten. Dat doen nu de pastores van de evangelische kerken.

5. *De nieuwe "bewegingen"*

De nieuwe bewegingen, die hun oorsprong hebben in Europa (Italië, Spanje) of in de Verenigde Staten, kennen in Latijns-Amerika een grote expansie. Numeriek gezien maken zij momenteel de grote kracht van de katholieke kerk uit. Op de eerste plaats komt de charismatische vernieuwing met miljoenen leden. De charismatische beweging kent een gelijkaardig sukses als het onafhankelijk pentecostalisme, en haar groei in de steden is indrukwekkend. Zij beantwoordt aan vele criteria van de nieuwe maatschappij die zich in de steden aan het vormen is. Jammer genoeg heeft de beweging tot nu toe haar epicentrum in het sociaal en cultureel milieu van de lage middenklasse. Ze zou naar sociaal lagere niveaus moeten afdalen om echt te kunnen concurreren met het onafhankelijk pentecostalisme.

De andere katholieke bewegingen zijn nog sterker gebonden aan de middenklasse, maar maken over het algemeen de enige actieve aanwezigheid van de kerk in de middenklasse uit: Focolarini, neo-catechumenen, "cursilhos de cristandade", Schönstatt zijn de bewegingen die het sterkst aanwezig zijn. Maar we mogen toch "Comunione e Liberazione" niet vergeten omwille van haar intellectuele invloed, en "Opus Dei" omwille van zijn economische en politieke (zij het verborgen) macht.

De bewegingen zijn een belangrijke etappe in de ontwikkeling van de kerk omdat ze een promotie van de leken betekenen. Het is duidelijk dat de leken in die bewegingen een niveau van verantwoordelijkheid bereikt hebben, dat ze zelfs bij de vroegere katholieke actie niet hadden.

De bewegingen staan voor een dilemma, dat het dilemma is van heel de katholieke burgerij. De kerk van Rome zelf neemt geen klaar standpunt in. Waarschijnlijk zullen ook de teksten van San Domingo dubbelzinnig blijven, mogelijkheid bieden voor twee lezingen en dus het probleem open laten.

Eén keuzemogelijkheid voor de bewegingen bestaat erin, een instrument te worden van een theologie van het neoliberaal kapitalisme en van een kerk die zich in deze neoliberale theologie geïntegreerd heeft. De kapitalistische theologie van de Verenigde Staten dringt sterk aan op een dergelijke keuze. Het zou er dus op aankomen een pakt te sluiten met de kapitalistische maatschappij en de taak op zich nemen om de cultuur van deze maatschappij te oriënteren. In de encycliek *Centesimus Annus* zouden enkele teksten staan die een basis voor deze optie kunnen zijn.

Een andere mogelijkheid ligt in de lijn van "Comunione e Liberazione": de kerk zou een cultureel milieu zijn dat onafhankelijk is van de staten en van de kapitalistische maatschappij. Zij zou de ziel zijn van een autonome burgerlijke maatschappij van politieke en economische elites. Het zou de moderne formule zijn van de oude middeleeuwse strijd tussen kerk en keizerrijk. Men zou kunnen spreken van een nieuwe Welfenpartij in Latijns-Amerika. De bewegingen zouden de katholieke culturele ruimte scheppen om er de Latijnsamerikaanse cultuur in op te nemen. De kerk zou zich rechtstreeks tot de volkeren kunnen richten zonder langs de staten voorbij te komen. De teloorgang van het marxisme en de desintegratie van de liberale stâten in Latijns-Amerika zouden een enige historische gelegenheid zijn voor de katholieke kerk. Zij zou daarbij de steun van het kapitalisme niet nodig hebben. Zij zou een alternatief zijn voor het kapitalisme, tenminste op het culturele vlak.

Afhankelijkheid of onafhankelijkheid tegenover het huidige neoliberale kapitalisme? In de praktijk kan men tot een vergelijk komen. In elk geval heeft men als ideaal voor ogen een nieuwe christenheid, waarin de kerk de cultuur beheerst. Wat de middelen betreft, kan men achter de tweede optie – een vrije culturele ruimte onafhankelijk van de kapitalistische maatschappij – in werkelijkheid een niet uitdrukkelijk onder woorden gebracht pakt met het reëel kapitalisme verwachten, d.w.z. met de leidende elites van het nieuw liberaal model, dat in Latijns-Amerika hoogtij viert.

6. De toekomst van de keuze voor de armen

De veranderingen in de Latijnsamerikaanse samenleving leiden naar een algemene invraagstelling van de politieke en sociale actie. Wat is momenteel politieke actie? Wie kan er effectief optreden om de maatschappij te veranderen, nu de staat onbekwaam en onmachtig is geworden? Wat is sociale actie als de vroegere sociale klassen uit elkaar zijn gevallen en de nieuwe massa's van de parallelle economie er niet toe komen een klasse te vormen? De keuze voor de armen was een keuze voor sociale en politieke actie om hen uit hun situatie van onderdrukking en ellende te bevrijden. Als er geen bevrijdende acties op sociaal en politiek vlak meer bestaan, wat betekent dan nog de keuze voor de armen?

Alles wijst erop dat de keuze voor de armen in de komende decennia voorlopig meer zal gaan in de richting van een identificatie met de vijf eeuwen verzet van de onderdrukte volkeren. Gedurende vijf eeuwen hebben zij overleefd, weerstand geboden zoveel zij konden, hun toevlucht gezocht in hun eigen cultuur of wat er van overbleef. Zij hebben passief weerstand geboden, alles verdragend om te kunnen overleven. Zij zijn er in geslaagd te leven, volkse gemeenschappen te vormen met hun eigen half-clandestiene, nauwelijks gedulde, maar altijd levendige cultuur.

Voor een clerus met een steeds burgerlijker vorming is dergelijke identificatie met een volkse cultuur bijna onmogelijk. Niemand is er van overtuigd dat de priesters morgen in staat zullen zijn de Latijns-amerikaanse volkeren te evangeliseren. Zij zullen de sacramenten blijven uitdelen en de orthodoxie blijven beschermen, maar niet kunnen binnendringen in de wereld van het volk, dat hen vreemd blijft. De toekomst van de keuze voor de armen zal afhangen van de opkomst van groepen, instellingen die bekwaam zijn binnen te dringen in de volkse culturen. Wie de seminaries wat kent, zal er onmiddellijk van overtuigd zijn dat de evangelisatie van de armen niet van daaruit zal komen.

De huidige crisis van de kerkelijke basisgemeenschappen is het gevolg van de sociale en politieke veranderingen van het continent. Ze waren de voorhoede van een arm en christelijk volk, dat zich geëngageerd had in een sociale en politieke strijd voor een nieuwe maatschappij. Deze strijd is ineengestort en de voorhoede heeft de reden van bestaan verloren. De nieuwe massa's identificeren zich overigens helemaal niet met de kerkelijke basisgemeenschappen. Zij herkennen er zich niet in en verstaan ook hun taal niet. Sinds enkele tijd zijn de kerkelijke basisgemeenschappen op vele plaatsen ook door de traditionele parochiestructuren gerecupereerd en vertegenwoordigen zij als het ware alleen nog een vorm van decentralisatie van de parochie. Hun taak van sociale en politieke verandering hebben zij verloren. Als deel van een parochie kunnen zij verder werken, alhoewel de band met de parochie hen ook verder van de volkse massa's verwijdert.

De kerkelijke basisgemeenschappen staan voor twee uitdagingen. Op de eerste plaats moeten zij zoeken naar een nieuwe functie binnen de volksmassa's. De strijd van het volk neemt nieuwe vormen aan. Het is noodzakelijk deze nieuwe vormen te ontdekken en ze te aanvaarden. Vandaag is de tijd van de zogeheten voorhoedes voorbij. De kerkelijke basisgemeenschappen zijn geen voorhoedes meer.

Op de tweede plaats moeten de basisgemeenschappen zoeken naar nieuwe vormen van communicatie met het religieus gevoelen van het volk. Zij moeten de nieuwe situatie aanvaarden. Zij kunnen niet meer eenvoudig steunen op het traditioneel volks katholicisme, dat snel verdwijnt, maar moeten in competitie treden, leden opzoeken, hen bekeren, de regels van de individualistische maatschappij leren. Als zij zich isoleren in een kleine minderheid van zuiveren en volmaakten, zullen zij geen enkele rol meer te spelen hebben, tenzij binnen enkele eeuwen misschien.

Nochtans stelt zich de vraag: zal de hiërarchie nog een kerk van de armen dulden, een kerk die haar wortels heeft in volkse middens, of zal zij haar toevlucht nemen tot mensen uit de cultuur van de middenklasse? Veel tendenzen wijzen in die laatste richting. Als de kerk der armen zich niet organiseert om te vechten voor haar bestaan, zal zij sterven met de generatie die haar tot stand heeft gebracht. Dit is in de geschiedenis van de kerk trouwens al meerdere keren gebeurd. Toen paus Johannes XXII de kerk der armen veroordeelde en bepaalde dat Jezus geen arme was, heeft men in de kerk gedurende zes eeuwen niet meer gesproken over de armen. Opdat hetzelfde zich niet zou herhalen, is het noodzakelijk met veel volharding maar ook met veel omzichtigheid te werk te gaan. Want in een wereld die geleid wordt door een triomfantelijk neoliberalisme kunnen de hiërarchie en de clerus zich gemakkelijk door dit neoliberalisme laten overtuigen, ook al bewaren ze een retoriek van voorkeur voor de armen, maar zonder enige inhoud.

Het is onwaarschijnlijk dat men in Santo Domingo klare opties zal nemen in een klare taal. Toch zal de vergadering, onder de sluier van een mooie maar verwarrende taal, een keuze moeten maken. Moge de Heilige Geest gehoord worden en herkend. Dit is onze wens.

Bibliografie

P. VUSKOVIC et al., *América latina, hoy*, Mexico, 1991.

F. CALDERON et al., *Hacia un nuevo orden estatal en América latina. Veinte tesis sociopolíticas y un corolario*, Santiago de Chile, 1991.

N. LEICHNER (ed.), *Capitalismo, democracía y reformas*, Santiago de Chile, 1991.

Topicos '90. Cuadernos de estudio, Santiago de Chile, 3 (1991).

Primer Congreso Nacional de estudantes del area teológico-pastoral, Centro de alumnos de la Facultad de teología de la Universidad católica de Chile, Santiago de Chile, 1991.

Seminario Rural
58385 Serra Redonda-Paraïba
Brasil

José COMBLIN